陸游的詩與愁

淚灑釵頭鳳，詩留千古情，
陸放翁的詩意人生

吳俁陽 著

曾幾何時，她不是也共他在青山綠水間吟詩作賦、逍遙暢遊的嗎？
無奈，他們終是無法白頭，徒留得昨日情夢、今日痴怨盡繞心頭，
只餘感慨萬端，都化作粉壁間哀慟欲絕的〈釵頭鳳〉。

目錄

第一卷　一懷愁緒幾年離索

第一章　煙雨水鄉……………………008

第二章　沈園餘恨……………………012

第三章　驚夢遊園……………………021

第四章　離愁滿懷……………………032

第二卷　淚痕空對太平花

第五章　並刀如水……………………046

第六章　淮水長歌……………………061

第七章　風驚故國……………………072

第八章　汴京舊塵……………………080

第三卷　已是黃昏獨自愁

第九章　痴心江南……………………088

第十章　紅顏剎那……………………103

第十一章　花影浮沉…………………118

第十二章　孤梅冷香…………………127

目錄

第四卷　白羽腰間氣何壯

- 第十三章　西湖情深⋯⋯⋯⋯⋯⋯⋯⋯⋯⋯⋯⋯⋯ 144
- 第十四章　落花無語⋯⋯⋯⋯⋯⋯⋯⋯⋯⋯⋯⋯⋯ 155
- 第十五章　客夢寧德⋯⋯⋯⋯⋯⋯⋯⋯⋯⋯⋯⋯⋯ 166
- 第十六章　丹荔晚香⋯⋯⋯⋯⋯⋯⋯⋯⋯⋯⋯⋯⋯ 176

第五卷　見事遲來四十年

- 第十七章　吳山殘照⋯⋯⋯⋯⋯⋯⋯⋯⋯⋯⋯⋯⋯ 184
- 第十八章　秋風鐵騎⋯⋯⋯⋯⋯⋯⋯⋯⋯⋯⋯⋯⋯ 194
- 第十九章　煙波渺渺⋯⋯⋯⋯⋯⋯⋯⋯⋯⋯⋯⋯⋯ 203
- 第二十章　亂世重逢⋯⋯⋯⋯⋯⋯⋯⋯⋯⋯⋯⋯⋯ 215

第六卷　坐悲新霜點鬢鬚

- 第二十一章　流雲散盡⋯⋯⋯⋯⋯⋯⋯⋯⋯⋯⋯⋯ 226
- 第二十二章　南山夜月⋯⋯⋯⋯⋯⋯⋯⋯⋯⋯⋯⋯ 239
- 第二十三章　海棠依舊⋯⋯⋯⋯⋯⋯⋯⋯⋯⋯⋯⋯ 248
- 第二十四章　西陵長恨⋯⋯⋯⋯⋯⋯⋯⋯⋯⋯⋯⋯ 258

第七卷　燈暗無人說斷腸

- 第二十五章　夢鎖海棠⋯⋯⋯⋯⋯⋯⋯⋯⋯⋯⋯⋯ 270
- 第二十六章　羯鼓催春⋯⋯⋯⋯⋯⋯⋯⋯⋯⋯⋯⋯ 281

第二十七章　月照離愁……292

第二十八章　清香未老……303

第八卷　猶吊遺蹤一泫然

第二十九章　斷雲幽思……314

第三十章　驚鴻照影……325

第三十一章　夢回沈園……334

第三十二章　浮生匆匆……343

目 錄

第一卷
一懷愁緒幾年離索

　　紅酥手，黃縢酒，滿城春色宮牆柳。東風惡，歡情薄，一懷愁緒，幾年離索。錯！錯！錯！

　　春如舊，人空瘦，淚痕紅浥鮫綃透。桃花落，閒池閣，山盟雖在，錦書難託。莫！莫！莫！

―― 陸游〈釵頭鳳〉

第一卷　一懷愁緒幾年離索

第一章　煙雨水鄉

離別家鄉歲月多，

近來人事半消磨。

唯有門前鏡湖水，

春風不改舊時波。

——賀知章〈採蓮曲〉

　　有那麼一座城，叫做紹興。在我的記憶裡，她總是與輕快的烏篷船、鹹香的茴香豆、破舊的老氈帽，還有鑼鼓喧天卻又毫不張揚的社戲休戚相關。想來，這便該是她最令人心動神醉的地方。

　　初聞紹興，源於學生時代的語文課本，也源於對謝安的崇拜以及對魯迅先生的景仰，這樣的情懷置於兒時的腦海中，儘管膚淺，但卻讓我對紹興多了幾分真實的嚮往，總夢想著有那麼一天，會踩著謝靈運的木屐，出現在這座令人魂牽夢縈的水鄉，去看一看王羲之鋪墨揮毫的蘭亭，去品一品孔乙己嘗過的茴香豆。

　　於是，便在一個初秋時節，攜著芬芳的瑰夢，沿著秋水長天的景緻，驀地闖入了這座別緻的小城。甫入紹興，放眼望去，便看到縱橫交錯的河道將其廣袤無垠的天地毫無章法地切分開，彷彿葉脈似的，露出一條條絲帶狀的靛藍，將透著幽靜的水面托出又遮掩，把江南特有的舒緩婉約氣息一覽無遺地展現於莽莽乾坤之間，頓時便在心頭生出絲帛柔滑之感，叫人欲罷不能。那咚咚作響的石街、布滿青苔的磚瓦、形態各異的飛簷、錯落

第一章　煙雨水鄉

有致的拱橋、靜靜流淌的河水，更是處處浸漫著歷史的滄桑與無定，夾雜著濃郁的鄉土氛圍。剎那間，一種遠離塵世喧囂與紛雜、怡然回歸自然的樸素情懷直蕩心間。

走在紹興城裡，踩著光滑的青石板，徜徉於粉牆黛瓦的建築群落間，來不及細想，一陣浸潤肌膚的水韻氣息便迎面撲來，在不期而遇的說不出名來的花香味裡慢慢散溢開來。這氣息迴盪在每一個角落、每一個階沿，持久且舒緩，彷彿從遠古的時空飄來，就這麼飄了千年萬年，直到與我相遇在這裡的街口，又彷彿一直都在這等著我似的。凝眸，成排的樹木掩映之下，大大小小的河汊，或橫街過，或穿牆入，或依街行，或沿山走，讓街巷與水流總那麼貼切自然地融合在一起，給予人「城在水中立，水在城中行」的和諧柔美之感，難怪很多文人雅士來到這裡都不想走了呢。

駐足，看間或從某家民居的房前屋後延伸出的幾級臺階，順勢而下的就擺在了河道面前；看閒適安逸的主婦們蹲在石階上，一邊哼著吳儂軟語的小調，一過愜意地清洗衣物；看不知道經歷了多少江南煙雨的烏篷船帶著浸潤的水漬停泊在碼頭，一顆來之前還浮躁的心，迅即被滌蕩得清清靈靈、纖塵不染。一種自然本真的生存狀態，讓身處喧囂的世人清楚明白，水，不僅梳理著這裡怡然自得的小橋、石階，還有千萬戶人家的生活。而紹興就這樣溫婉地沉浸著，被水嬌柔地擁戴起來，放眼一望，都會觸及她的世界。

僱上一葉烏篷，欸乃槳聲處，我們泛波在碧波瀲灩的古鑑湖上，看戴著氈帽的艄公揖槳搖櫓，聽水聲潺潺，觀遠山如黛。沿古纖道一路西行，繞過由烏篷船搭成的浮橋及靜靜屹立在湖面的社戲舞臺，如游魚般自由穿梭於湖光山色之中，煙柳拂面處迎著暖暖的清風，頓覺心曠神怡。

我們就這樣自由自在地沉醉著，還沒等大家還過神來，不一會，剛剛

第一卷　一懷愁緒幾年離索

還碧藍如洗的天空居然飄散起柔柔的雨絲，那腳下豐沛的水流與頭頂絲絨般的細雨互唱互和，立刻將人擁入名副其實的水韻世界。一切都靜默著，同行的幾個人似乎都有了某種默契，都凝神屏息，痴痴地任雨撫慰，任浸在潮溼裡的空氣在我們的嚮往中肆意地流動出恬靜與悠然的神韻。

雖是初秋時節，可處處還是花的海洋、樹的世界。它們盎然著，極力拋開塵土的侵擾，努力舒展著，接受著雨絲的滋養，盡顯妖嬈與嫵媚。花和樹用周身儲蓄著的墨綠，蔥鬱、清亮著人的雙眸，小巷、河流、石橋、臺門、寺塔、石刻、府第、殿宇，無不透著深刻的古韻在雨裡輕述，這座城市與生俱來的婉約靈秀，緩緩傳遞出潑墨山水的玲瓏韻致。頃刻間，紹興的大街小巷，水運碼頭，石拱橋下、綠蔭叢中、灰白瓦間，便有了徹底的寧靜，有了永遠的安詳，有了行雲流水般的舒暢。

水，是具靈性的什物。也不知道是誰突然毫沒來由地說了這麼一句，卻讓我凝滯了的心緒忽地又變得活躍起來。是啊，是水流淌出這裡大小不一的河道與湖泊，讓這裡繁榮；也是水引來數不盡的烏篷船和道不盡的水鄉情結，讓魏晉名士列坐於曲水兩側，把酒置觴於流水，輕輕幾句詠嘆，便有了吟詩作賦寄清流的盛會，也便有了〈蘭亭集序〉，使這裡聲名遠播、千古不衰；更是水激發魯迅先生寫出了無數膾炙人口的光輝篇章，讓我們有了認識魯迅接觸魯迅文化的機會，喜歡上了烏篷船下樸實無華的市井生活，並生出對踏進咸亨酒店和走近鄉間社戲的無限嚮往。

回味著魯迅先生的〈從百草園到三味書屋〉，黃昏時分，我們棄舟登岸，步入先生故居，尋覓他曾經走過的點滴足跡。寂寂的長廊盡頭搖曳著昏黃的燈火，思緒漸漸陷入迷離狀態。沿著先生曾經的腳印來到百草園，碧綠的菜畦、光滑的石井欄、高大的皂莢樹，一切宛如舊貌，只是那挖何首烏的快樂少年卻早已駕鶴西去。從曲徑通幽的小巷過街走過一座石橋，

第一章　煙雨水鄉

轉到被先生稱為有著全城中最嚴厲師長的書塾——三味書屋，那刻著字跡的書桌、行禮的橫匾和下面畫著梅花鹿伏在古樹下的畫猶在。「鐵如意，指揮倜儻，一座皆驚呢；金叵羅，顛倒淋漓噫，千杯未醉嗝⋯⋯」朗朗的讀書聲似乎尚在耳際飄蕩。

從魯迅故居出來，霧靄的月夜之下，我們流連在青石鋪就的街巷上，看青石板幽徑，彎彎曲曲，猶如江南少女迷離又婉約的心思，看燭影搖曳的燈火盡頭，處處都散發著水鄉紹興所特有的人文景觀，心，依舊舒緩且空明。觸目所及之處，烏篷船頭戴著舊氈帽的艄公還在，古樸的石拱橋下靜謐流淌的河水還在，咸亨酒店門口當街的曲尺形大櫃檯還在，然而，一切的一切，卻又都無可避免地湮滅在塵世的喧囂與繁雜之中，不復當年的閒適與安逸，但這又能如何？每個時代都有著它不同於以往的氣息，管它喧囂還是靜謐，我只知道，此時此刻，我眼中的紹興城是美麗的，我的心也是安然的，而這些便已足夠。

燈火闌珊處，望著那條不知流向何方的小河，我忽然沒來由地開始期盼時光能夠倒轉，讓我在某個街口的轉角處與那些曾經來過又走了的人不期而遇，擦肩而過也好，撞個滿懷也好，不需要問好，不需要交流，只需要借他們一抹震驚或是歡快的微笑，去溫暖我丟失在過去的冰冷眼神便夠了。那麼，我想遇見的是王羲之、王獻之，還是謝安、謝靈運？我不知道，或許他們都是我想要邂逅的人，可輕輕一個抬眼，我突地看到，那煙柳飄絮的盡頭恍惚不定的卻分明是魯迅筆下的孔乙己邊問著「茴」字有幾種寫法，邊踱著蹣跚的步履在嘆息聲中漸行漸遠的背影。驀然回首，耳畔卻又傳來陸放翁「千金無須買畫圖，聽我長歌歌鑑湖」的詩句，那平平仄仄宛若西施當年浣紗溪裡濺起的一串無奈冷淚，卻不知泊到沈園雨湖裡，水花圈起的究竟會是陸游的一紙憂傷詞語，還是唐琬的一漓相思淚水？

第二章　沈園餘恨

夢斷香消四十年，

沈園柳老不吹綿。

此身行作稽山土，

猶吊遺蹤一泫然。

——陸游〈沈園之二〉

　　一縷幽怨的簫聲，斜斜地掠過花格木窗，渲染了我意猶未盡的情愫，如水長流。恍惚裡，我聆聽著西施用哀慟搗碎流雲的腳步聲，彷彿看到唐琬的淚水綴在白蓮之上，瞬間凝成陸游的小窗留月。

　　窗外，烏篷船載著多情的紅男綠女，穿過時間的長河，緩緩泊到蘭亭鵝池裡，採一束天光雲影，迅即晾乾成王羲之恣意灑脫的墨韻，明媚了古往今來所有的世界。遠處，石拱橋連接著她彎彎的情結，摘一抹白鵝飄然的舞姿，嗅著不知從哪家作坊逸出的女兒紅酒香，沉浸於水鄉的卓越風情裡，水袖的翻躥，走不出的仍是她那傘濛濛細雨。

　　在這秋雨闌珊的季節，我忽地想起了他的〈釵頭鳳〉，一種淡淡幽幽的美麗便從字裡行間浸溢而出。或許，是古人的情緒浸染所致吧，我也莫名地感傷起來，不是因為秋雨的涼，不是因為秋雨的愁，只是一種倦倦的思、輕輕的怨，沒來由的，自沉寂已久的心底瞬間鋪天蓋地地襲來。

　　記不清曾幾何時，我也是如此的倚樓聽風看花落；記不清有多少的前塵往事，一如前世的夢幻落在了無人問津的角落。一直以來，我是心靈寂

第二章　沈園餘恨

寞的守更者，習慣在文字裡放縱自己的靈魂，寄託淡淡的不羈和無奈的期盼；一直以來，我是自我世界最孤傲的舞者，習慣了和自己的隻影跳著世上最美也是最古老的舞蹈。

八月，秋雨來了，溼了一地的落紅，便想去目睹這江南煙雨的朦朧，看她溫柔而多情的爛漫，看她在風中盡情地飄灑。只是一夜之間，殘夏的酷熱便消逝得無影無蹤，有絲絲的涼意湧上心頭，襲上體膚；又是一夜之間，便見得葉落紛飛，滿地凋殘，轉瞬就平添了幾許飄零與淒涼。

狂風掃落葉，捲起的是生與死的眷戀，那滴滴的傷殘終於在彼此的凝望中變作了蛹化的飛蛾，用自己最絢爛的姿勢撲向熊熊燃燒的火焰，為世人帶來了一場驚心動魄的美。生命輪迴，重生的艱辛和新生的驚喜，是無與倫比的執著和堅強，只是，人生又曾如此幾何？

秋雨是多情的，正因為此，才有了古人的「寒蟬悽切，對長亭晚，驟雨初歇」；秋雨是傷感的，正因為此，才有了古人的「已是黃昏獨自愁，更著風和雨」。雨，尚未停歇，心思卻如妳紅的楓葉悠然盛開，無限溫柔地綻放在風中，妖冶地燃燒著她的無邊風情。那時那刻，我在落英繽紛的綺麗與蕭瑟中望穿了秋水，一直在等待伊人從秦時明月漢時風中走來，一直在等待伊人奏響唐人的琴瑟宋人的洞簫，於是，便隨著晶瑩剔透的心事，和那總流連在天幕間的悲情人兒，一起走進那凝結了千載纏綿與悲愴的沈園。

十指緊扣，我用一曲流水清音，輕輕彈出一幕煙雨江南，只聆聽這細雨中的輕語呢喃，任清淚在思念後滴落成淵，任文字在心間曼舞成花。東風破，皓月明，煙雨瀟瀟，似聞當年離索聲，又哪裡去找尋那年的依依倩影？沈園雖為私人花園，與陸游、與唐琬，卻無直接關聯，但後人卻已將她看成陸游的園，看成唐琬的園，看成愛情至上的園，怎不讓人在流連徘

第一卷　一懷愁緒幾年離索

徊時生出一絲絲的悲慟？一闋〈釵頭鳳〉，引來的是無數有情之人陸繹不絕地前來憑弔千百年前的古老愛情，然而，當每個身臨其境的人用自己那顆敏感的心感受著他們的心傷時，傾盡所有卻不能留住他們華美的一瞥，只能任所有的夢，都在這滾滾紅塵中浮浮沉沉，來了又去，去了又來。

到紹興的第二天，我們去遊覽了沈園。那一日，沈園的天，陰沉沉的，風吹在臉上有絲絲寒意。遠處，淡淡的古樂緩緩地飄來，悠悠揚揚，雖說一聽就知道是電子樂器演奏的，我的心卻依舊感動著。要知道，唐琬逝去後，哪裡又能尋得那撫琴的紅酥手呢？

低低的琴聲，帶來的是幾分冰涼的憂思，幾分潮溼的惆悵。是啊，這裡是沈園啊，如果沒有〈釵頭鳳〉，如果沒有那齣愛情悲劇，沈園似乎也就沒了靈氣，亦不會擁有其他江南園林有的那份閒暇和從容。那段至死不渝的愛情，早已跨越了時空的界限，長年累月地留滯在沈園；而那兩闋感人肺腑的〈釵頭鳳〉，業已隨著陸游與唐琬纏綿悱惻的愛情故事縈繞在沈園的每個角落，依舊在八百年的風雨裡哀哀地唱著，在南宋的歷史畫卷中懾人心魄地展現著。

整個沈園並不大，亦不甚壯觀，園內水榭如雲、花木扶疏，頗具宋代園林特色，就連那些復修的亭臺樓閣，竟也在微風中顯得樸拙而溫厚，自有一番獨特的氣質。「城上斜陽畫角哀，沈園非復舊池臺。傷心橋下春波綠，曾是驚鴻照影來。夢斷香消四十年，沈園柳老不吹綿。此身行作稽山土，猶吊遺蹤一泫然。」八百年過去了，葫蘆池還在，修整過的池塘裡，池水依舊清淺，我暗思，架於其上的那座青石板小橋，大概就是陸游曾在〈沈園〉詩中提過的「傷心橋」了吧？

傷心橋，橋傷心。愛情，也常於寂寞傷心時綻放在內心深處，於是，不由得暗中揣測，當年的陸游或許就因為這份莫名的傷心，一直都守在橋

第二章　沈園餘恨

下等待著一個最美的時刻，等待那絕代的人兒與他攜手一生的吧。徘徊，我在橋上徘徊著，試圖尋覓當年沈園舊事中的唐琬遺韻，試圖尋覓當年陸游與伊人相逢時望向她的驚鴻一瞥，哪怕只找到一枚腳印，哪怕只望見一瞬秋波，也是好的，卻不知，尋尋覓覓，到最後覓得的只有那一抹無法拭去的憂傷罷了。

傷心橋猶在，橋下波紋漣漣，可那照影的麗人何在？我凝視著橋下的池水，也凝視著水中自己的面龐，比起曾經青春年少的我，如今卻多了幾許風霜與無奈，正如這沈園遺憾了千年之久的夢，那股說不出的失落與失意更不知在多少人身上重複流連了幾許。回眸間，心不禁有些瑟瑟，千年過後，又有誰會想到，這一池清水曾照過美人如許，這水畔曾灑下過笑聲如許？

正胡思亂想著，忽地又有悠緩的旋律傳來，低低地迴響在我的耳畔，這首曲子不是用鋼琴彈奏的，也不是由管絃樂隊演奏的，更不是剛進沈園時聽到的電子樂，仔細聽來，卻是古琴。每一個音符，都在述說無限的愛和思念，流動著刻骨的憂傷，聽來別有一種深味在其中。

城牆擋不住記憶，沈園芳草萋萋，每邁出一步都會踏痛被青苔長長地覆蓋著的陳年往事。那一年，因唐琬難以見容於婆母，陸母逼迫二十一歲的陸游停妻再娶；十年後，三十一歲的他在沈園與唐琬重逢，彼此已是各有家室。唐琬送酒款待，陸游思緒萬千、百感交集，揮筆書寫下千古絕唱，卻只惹來兩心惆悵，終鑄成永久的擦肩而過：

紅酥手，黃縢酒，滿城春色宮牆柳。東風惡，歡情薄，一懷愁緒，幾年離索。錯，錯，錯！

春如舊，人空瘦，淚痕紅浥鮫綃透。桃花落，閒池閣，山盟雖在，錦書難託。莫，莫，莫！

──　陸游〈釵頭鳳〉

第一卷　一懷愁緒幾年離索

　　時光如橋下的東逝之水，一去不復返，舊日沈園不在，折柳飛絮，剪不斷一闋纏綿悱惻的愛情。那一場重逢之後，終換得音杳人渺，一任消逝變得絕美，一任回味變得心動，唯有此情可待成追憶，只是當時已惘然。然而，在流年裡走過千年的沈園，究竟又浸溼了多少人的心事？

　　世間萬物，總是等失去了才知道可貴。沈園一別，唐琬咽淚裝歡，抑鬱而終。這八百多年凝結而成的淚水，自此落得江南的多雨與潮溼，淋溼了後人的思緒，卻擦不乾世間的眼淚。經年後，陸游再遊沈園，一個早已香消玉殞，一個卻是風燭殘年，再回首，悵然雨中，物是人非，只餘傷心橋上跌跌撞撞、搖搖擺擺，人面桃花話淒涼！

　　「紅酥手，黃縢酒，滿城春色宮牆柳。」年年綠柳，繫不住流年；一竿風月，怎敵過煙雨？一轉身就是訣別，一轉身便是來生。紅塵萬丈裡，誰能握住那一雙紅酥手，飲盡這一杯黃縢酒，在你我耳畔輕聲低訴起：「死生契闊，與子成說；執子之手，與子偕老」的誓言？

　　彩蝶翩躚迎東風，人間相思情不老，雙飛的是兩顆相愛的心，雙棲的是兩雙凝望的眼。那一年，那一月，那一日，春天的沈園，垂柳如織，有的依牆而立，有的立於道旁，把整座園子渲染得春意濃濃，踏進園中的那一刻，他已夢落其中。恍惚間，一支釵頭鳳，穿越時空，遺落在他眼前，更有一雙紅酥手，輕輕將其拾起，任他重新替她簪上烏黑油亮的髮間。那是他們的定情之物，那一年，他成了她的夫婿，而她亦成為他的嬌妻。可她終究未能贏取婆婆唐氏的好感，幾經波折，一對有情人終於被迫分道揚鑣，遠逝在彼此的世界裡。又是一年春來早，還是那支釵頭鳳，還是在沈園，他們再次相遇，可斗轉星移，手捻釵頭鳳的唐琬，早已淚溼羅衫，卻是無語凝咽，只餘一闋情詞，一杯黃縢酒，在他眷戀的眼神裡默默退去。

　　十年了，離開她已經整整十年。她已成為趙宋宗室趙士程的妻，他亦

第二章　沈園餘恨

早已更娶王氏女宛今。再見她時，沈園裡亭臺依舊，園林深邃、楊柳依依，她步履蹣跚、孤影徘徊，那份扯不斷的情依舊在他心底蔓延。他似乎在期盼著等待著什麼，舉目四望，滿心惆悵，這個曾經為他和唐琬增添無限愛戀的庭園，又怎不使他思緒萬千？當那縷熟悉的幽香飄來，當那個讓他魂牽夢縈的女子輕移蓮步、慢搖羅扇，出現在他眼前的時候，他的心頭又如何能不升起難抑的狂喜？

她，依然素衣淡裙，依然嫵媚嬌羞，只是，眉眼間多了些許的憂愁和憔悴。他多想走上前去，一字不漏地傾訴心中揮之不去的情殤；他多想如當初一樣，牽著她的紅酥手，為她撫平眉間蹙起的輕愁……可是，現在，他不能！四目相對，長歌當哭；千古遺恨，情何以堪？沈園柳老不吹綿，唯有無語淚雙流。時間，便在這一刻，凝固了；他的心，亦在這一刻，凝固了。

「東風惡，歡情薄，一懷愁緒，幾年離索。錯，錯，錯！」她本是他的表妹，名琬，字蕙仙，自幼文靜靈秀，與年紀彷彿的他青梅竹馬、情意相投，是雙方父母和眾親眷眼裡最為出挑、般配的一對。那一年，他捧著母親準備好的釵頭鳳作為信物，前往唐家提親，她便水到渠成地成為他夢寐以求的花樣新娘。他才情縱橫、出口成章，她風情萬種、麗質天生，新婚燕爾的他們常借詩詞傾訴衷腸，花前月下，互相唱和，宛如一雙翩躚於花叢中的彩蝶，眉目中洋溢著幸福和諧，說不盡的纏綿，道不盡的繾綣。

因貪戀閨房之樂，陸游竟不知今夕為何夕，將科舉課業、功名利祿，甚至家人至親的希冀都拋於九霄雲外。那時的他已經蔭補登仕郎，但這只是入仕為官的第一步，緊接著還要趕赴京城臨安參加「鎖廳試」以及禮部會試。新婚後的他流連於溫柔鄉裡，根本無暇顧及應試功課，不曾想卻惹怒了一向威嚴而專橫的母親唐氏。

第一卷　一懷愁緒幾年離索

　　唐氏一心盼望兒子金榜題名、登科進官，以便光耀門庭，眼下的情形，自然令她大為不滿，幾次以姑母的身分，更以婆婆的立場對唐琬大加訓斥，責令她以丈夫的科舉前途為重，淡薄兒女之情。但二人情意纏綿，無以復顧，情況始終未見改變。唐氏因之對兒媳大為反感，認為唐琬是陸家的掃帚星，遲早會把兒子的前程耽誤殆盡，於是她來到郊外無量庵，請庵中尼姑妙因為兒子、媳婦卜算命運。妙因一番掐算後，煞有介事地說：「令媳與令郎八字不合，先是予以誤導，終必性命難保。」唐氏聞言，嚇得魂飛魄散，急匆匆趕回家，叫來陸游，強令他道：「速修一紙休書，將唐琬休棄，否則老身與之同盡。」

　　這一句，無疑晴天忽起驚雷，震得陸游不知所以。待唐氏將唐琬的種種不是歷數一遍，陸游心中自是悲如刀絞，但素來孝順的他，面對態度堅決的母親，除了暗自飲泣，卻是別無他法。迫於母命難違，陸游只得答應把唐琬送回娘家，就這樣，一對情意深切的鴛鴦，行將被無由的孝道、世俗功名和虛玄的八字命運活活拆散。

　　臨別的那一日，情愛彌深的他與她自是難捨難分。他不忍與她就此訣別，於是瞞著母親，另築別院悄悄安置下她，一有機會便去與她鴛夢重續、燕好如初。無奈，紙終究包不住火，精明的唐氏很快便察覺了此事，勃然大怒之下，嚴令二人斷絕往來，並為他做主，另娶溫順本分的王宛今為妻，徹底切斷了他們之間藕斷絲連的悠悠情絲。迫於無奈，他只得收拾起滿腔的幽怨，在母親的督促下，重理科舉課業，埋頭苦讀經年，在二十七歲那年隻身離開故鄉山陰，前往臨安參加「鎖廳試」。

　　在臨安，陸游以扎實的經學功底和才氣橫溢的文思博得了主考官陳阜卿的賞識，並被薦為魁首。然而，獲取第二名的恰好是當朝宰相秦檜的孫子秦塤，秦檜深感臉上無光，於是在第二年春天的禮部會試時，硬是藉故

第二章　沈園餘恨

將陸游的試卷剔除,使得陸游的仕途從一開始就經歷了風霜雪雨的侵蝕。

禮部會試失利,陸游回到家鄉,故鄉風景依舊,人面已新。睹物思人,心中倍感淒涼。為了排遣愁緒,陸游時時獨自徜徉在青山綠水之間,或閒坐野寺探幽訪古,或出入酒肆把酒吟詩,或浪跡街市狂歌高哭,過著悠遊放蕩的生活。也就在此時,在禹跡寺南的沈園內,他意外邂逅了相別十年之久的前妻唐琬。

目光,交織在一起,卻是恍如夢中,已然分不清眼簾中飽含的是情、是怨,是思還是憐。他始終忘不了昔日種種的花好月圓,以至於千年之後的我更是無法想像,那一年,當他們目光相觸的一剎那,會是怎樣的一種心境,而他心中湧起的萬丈波瀾,又會如何收攏在那小小的胸膛之中。

我彷彿看到,手執唐琬送來的黃縢酒的他,渾身顫抖不已;又彷彿看到,疆場上颯爽英姿的他,卻是淚水長流。罷罷罷!萬千話語無從寄,一闋素詞道濃情!蘸著淚水,筆走龍蛇,只是一懷愁緒,幾年離索,錯,錯,錯!

「春如舊,人空瘦,淚痕紅浥鮫綃透。」他用書卷氣十足的手,在沈園的牆壁上,為唐琬,亦為後人,留下了千古名殤。千年後,當我伴著幽幽古樂出現在沈園的時候,不經意間,卻將千年前遺落的那場美麗的痛,再次拾起。春依舊,人非昨,也許那時的陸游,最能體會近在咫尺、遠在天涯的感覺。是悲傷,還是嘆惋?她滴下的淚痕瞬間濡溼了紅綃,更在他心頭留下無盡的痛,那一場美麗的邂逅,也只餘傷心橋下的春波,幻似驚鴻影來。

「桃花落,閒池閣,山盟雖在,錦書難託。莫,莫,莫!」唐琬的一行清淚,在陸游筆底纏綿悱惻了幾個世紀。恍惚裡,我彷彿看到,那如血的殘陽下,一襲長衫的他,單薄著身軀,從遠古走來,從厚重的線裝書裡

走來，身後的背影，伴隨著惆悵，踟躕而悠長。

　　唐琬，妳在哪裡？妳可知我又來看妳了嗎？那年那月，他信步走在那曾是她驚鴻一瞥踏過的石橋上，未見如她芳顏般的桃花，怕是已經落盡，卻見一池碧水在斜光倒影中悠悠盪盪，幾隻春鴨正怡然自得地浮水穿行。他一直堅信，她就那樣留在了沈園，漫步傷心橋上。他依然能感覺到她當年輕盈的步履、飄香的衣袖。而我，亦在千年之後，漫步在他曾離不開的沈園小徑上，傾聽著他從八百年前傳遞過來的那份深埋心底的牽掛和銘心的思念，期待著在孤鶴軒、八詠樓，或是冷翠亭裡，能與他心心繫念的那個女子從容相遇。然而，我終是沒有覓到她的芳影，卻浸在「山盟雖在，錦書難託」的刻骨相思中，無語傷然，唯見這眼前的葫蘆池，依舊和著清風，守候在他身旁，見證著他們的愛情，陪他走過風風雨雨、魂牽夢縈的八百年。

第三章　驚夢遊園

　　世情惡，人情薄，雨送黃昏花易落。曉風乾，淚痕殘，欲箋心事，獨倚斜欄。難！難！難！

　　人成個，今非昨，病魂常似鞦韆索。角聲寒，夜闌珊，怕人詢問，咽淚裝歡。瞞！瞞！瞞！

—— 唐琬〈釵頭鳳〉

　　沉睡的沈園，靜若處子。細細的雨幕織成一襲輕紗，靜靜地披在肩頭，天青得似一汪碧泉，極淡極清，若遠去的朝代，有種雲霧繚繞、輕塵出岫的美。青石板上的露珠上下波動，彷如白居易筆下的琵琶彈奏的落玉聲，靜中生動，輕靈又飄逸，瀟灑又落拓。

　　這時候，我眼裡的沈園，依舊是他心底揮不去的情結。那支鳳頭釵，依舊是他剪不斷的情愫，總是在白天裡悵惘，在深夜裡幽怨著，而那闋〈釵頭鳳〉，亦依舊是他纖弱的心承受不了的痛惋，字字句句，都彷彿在悄然低問，問天、問地，問池、問橋，問這世間的一切：他和她，是否能回到相依相戀的昨天？

　　回首，一切皆浸在亙古的無語中。我搖搖頭，依稀彷彿間，恍若看到醉酒了的他，正踉蹌在竹林之中輕吟著：「一杯未盡詩已成，湧詩向天天亦驚」，想必酒是盡興飲了，情還囫圇著沒有問得明白。此時此刻，我耳畔只聽得古琴悠悠，那些平平仄仄、抑抑揚揚的曲調，自蒼穹深處隱隱地飄出，沉鬱而直沁心脾，漫想，如若他聽到這曲殘音，又該作怎樣的喟嘆？

第一卷　一懷愁緒幾年離索

　　和著幽怨的琴聲，我終於在沈園見到期盼已久的〈釵頭鳳〉題詩壁。走近壁碑，我默默凝望，指尖在風中顫動，幾多情懷在心裡默默流淌。輕輕地，我用手，用心，去觸碰那被無數雙有情之手撫摩過的字跡，心不覺莫名地抽痛起來，有萬千種苦澀頓時湧上心頭，瀰漫了眼前一整個天空。

　　「紅酥手，黃縢酒，滿城春色宮牆柳。東風惡，歡情薄，一懷愁緒，幾年離索。錯，錯，錯！春如舊，人空瘦，淚痕紅浥鮫綃透。桃花落，閒池閣，山盟雖在，錦書難託。莫，莫，莫！」

　　「世情薄，人情惡，雨送黃昏花易落。曉風乾，淚痕殘，欲箋心事，獨語斜闌。難，難，難！人成各，今非昨，病魂常似鞦韆索。角聲寒，夜闌珊，怕人尋問，咽淚妝歡。瞞，瞞，瞞！」

　　問世間情為何物，直教生死相許。兩闋千古流韻的情詞，在我心底最柔軟最溫熱的地方緩緩地吟唱起來，彷彿我眼裡湧出的熱淚，不可遏制地，便在心間聚成一懷愁緒。把手放在牆上，一手牽著陸游，一手牽著唐琬，我試圖拾起這八百年前的碎片，只希望能為他們拼湊成一場完美的愛戀，爾後，我便可以全身而退，不再為他們唏噓，不再為他們哀嘆，只為他們歡喜著編織一次又一次的爛漫花事。

　　慢慢地讀，依稀可見陸游當年那清瘦的身影，依稀可見唐琬當年那遙遙相看的淚眼；慢慢地讀，一行行、一闋闋，弄疼了沈園的亭、臺、樓、閣，弄傷了沈園的風、花、雪、月，亦弄碎了他和她憂傷的情懷……揮不去的依舊是牆上斑駁的幾重淚，嘆不盡的依舊是風中香消魂斷的苦嬌容，那一雙紅酥手，撫起微醉朦朧的淚眼，一盅酒，卻平添了多少的相思閒愁。

　　風起了，我不由地瞇起了雙眼，感覺自己的身體正慢慢地下墜，而陸游和唐琬的身影卻徐徐升高，距離我越來越遠。定睛、注目，靜靜地看

第三章　驚夢遊園

著，用心地看著，看著誰讀誰落淚的〈釵頭鳳〉，一種極致的淒涼感迅速將我周身緊緊攬住。

白晝如此短暫，混沌的陽光還沒洗淨我染霜的眉角，灰重的層雲便已悄無聲息地把我包裹在其中。是夜了嗎？來不及多想，瑟瑟的風中，我便從容不迫地從心裡掏出一個精緻的宋代瓷碗，滿盛著那泓清冽的酒，任其在眼底燃燒著自己的欲望與嚮往，有股說不出的難受充盈著周身。虛設的夜境裡，四處都飄滿了我點燃的紙錢，哀思隨著陰冷的風在腦海裡翻飛起舞，眼睛變得像春潮一樣溼潤，而我，卻依然如故地悲憐地站在那闋冰冷的〈釵頭鳳〉詞前。

斯人已杳，梧桐依舊。一支家傳的鳳頭釵，訂下了青梅竹馬的婚事；歲月的寂寞，卻捉去了那雙不敢與心愛之人相執的手。望金風匆匆西逝，縱然沈園的殘陽依舊，我又怎能獨留夢中？

那一霎的輕別，終只留下各自的落寞，造就了半生的淒涼孤單。只是，誰曾料得那一別，竟會成永訣？那一霎的輕別，讓他移情於沈園，每入城，必登寺眺望，任風霜浸透衣衫，浸透漫長而短暫的歲月，浸透不堪回首的過去，浸透湖面拉下的長長倒影。滿懷愁緒，無從說起，更讓當年那個雙眉如遠黛的女子永遠悵立在風中望向他遠去的背影，卻總是看不透前世來生的路，只餘一闋相思傷心詞，依舊在他夢裡纏綿悱惻。

一闋〈釵頭鳳〉，早就成為他心中永遠無法癒合的傷口，徒然換得「喚回四十三年夢，燈暗無人說斷腸」；一支鳳頭釵，不在手時，他的心一生都回不了家，只能孤身在偌大的沈園裡踽踽而行。再回首，沈園的池臺依舊，他筆下，我記憶中的唐琬卻永遠是青絲如雲，永遠是「淚痕紅悒鮫綃透」，永遠是「病魂常似鞦韆索」，永遠是「欲箋心事，獨語斜闌」，永遠是「夜闌珊，怕人尋問。」

第一卷　一懷愁緒幾年離索

那一年，她年剛及笄，卻是山陰城裡公認的絕世美人，多少王孫大臣對其傾心，多少文人墨客對其豔羨，可她只是靜靜守在深閨裡，等著她心愛的表哥陸務觀輕輕走來，將她如瀑的秀髮盤起又放下。那一日，她眉間結著憂愁，迷失在黛色的瓦簷之下，綰青絲，垂紅袖，一支白玉簪別住了如瀑雲鬟，輕顫，卻以緘默的姿勢端坐如蓮。遠處，古剎的暮鼓已敲了二十四聲，一盞青燈燃在溫柔鄉，雨落在巷子的眉眼裡，失了語言，可他還是沒來。發生什麼事了？難道姑母真的已經為他說了別的親事，還是他被別家的千金勾去了魂？不會的，她輕輕咬一下嘴唇，不會的，表哥不是那種市井登徒子，除了她，他眼裡根本就容不下其他女子，可他為什麼偏偏爽約了呢？

那一年，桃紅柳綠裝點了江南的如花美眷，他執一葉絹傘，不疾而來，不徐而去，從容走過她的窗前，紫色的衣角拂過綠色的楊柳梢，沾染了依依情愫，自此，塵世的煙月便在她的眼底悄然昇華，開始演繹出情愛紅塵的絕世風華。那一日，他一襲白衣飄飛，打馬從她門前而過，喚出「上馬擊狂胡，下馬草軍書」的雄壯，卻換來「宮牆柳，一片柔情，付與東風飛白絮；六曲欄，幾多綺思，頻拋細雨送黃昏」的悲愴，唯留她一尾清麗的背影，消失在詩畫那端。

她，終成了他的棄婦。一紙休書，執手相看淚眼，從此天涯無寄。是十年後沈園的重逢，目光交錯的瞬間，她重又看到了他心裡的悲哀與眼底的深情。儘管相對無言，只是匆匆的一瞥，也能讓她念起過往的種種情愫。

放眼望去，舊年的沈園，照舊的一泓清池、幾莖殘荷、縷縷垂柳，只是他卻變得形單影隻、遺世而獨立，滿眼間，是那樣的荒涼與蕭瑟。她心痛了，這還是那個十年前曾在軒窗邊擁著自己千憐萬愛的陸務觀嗎？十年

第三章　驚夢遊園

的光陰蒼老了他的容顏，卻抹不去他心底的傷，那失神的雙眸裡明明有斑駁的淚水不斷往外湧出。而她呢？唯有望著他低低地抽泣，欲箋心事，卻又無從說起，那闋念舊的銀箋小字於纖指間一折再折，終模糊了原來的面相。

還能說什麼呢？離開他後，她已由家人做主嫁給了同郡士人趙士程。趙家係皇族後裔，門庭顯赫，趙士程又是個寬厚重情的讀書人，對她愛得無以復加，從來捨不得在她面前提起那些令她傷懷的往事，如今，她又怎能背叛他轉而對另外一個男人產生別樣的情愫呢？不能！她飛紅了臉，旋即轉身，不再看他，不再念他，卻又無可救藥地想著他，希望他能轉到自己面前，再深情地凝望她一眼。是的，只要一眼便已足夠。

「蕙仙！」就在她狠下心來，抽身欲去之際，他終是在她背後低低喚她的字。

她輕輕打著戰，不知是喜還是悲，終於抑制不住地掉轉過身，抬起頭，目光炯炯地盯著他，輕輕吐出「務觀」二字。

「蕙仙！」

「務觀。」她眼裡滿噙了淚水，「我……」

「妳來了？」他輕輕地問。

「嗯。」她點點頭。

「一個人？」他四下張望著，滿臉的疲憊和不安。

她搖搖頭：「我是跟相公一起來的。」

「相公？」

她又重新低了頭，伸手撫弄著衣襟，一臉的徬徨與無奈。

「他對妳好嗎？」他緊緊盯著她問。

「好。」

「真的好？」他瞪大眼睛，朝她髮間的碧玉簪望去，知道不是他送她的鳳頭釵後，臉上卻又多了些許失望的神色。

「他對我很好。這些年，要不是他終日伴我左右，只怕我……」

「只怕什麼？」

「只怕今日你我無緣在此相見。」她低聲哽咽著。

「妳可知道，我在這裡等了妳很久嗎？」他惆悵滿滿地盯著她，向她伸出等待已久的雙手，「蕙仙，妳知道，我不是故意的，我……」

「過去的事，還提它做甚？」她裝作漫不經心的樣子，避開他伸來的雙手，輕描淡寫地說。

「妳不怪我？」他頹喪地縮回雙手，輕輕咬著嘴唇問。

「要怪也只怪我自己的命不好。」她搖搖頭，「那麼，她對你好嗎？」

「她？」他知道她問的那個她，是他續娶的妻室王宛今，淡淡地說，「我心裡自始至終都只裝著妳一個人，她……」

「可她是你的妻，而我……」她回頭瞥一眼遠處的水榭，卻發現丈夫趙士程在池塘邊的柳叢下朝這邊眺望，連忙低了頭，提著裙襬，道聲別，急匆匆往回走去。

「蕙仙！」他望著她的背影，大聲喚她的字，淚水早已模糊了視線。

隱隱間，他看到她在水榭裡陪同趙士程一起進食，看到她低首蹙眉，伸出玉手紅袖，與趙士程淺斟慢飲。一幕幕似曾相識的場景，看得他的心都碎了。曾幾何時，她不是也共他在青山綠水間吟詩作賦、逍遙暢遊的嗎？無奈，他們終是無法白頭，徒留得昨日情夢、今日痴怨盡繞心頭，只餘感慨萬端，都化作粉壁間一闋哀慟欲絕的〈釵頭鳳〉。

第三章　驚夢遊園

又一年的杏花如雨，又一季的桃花落紅。煙雨濛濛的鵝卵石小徑上，又見她撐著一把藕荷色的綢傘，著一襲飄逸的白裙，踩著江南古韻，沐著吹面不寒的楊柳風，悠悠繞過亭臺樓閣，款款邁過小橋古井，娉婷裊然一路飄來，兜兜轉轉，便又到了夢中的沈園。

她舉目四望，雲影後的月兒猶疑了許久，才小心翼翼地將一絲幽輝飄漾在雨後的石階上。綠葉上一粒粒殘留的雨珠，映著清輝，恍若千點螢光，閃閃爍爍地浮動在悽風苦雨後的靜夜，只任一盞孤單靜悄悄地影著她許多不可告人的心思。她在沈園裡尋尋覓覓，想在那寂靜的夜裡重溫那四目相對時的溫存，終找不見他留下的絲絲蹤影，失望裡，回眸張望中，卻無意瞥見了牆壁上他於一年前題寫的那闋〈釵頭鳳〉。然，這真是寫給她的嗎？

「一懷愁緒，幾年離索。錯，錯，錯⋯⋯山盟雖在，錦書難託。莫，莫，莫！」他，可是想說，明明在愛，卻又不能去愛；明明不能去愛，卻又割不斷這愛縷情絲？事到如今，她又如何能罷？

想著他，念著他，她滿眼含著熱淚，將滿腹心事悄然隱去，纖手顫巍著，默默摘下頭上橫插的那支金光燦燦的鳳頭釵，猶如風中飄零的落葉。鳳頭釵，釵頭鳳，都在沈園夢魂黯銷。莫非這一切都不是巧合？難道這一切都是用隱喻與讖語預示著他們釵頭鳳般的命運？那些煎熬，那些掙扎，那些深摯無奈、令人窒息的愛情，莫非只緣於一錯手間？

錯，錯，錯！一錯手，便是春如舊，人空瘦；一錯手，便是山盟雖在，錦書難託；一錯手，便是雨打病魂，咽淚妝歡；一錯手，便是相逢不語，再聚無期。

你看傷心橋下的水一年又一年綠了，可誰又曾見到驚鴻照影來呢？血淚在心底埋藏久了，也會像陳年的女兒紅般芳香四溢，只是她那一雙紅酥

第一卷　一懷愁緒幾年離索

手又該為誰再端起一杯黃縢酒呢？難道是要為這眼前的沈園？八百年的風雨之後，我站在傷心橋上，回望那段令人唏噓的愛情傳奇，心再次疼痛欲裂。

問世間有幾座園林，在絲雨深處仍可永遠容顏不老，經時光荏苒仍可魅力不減？問世間又有幾座園林，歷八百年滄桑，依舊為情而存、為愛而生？我想，這樣的園林，恐怕只有沈園，也唯有沈園了。可是唐琬呢，她又為這出悲劇付出了多少個傷春的日子？恍惚間，我彷彿看到淡妝素顏的她在一曲古琴悠悠中走進這清冷寂寥的沈園，走進這綿綿長長的絲雨，在低迴幽婉的粉壁上，和著陸游的詞，用憂傷與悽美，寫下另一闋纏綿悱惻的〈釵頭鳳〉，更將我帶入了一個令人扼腕痛惜的悽美故事之中。

「世情薄，人情惡，雨送黃昏花易落。」他走了，她的心碎了。離開他後，她早已把曾經的如影隨形，曾經的琴瑟和鳴，鐫刻在夢、銘刻於心。所以，才會在這個桃花初綻、垂柳泛綠、雨絲紛飛的時節，再一次悄悄回到沈園。

「蕙仙——妳還好嗎？」

「不，我不好。」他走了，帶走了她的心，帶走了她的三魂六魄，帶走了她的牽掛，帶走了她的思念，帶走了她所有的所有，只留下這薄涼冷漠的世界，還有這漫天飛舞的落花。再也不是他務觀的妻，再也不是他陸家的媳，她的心冷了，死了，甚至不知道家會在哪裡，更不知道腳步該停歇在何處，但是她知道，她走不出沈園，是的，這輩子她也走不出這片小小的天地了。看，曲折的迴廊中，依稀遺落著她久遠的足跡；翠綠的竹林旁，彷彿縈迴著她萬千的期盼。哦，這院中的景緻，分明還是去日的模樣，可是，務觀，他在哪裡？他還會再來看她，還會再在粉牆上為她題寫一闋〈釵頭鳳〉嗎？

第三章　驚夢遊園

「曉風乾，淚痕殘，欲箋心事，獨語斜闌。難，難，難！」風漸漸歇了，吹不散她臉上的淚痕。想他，念他，夢他，愛他，她已走不出葫蘆池畔那心脈相通的雙眼井，更走不出常青藤中羈羈絆絆的纏綿思念。手捧著當年他送她的定情信物，那支通體金燦燦的鳳頭釵，無語凝視，曾經的情深意篤再次一一浮現眼前。這不是普通的釵，它記載了他們之間曾經刻骨銘心的愛戀，可是，她如何才能將他尋回，重覓往日的溫柔纏綿？她低低地抽泣，罷了罷了，她已是他人的妻，而他亦已是他人的夫，縱是多情，又能如何？

「人成各，今非昨，病魂常似鞦韆索。」春雨倦倦地來了，淅淅瀝瀝地下，一絲孤寂在心中升騰。蹣跚在傷心橋上，她肝腸寸斷。這條路，無盡、徬徨，她已不記得走了多久。路旁，到處開著傳說中的彼岸花，花豔無比，枝桿青翠，卻無葉無果。她知道，這，或許便是口口相傳的黃泉路吧？但她依然眷顧著前世的戀情，遲遲不肯離去。她的魂魄，徘徊在沈園的小徑，望著牆上他的題詞，心生惶惑。

她還記得，她叫唐琬，字蕙仙；也曾記得，她的男人，是陸游，字務觀。他們青梅竹馬、兩小無猜，卻因為婆母唐氏的雌威而被迫分離。在那個母憑子貴，女子無才便是德的封建禮教壓制下的社會，她既沒能為陸游添得一兒半女，又不能用一味的恭順替代她的才情，更不能以女紅替代筆墨紙硯，所以只得在婆母絕情的喝斥下，悽然離去，徒落得今日的落花人獨立，只是黯然、銷魂、傷悲、泣血。

「角聲寒，夜闌珊，怕人尋問，咽淚妝歡。瞞，瞞，瞞！」思雨匯同著絲雨，細細軟軟、飄飄灑灑，緩緩淋溼了沈園的亭臺樓榭，淋溼了沈園的花草樹木，淋溼了宋詞的芊芊情愫，淋溼了幽夢的迷離悽婉，也淋溼了她無眠的雙眼。傷魂裡，她從他百轉千迴的詩詞中走來，在虛虛實實中尋

第一卷　一懷愁緒幾年離索

找著自己曾經的足跡，天際間紛揚的雨絲，一如她對他綿長無際的思念，孤鶴軒飛簷上的那雙相依的季鳥，聲聲的啼鳴，正是她對他繾綣無盡的眷戀……

角聲寒，夜闌珊，怕被人尋問，只得咽淚妝歡，瞞，瞞，瞞！務觀啊務觀，你可知，無數個飄雨的夜裡，我把自己化作了窗前的剪影，孤零零伏在案上，提筆，千萬次地寫你、畫你；又可知，在真的夢裡，在夢的真裡，我無數次用心呼喚著你的名字？我思念中的人兒啊，你是否感覺到我從未遠離，你是否知道我的心一直伴你左右？你可還記得曾經的生死相許，又可知此時有一個人在沈園裡痴痴地等著你盼著你？

是的，淒寒冷雨中，她用箏聲琴韻做心聲，慰藉著他的孤寂；墨色深深的孤寒裡，她化清風翠竹為心語，伴他度過漫漫長夜。那些蒼白的歲月裡，她看到他登上雨中的冷翠亭，雙眸中隱約著點點珠淚；她看到他躑躅在寂寞的傷心橋，形單影隻、白髮蒼蒼；她看到他佇立在葫蘆池畔，倚瘦石低語呢喃「城上斜陽畫角哀，沈園非復舊池臺。傷心橋下春波綠，曾是驚鴻照影來。」然而，這一切於她來說又有何意義？

她還記得，是他的詞要了她的性命。那個孤身入園的雨夜之後，看過他題在粉牆上的〈釵頭鳳〉之後，她便變得慽慽的悲戚，整日鬱鬱寡歡，以致形容枯槁，縱是錦衣玉食、人參燕窩，都無法挽回她往昔的光鮮，而丈夫趙士程的嘆息，也喚不回她漂浮不定的腳步。很快，她便怏怏而卒。從此，一縷香魂黯然遊弋在黃泉路與沈園的花徑間，而他，卻讓她苦苦等了八百年，於是愛情，便這麼流芳百世。

「務觀，你還好嗎？」她低低喚他的字，眼中有著無盡的不捨與眷顧。這一切，遊園的我尚能聽到、看到。風聲裡，我彷彿聽見她為他許下的誓言：她說，她因放不下他臨去時多情的一瞥，而不肯獨自去奈何橋上

第三章　驚夢遊園

　　喝下那一碗孟婆湯，所以一如既往地守在沈園裡等候他的歸期；她說，她依舊是他記憶中那個說著吳儂軟語的嬌俏表妹；她說，她依舊是他思慕的那個在葫蘆池中倒映出溫婉俏麗面龐的妻子；她說，她依舊是他眷戀的那個衣袂飄飄、含情脈脈的蕙仙；她說，她還會去採摘黃花為他縫做枕囊；她說，她還會在纖雲薄霧中為他撫琴清歌；她說，她還會把紅絲線繫在白鴿的足上，讓他猜牠的名字；她說，她還會在闌珊雨夜裡為他沏茶硯墨，與他吟詩唱和。這樣，等他回來的時候，一定遠遠地便可以看到她，一定遠遠地便能夠認出她來，只是，他們永遠都不許再去觸碰那兩闋哀慟悽絕的〈釵頭鳳〉，永遠，永遠。

　　多麼痴情的女子，可是誰人能懂？在她默默守候他八百春之後，我沿著沈園的小徑，沿著他和她走過的悲歡離合，一步一步，踏過傷心橋，穿過葫蘆池，朝來時的路緩緩踱步前行，腦海裡仍是八百多年前，他和她邂逅在傷心橋畔的相對無言。

　　燈殘，夢滅，不覺已到黃昏。悠悠琴聲裡，我想像著那日，隔著一樹桃花，他終沒能握住她風中的那雙紅酥手；想像著那日，面對一池碧水，她只能任幽怨與傷感遍溢全身⋯⋯不經意間，雙腳早邁過黑漆的門檻，已然走出那寫滿哀傷的沈園。回眸，夕陽下，背後悽迷的沈園裡仍是遊人如織，只是不知，此後，又有誰還能憑藉那一闋〈釵頭鳳〉懷念起誰呢？

第四章　離愁滿懷

城南小陌又逢春，

只見梅花不見人。

玉骨久成泉下土，

墨痕猶鎖壁間塵。

——陸游〈夜夢沈氏園亭二絕之二〉

窗前的風鈴，輕輕搖曳在風中，一聲聲，驚碎了久遠的芳夢。夜，悄無聲息地從身旁溜走，無處尋覓，不經意間，初秋的味道便和著寡淡的鹹味似輕綢般從我臉上滑過，留下悽悽戚戚的暗影，在冷香裡浮動。

水樣的沈園，依然在眼前漾了幾漾，便融入了次日空濛的晨光。在蒹葭蒼蒼的柔波裡，在鑑湖之濱的澈灘裡，在山寒水瘦的空靈裡，凝眸處，又添一段新愁，而一切只因遇見了他。於是，朦朧裡回味著漸遠的幽夢，不禁在心中感嘆：世間的事，究竟有多少值得追憶？世間的情，究竟有多少耐得住久長？世間的人，又有多少經得起揣摩？

那年，一宵冷雨埋葬了悽豔名花，亦埋葬了愛恨糾葛，只任情思綿邈、冷俏絕倫。和煦的微風吹不散他眉間化不開的濃墨，清涼的冷雨褪不去他指間淡不了的紋絡，濃豔的秋陽晒不乾他靈魂間忘不卻的心殤，消退如潮的記憶被時間蹂躪，早已變得面目全非，那草長鶯飛、杏花微雨的詩情畫意，亦隨同唐琬的墨香流韻消散於浩渺江海，殘留在他眼角的唯有她冰涼的氣息。

今朝，一縷浮光緩緩爬上軒窗，染指流年，我靜立窗前，細數他身前

第四章　離愁滿懷

的點滴，任久遠的回憶充盈在腦海。留戀春光乍洩時的幾枝折柳，沉溺柳暗花明時的幾分妖嬈，醉心雙柑斗酒時的幾許肆意，卻不知有誰人能懂他三尺青峰龍吟劍，一嘯震天，又有誰人能憐他年少意氣，錯失了那段紅塵良緣？江湖心，終被冗長的歲月打磨成念珠的圓潤，毫無稜角。該何去何從呢？伊人不在，壯志懸酬；廟堂居遠，江湖已倦，或許唯有古巷的幽深，可包容他一顆遊子心，使其免受飄零之苦，容其在佛前覺悟，修行得道，直至飛昇西天。

她走了，猶如一片風中的落葉，在沈園柳絮漫飛的春天裡，飄逝。花開花落，春去春來，南宋的春天換了一茬又一茬，儘管他書劍相隨、南征北戰，心還是離不開故鄉，離不開沈園，離不開那個凋謝在爛漫春光裡的她，晚年更是「每入城，必登禹跡寺眺望，不能勝情」。

我知道，他在眺望沈園，眺望園中的宮牆柳、間池閣，眺望葫蘆池上還是不是春波綠、驚鴻來，眺望冷翠亭中還有沒有紅酥手、黃縢酒。他是相信的，相信她沒走，一直就在沈園，不然，他不會拖著風燭殘年的病軀隔幾年就來這裡眺望一回。

每一茬春天都是那麼短暫。悠悠歲月如一瞬，一瞬卻化作心底的永恆。他明白，能賦予他鮮活生命的，定是那身裹錦繡的丁香女子。所以，經年後，他仍願意撐一支長篙，徘徊在她深沉靜默的眼眸中，流連忘返；仍願意織一簾幽夢，網羅她遺失在塵世的芬芳，情不自禁；仍願意撫一把素琴，呼喚她決絕轉身前的溫存，癡心不改。

浪漫沈園裡，柳色染了客舍，亂花迷了人眼，潭影空了人心，一年又一年，卻是再也不見她闇弱的身姿飄搖在風中。「梅花落，曲徑幽，幾年離索軟流雲；子規啼，山河在，一腔愁苦念舊人。」然而，他也知道，蓮花的嬌羞，只是苦苦守候在季節裡等待的錯誤，一聲長長的嘆息過後，終

第一卷　一懷愁緒幾年離索

於明白，其實他從來都不是歸人，甚至不是過客，卻是一片遊走的塵埃，在色彩斑斕的光影裡存生，所有的閃耀都無法明媚她早已黯淡的容顏。如果，僅僅是如果，鑑湖上依舊歌舞昇平、燈紅酒綠，她是否便可以在他的注目裡得享天年、安度餘生？

憶往昔，黃昏窗前或是月淡花下的低語，尚有燕臺的淒涼落寞，輕輕縈繞在心頭，縱使沒有，那寒潮孤影的殘照，亦難抵她畫舸的青綾紅箋。夢中本是傷心路，無奈此情不願醒，剔盡燈花，獨唱獨酬亦獨憐，卻是依舊美夢難成，只能任由寫滿往日情思的詩稿，盡數奔向盛大的灰燼，無怨無悔。山河破碎風飄絮，他無奈；心心繫念的人早因他香消玉殞，墜落在韶華歲月裡，只留給他一杯回憶的苦酒，卻是無奈復無奈！

四十年了。彈指一揮間，四十年匆匆過去。六十八歲的陸游重遊沈園，心中充滿無限感慨。光陰荏苒，桃花還記得「沈家花園花如錦，半是當年識放翁」；柳枝還記得「夢斷香消四十年，沈園柳老不吹綿」；碧水還記得「傷心橋下春波綠，曾是驚鴻照影來」。如煙似霧的夜色，在他蒼老的面龐裡氤氳著一段蒼涼的往事，她曾驚鴻照影的一池清荷，她指間撫觸琴箏的一段音符，依然搖曳著她曠古空靈的曲韻，化作一縷絕塵的哀怨，在他耳畔低低地縈繞，縱是醉生夢死，也不願醒來。

沈園的舊牆上，她應和的那闋〈釵頭鳳〉赫然入目，惹他心驚。四十年，一霎的輕別，竟是生命無法彌補的錯。這一錯，是春如舊，人空瘦；這一錯，是桃花落，閒池閣；這一錯，是山盟雖在，錦書難託；這一錯，是人成各，今非昨；這一錯，是雨打病魂，咽淚妝歡；這一錯，是相聚無期，陰陽永隔。四十年，一霎的輕別，竟是他半世的孤單！他可以重新步入沈園，而她，卻再也不能來。她的〈釵頭鳳〉，字字句句扣打著他的心弦，那杯黃縢酒也讓他足足品了四十年，依舊咽不盡悲哀與苦澀。

第四章　離愁滿懷

「世情薄，人情惡，雨送黃昏花易落……」輕輕唸著她的和詞，割不斷的思念便凝聚在最後一次見到她的沈園中。夜，靜靜地在死亡的邊緣徘徊，黎明的光澤與月亮清冽的光輝揉在一起，一切都變得朦朧起來，如她一樣清靈的荷在葫蘆池中苦苦掙扎，在冰冷的風中瑟瑟地抖著，沙沙的聲音好似她病中痛苦的呻吟，在耳際奏響一曲哀歌。

放眼望去，灰色的天空迷霧茫茫的一片，只在東邊一線迂迂地亮了起來，其餘的一切依舊沉睡著，周圍是死樣的寂靜。世界便如一個即將分娩的胎兒，在母親的腹中，等待著生命的黎明，遠處一盞兩盞的燈光，讓他想起戀人痴情的目光，不知在午夜的夢裡，能否再執一回紅酥手，再飲一杯她遞來的黃縢酒？

他輕輕地嘆、低低地泣，仍是無法將她從腦海中剔去，忘不了那日相逢的一幕情。四十年了，又是一年春草綠。這些年，他上馬能擊狂胡，劍寒能掃千軍，為何卻保護不了那個對他痴戀終身的女子？這些年，他一支妙筆，在文壇呼風喚雨，為何卻將情愫遺落在沈園，任它寂寥，卻不敢揀拾？

四十年前的墨跡，依舊烙在斑駁的牆上，未曾消退。他看見她用纖弱的手指撫摸著它們，那是她在他當年留下的一闋〈釵頭鳳〉旁填的詞。「角聲寒，夜闌珊。怕人尋問，咽淚妝歡。瞞，瞞，瞞！」唸著唸著，眼裡便湧出蒼老的淚，心裡已然明瞭她當年的煎熬與苦楚，更明白了她的離去經年，紅顏易逝。

她是他心中永遠的痛。喚著她的芳名，他一個人在路上徘徊，漸漸陷入沉思。風有些涼，他披著長衫，兩手抱合在胸前，迎面而來的風撩起他披著的長衫，露出他挪動的雙足。他的目光凝視前方，迎風而去，猶如一把利劍要刺透這夜的神祕，而他依然在風中孤獨地走著，在永無止境的思念中不停息地想她。

第一卷　一懷愁緒幾年離索

　　楓葉初丹槲葉黃，河陽愁鬢怯新霜。

　　林亭感舊空回首，泉路憑誰說斷腸？

　　壞壁醉題塵漠漠，斷雲幽夢思茫茫。

　　年來妄念消除盡，迴向禪龕一炷香。

　　　　——陸游〈禹跡寺南有沈氏小園四十年前嘗題小闋壁間，偶復一到而園已易主，刻小闋於石，讀之悵然〉

　　這裡，曾經是他們愛情的樂園，見證了他們刻骨銘心的愛戀。而今，她不在，只餘年老的他煢煢孑立，孤身在偌大的沈園裡踽踽而行。放眼望去，人間萬事、愛恨情仇，早已消磨殆盡，唯有沈園的春天，花草依舊，清香依然，然，卻也宣告了悽婉悲涼的結局。

　　那段情，終在楓葉初丹槲葉黃的秋天，被掛在了沈園斑駁的牆壁上，伴著歷史的風雨，成為愛的墓碑。她的影子，在他眼裡，亦幻化成一幅鮮活的水墨油彩畫，在記憶裡永恆。

　　下雨了，那是他的淚水。在對她的追憶裡，那絲絲小雨一直漫天飄灑著，溼潤了古老的小城，溼潤了魂牽夢縈的沈園，亦溼潤了他那雙依戀著她的雙眸。一簾煙雨中，他被她遠遠地牽引著，看到她用四十年光陰凝結成的珠淚瞬時淹沒了深鎖在舊日樓臺裡的纏綿悱惻，曾經的喃喃細語亦彷彿在這雨聲中抖落，在初丹的楓葉上滴答成晶瑩的淚珠。

　　為什麼每次來，天上都會飄起紛紛揚揚的雨絲？莫非，這真是她經年的淚水所化？他輕輕地嘆，伸手撫一把她遺落在他襟前的情淚，心痛欲裂。曾記得，往日的沈園也有無雨的時日，陽光如瀉金，裊裊煙霞無聲地揮灑，那是他和她在葫蘆池畔夢圓的日子，是他們真正踏尋彼此真諦的日子，亦是他們輕吟詩詞歌賦的日子。一行行，醉暈了沈園的亭臺樓閣；一闋闋，醉倒了沈園的花鳥魚蟲；一首首，醉得沈園天昏地暗……於是，

第四章　離愁滿懷

沈園的雨開始變得綿綿無期,總是痴迷地下著,長長又長長,直貫他的腦海。

心有所牽,夜有所夢。日復一日,年復一年,沈園在他心中變得愈加沉甸,卻是空回首,難見伊人,空嗟嘆,難訴衷腸。帶著不可平復的心靈創痛,他一次次地重返這夢魂縈繞之地,一回回地追念舊蹤,在愁痕恨縷般的柳絲下,在一抹斜陽的返照中蹣跚獨行,任傷心斷腸的哀曲從心底噴瀉而出,衍化成一首首詩、一闋闋詞,卻是訴不盡的情、道不盡的悔。

四年後。又是一個煙雨天,年過七旬的他再次探訪沈園,覓她芳蹤,只任她的清影幻成他指尖的一滴情淚,只任筆下的墨痕在她的溫柔相伴裡憂鬱成兩首血跡斑斑的〈沈園〉詩:

城上斜陽畫角哀,
沈園非復舊池臺。
傷心橋下春波綠,
曾是驚鴻照影來。
夢斷香消四十年,
沈園柳老不吹綿。
此身行作稽山土,
猶吊遺蹤一泫然。

—— 陸游〈沈園二首〉

愛如果走得夠遠,應該也會跟幸福邂逅,可是,透過那漫山遍野的春花,他只聽到了幸福遠走的尾聲。試問,時過境遷、年華老去,真心還能和真心相遇嗎?行走在沈園的春天裡,潸然望向斑駁牆壁上那兩闋定格在歷史詩書裡悲悲戚戚的詞,卻是再也尋不到那個柳下舞姿嫣然的女子,再

也尋不到那葫蘆池畔回眸一笑的風韻，心，禁不住悽悽地顫抖。那佳人，終究化作了塵土，那幽夢，終究太匆匆，老天爺卻為何還要留他這風燭殘年的老人在這不盡的悽風苦雨中痴痴地等待？！

他只是一個被記憶放逐的人，活在過往的片段裡，呼吸著那份美麗的痛，日復一日，再也走不出一個沈園，再也走不出一個唐琬。從詞句間的傾情相會，到碼成堆砌的碎語傾訴成卷，每一個字，似乎都已成為一種回憶，或是紀念，即便走到哪丟到哪，也不能消融於他的記憶。蕙仙啊蕙仙，是否，我蹣跚的步履擾亂了妳寧靜的生活？是否，我執著的眷戀牽絆了妳幸福的腳步？是否，我痴狂的追尋阻擋了妳飛翔的方向？是否，我多情的淚水氾濫了妳嚮往的境地？如若是，可否請妳告訴我；如若是，可否請妳收起善意的謊言？妳應該知道，心碎了，再怎麼努力也黏不回去，那麼，我又該拿什麼再去愛妳？

如果說，且行且珍惜是唯一能見證永久的妙方，那麼，他即便在她眼底轟然倒塌成平地，也學不會，而這一切只不過因為，痴情的男子，始終不懂得人間煙火。偶爾想起，人生亦不過是秋日裡隨風落下的一片黃葉，在天地間飄舞，瞬間就平息落寂，隔日，它的影子便無從尋覓，短暫得甚至不如花開花謝般深刻，平淡得如同水一般無味，不久就會被擱置在遺忘的角落裡，漸漸被灰塵淹沒，那麼，他又何必非要執著著去尋覓她的雋永，尋覓她的柔情似水，尋覓與她的執手相望？

微笑或是哭泣，幸福或是快樂，只有自己知道，也只有自己能夠撫平漫過的傷痕。歲月已在彼此心中綴滿了詩行，愛戀已在彼此心間繪滿了春色，回首之間，何處不是水雲間，何時不是四月天？舉頭望明月，他默默地嘆息，今生，已別無所求，唯奢求她安好如初。若她安好，他便靜靜守望這湖畔絲雨，眺望那碧天雲海，陪她一起傾聽青石板路上的馬蹄聲聲，

第四章　離愁滿懷

直到天荒地老；若她安好，他便會在她窗前安之若素、不離不棄，繼續書寫水天一色的綺麗，帶著自己和她的影子，在某年某月某一天某一刻，共她天涯海角遊遍，永不分離，無怨無悔。

歲月如梭，光陰似箭，轉眼間便到了宋寧宗開禧元年（西元 1205 年）。那一年，他已是八十一歲的耄耋老翁，卻依然在心間念念不忘芳華早逝的她。一夜又一夜，他無數次夢見她踏波而來，夢見與她牽手傾談，說不盡的纏綿，道不盡的俳惻。然而，夢醒後的失落，卻只能化作一首首不老的情詩，在口齒間詠嘆，空餘遺恨：

路近城南已怕行，

沈家園裡更傷情。

香穿客袖梅花在，

綠蘸寺橋春水生。

城南小陌又逢春，

只見梅花不見人。

玉骨久成泉下土，

墨痕猶鎖壁間塵。

──陸游〈十二月二日夜夢遊沈氏園亭二首〉

一段回憶，留存在心底，緩緩滑過漫長的歲月，總會因為當時或歡喜或失意的心情，偶爾想起來，細細把玩之餘，便衍生出可意會不可分享之的樂趣，歷久彌新。可狂可歌的青蔥過往雖不乏精采，可隨著時間的反覆沖洗，終只清瘦成一朵小小的浪花，保存於記憶的大海之中，隱沒、掩藏，卻又回味綿長。

本已是桃花初開、鵝黃嫩芽俏點枝頭的早春時節，可凜冽的北風依舊

肆虐橫行,如入無人之境般撕扯著這個溫潤的春天。興許是想她的緣故,山陰的春天開始得並不平靜,甚至有些粗野。咆哮的風聲裡,他喊著她的名字,一遍又一遍地呼喚,再一次陷入無可救藥的想念,伴著私語的纏綿,任窒息的錯覺顫抖了整個身子,不住地搖晃著。此時此刻,仰頭望天,只想問一聲,世間的愛,是否真的有天長地久?如果有,為何這兩顆心的距離卻遠遠超過了歲月的距離?

無邊的天際,或晴或雨地變幻著。風起的時候,純白色的雲朵湊成一團團,拼成一個好看而真實的心形。原來,浮雲漫天也可以這樣浪漫,無所謂幸福與奢求,只與快樂有關,只與念想有關。張揚的微笑,由心而生,悄悄融入腦海,只是一聲「青青子衿、悠悠我心」,便讓他無言以對,或許,他永遠不會明白,思念過後的憂愁與歡喜交揉究竟是一種怎樣的情愫。茫茫然走進她的世界,觸手可及的溫暖,瞬間與血液融合,可想而知,愛有溫度,亦有深度,可愛再深再暖,她不在,他又能奈之若何?

寂靜的流年,以無聲的腳步繞過歲月,偶然間的駐足,心彷彿冰凍三尺般淒冷。年華一歲歲老去,越來越喜歡置身於世外的空間,徹底拋開市井的喧囂,縱使紅塵再奢華再豔麗,也動搖不了他安然的心境。然而,她的出現卻似丟入湖面的石子,漾開的碧波泛起層層漣漪,瞬間擾亂了他平靜的步伐,致使深厚的情結越結越深,直至無法自拔。

花開的日子裡,夢中的她用溫情的眼神,滋潤他滄桑的心靈世界,即使塵埃滿地,依然無怨無悔。每天的每天,他依著窗臺,靜靜守著日出日落,期盼某一個黃昏,能與她並肩於沈園之中,一起漫步在葫蘆池畔、傷心橋上,呼吸著同樣的氣息,感受心跳的輕快節奏。然而,她又在哪裡?如歌的往事裡,清涼的韻味浸在他溼潤的眸中浮想聯翩,若不是這滿天星子在銀河裡漫溢位無限相思,若不是這日思夜想的倩影總在眼前盤旋,若

第四章　離愁滿懷

不是這似水般的情懷無時無刻地不在腦海中縈繞，若不是這如詩如畫的言語始終停留在他的指間，他又怎會如此深刻地依戀，依戀她遠去的那一抹輕紅？

傷與痛在歲月裡肆虐蔓延，可有誰能讀懂他的淚，又有誰能看透他的心？他想用僅有的溫度去溫暖她那冰凍三尺的心靈，卻怕驚醒她的芳夢，溼了她整個心房。風在吹，雨在下，無休無止的淚水奔騰而落，那是誰的心，碎成滿天飛舞的殘花，片片殷紅？

她突兀地放手，換來他站立不穩。靈魂抽離了身子，四處擴散著去尋覓昔日那個最熟悉的倩影，可是，最漫長的等待換來的卻是最決絕的轉身，越是心急如焚，結果越讓人絕望。現實終是太過薄涼，她走了，或許他可以不再愛得那麼疲憊、痛得那麼斷腸，然，失去了她，這世間還有什麼是值得留戀的？他深深地嘆、低低地泣，舉頭，仰望明月，皎潔的月色是否能讀懂他此時的牽掛，竟是那般那般的深厚深沉？低頭，輕吟著昔日共同譜寫的詩詞歌賦，兩顆心剎那間融合，然而，她可知，獨望這一輪明月，看清風起舞弄花影的時候，他是多想她能給他一個肯定的眼神，讓他不再害怕所有的孤單？

落花，如詩意般飄飛在他眼前，而他不能感知未來的他們是否會像此時的落花一樣，各奔天涯，海角安生，也不能臆想經年後的他們，是否會如從前那樣相知相惜，更不能斷測來生時的他們是否依舊會在一起談笑風生。他能給予或是承諾的，僅僅只是追隨，只是生不離、死不棄，只是雙生相伴到老。

是的，他就要追逐她而去。當冰冷的雨珠劃過鬆弛的肌膚，硬生生將他五十多載苦苦尋覓的蹤跡淹沒之際，每回憶一次，便會惹他揪心一次，直到他的心痛到沒有了知覺，沒有了溫度，像冰山一樣冰涼。紅塵紛擾，

第一卷　一懷愁緒幾年離索

往事如煙，與她夢中再度相逢時，淚水還是不由自主地奔騰而至，而曾經痴心相惜的畫面亦迅速融成眉間的憂傷，在春天的沈園裡一點點地散開，慢慢鋪滿了所有他看得見看不見的角落。那一年，他已八十四歲，卻依然如期而至，緩緩走在沈園的路上，只為親赴與她青春裡一場最美的約定，只為與她作人世間最後的訣別：

沈家園裡花如錦，

半是當年識放翁。

也信美人終作土，

不堪幽夢太匆匆。

——陸游〈春遊〉

冷冷的風，把一片片樹葉從柳枝頭上撕下，迅速扔進泥地裡，扔進生命的墳墓，毫不留情，乾淨俐落，果斷執著。斷開緊牽的情網，她乘著清風翩然離去，獨留天空下凋零的花朵，一片一片又一片，迷離了相思的眼眸，瞬間亂了滿天。都說愛過無痕，愛過無影，愛過無跡，愛過無痛，那麼最後的結局會是什麼，難不成，那些投入的情感，終不過都會在疲倦的眼底荒蕪成一縷灰燼，直至飄緲散盡？

浮雲飄過，煙消雲散，愛亦如是。在水一方的她，是蕭蕭南浦的飛絮，從遠古的幽夢中翩然而至，猶做他春閨夢裡人，那一滴情深不悔的淚，終於化作一顆斑駁的星子，永遠閃爍在黑暗的邊緣，照亮他和她前世今生的回眸一笑。夜闌獨醒，他滿心疲憊，唯有望向夢中的她道一聲珍重，心靈才有所寬慰，只是風過無聲，縱然懷著一份歡喜想要與她攜手走過一生，但是，人不見，情再深，又能奈之若何？三月未央，重新揀拾起她寫給他的文字，那些只屬於他們的日子，只屬於他們的私語，還有她逐漸淡去的輪廓，便又清晰如昨地映現在他的眼前。卻嘆，青青子衿、悠悠

第四章　離愁滿懷

我心,固然生命有限,愛卻無限,且容許時光惦記,他們的曾經,曾經的美好,曾經的爛漫。

蕙仙,這世間,或許有些事情是不可以用來懷念的,譬如我對妳割捨不了的情,譬如我對妳深深的眷戀,譬如任時光如何變遷,我依然為妳執著在風雨中的等候。如若不懷念,或許就不會心痛,就不會一而再、再而三地為難自己,待天慢慢黑下去的時候,便會漸漸遺忘我們之間的過去,便不會再讓妳為我傷心難過。只是,如果還能再見,無論彼岸有多遠,無論途中會有多少叢生的荊棘,我都依然會追上妳的腳步,與妳相伴,直到永遠。

他囁嚅著嘴唇輕輕唸著,蒼老的雙手漸漸垂下,龍鍾的軀體也漸漸疲軟,慢慢地,那蹣跚的背影便遠去了沈園的世界,宛如劃過天空的一片流雲,偶爾投影在波心,轉瞬間便又消逝得無影無蹤。回首,偌大的沈家花園,只留下一雙深情而又迷茫的眼睛,依然在萋萋芳草間不停地探望,那些簡單的點滴溫暖再也覆蓋不住他單薄的身子,而他,也不用著再眷戀這紫陌紅塵的種種了。

他走了。那一年,他八十五歲。他走出,幽幽的夢境,走出了幽幽的沈園,走出了悠悠的細雨,走出了悠悠的故事,卻沒能走出那幽幽又悠悠的思慮,只是一句再見,便再也不見。千年之後,又有誰憐他年少的意氣風發,和那段錯失了的紅塵姻緣?

第一卷　一懷愁緒幾年離索

第二卷
淚痕空對太平花

扶床踉蹌出京華,
頭白車書未一家。
宵旰至今勞聖主,
淚痕空對太平花。

——陸游〈太平花〉

第二卷　淚痕空對太平花

第五章　並刀如水

並刀如水，吳鹽勝雪，纖指破新橙。錦幄初溫，獸香不斷，相對坐吹笙。

低聲問向誰行宿？城上已三更，馬滑霜濃，不如休去，直是少人行。

——周邦彥〈少年遊〉

汴水東流，淚雨飄飛，繁華的東京終是落入夢中，再回首，人散月如鉤。

清明前的濛濛細雨，密密麻麻地淋溼女兒的芳心，那虛掩的窗扉之後，一品絲竹、一管洞簫，只為一個早已模糊了的身影黯然消瘦。飄緲不散的悠悠旋律中，一襲弱骨飄然入畫，一代絕世芳魂如絲如縷地漫入宋詞的中心，於是，便有了月下的舞姿悄然無語，便有了槳聲燈影中的輝煌流光溢彩。

長袖輕舞，一聲女兒的低吟淺唱緩緩飄越宮牆，穿過萬千粉黛，被身著黃袍的官家輕輕拾起。再回首，三千寵愛於一身的嬌媚終於迷倒亡國的末代之君，大宋的殘牆，亦因她而奏出一闋短暫的綺麗音符。

嬌聲嫩語，就這樣讓一個虛弱的國度折絆在文采斐然的詞賦華章裡，再也無力站起，煙柳畫橋、道骨仙風的工筆花鳥，亦在塞外黃沙中折翼。大宋，便在一場虛張聲勢的盛筵後，如風中紙鳶，緩緩飄過青磚黛瓦的宮牆，於扶柳之上輕舞飛揚。

靖康之恥，讓女兒的寸骨丹心蒙上無塵之垢，此時她已無法逃避金戈

第五章　並刀如水

鐵馬的粗暴鏗鏘。汴河水斷，清明雨歇，一場國仇家恨旋起的霓裳水袖盈懷，醉過後，憔悴的她還能否重新撫摸他瘦金體的傲骨風姿？

山一程，水一程，心向朔漠行。

北去的亡國路上，就請讓她從此悄無聲息地隱去，輕撫這殘冬恨雪、悲雲慘淡的廢舊山河，讓一個紅顏禍水的故事遠離她無辜的內心吧！可是，更多的夜晚，她仍是相思如雨，離情如故。這亡國的淚，仍自腮邊落，枕畔，又溼了幾回。

回首，五國城仍是孤雁寒鴉、亂鴻陣陣，那就讓它付諸流水吧，讓一切的歡喜悲傷，都在她離去的身後，做一聲絕世無奈的嘆息吧！

想著她，念著她，北宋大文豪周邦彥的一闋〈少年遊〉悄然響徹心頭。千年後的夢裡，我仍在懷想，那隻曾在長空飛翔、剪斷故鄉的雁影，可還會在秋起風頻的日子裡聲聲悲鳴；那顆守望回歸的蒼老的心，是否還會在後人無數次吟風詠月的宋詞裡，涕淚沾裳地回望中原帝京繁華錦繡的上元之月？

會的。因了〈少年遊〉，因了宋徽宗的寵愛，她的名字注定載入史冊，流芳千古，成為後人茶餘飯後緬懷的記憶。她是李師師，本是汴京城裡經營染坊的匠人王寅的女兒，因母親早逝，便由父親煮漿代乳，撫養成人。據說她生下來不曾哭過，一直到三歲的時候，按照當時的習俗，父親把她寄名到佛寺，佛寺老僧為她摩頂時，才突然放聲大哭，且聲震屋瓦、高亢嘹亮，那老僧不禁合十讚道：「這小小女孩真是個佛門弟子！」當時一般人都把佛門弟子叫做「師」，「師師」的名字就由此而來。

四歲那年，父親王寅因染布延期獲罪入獄，病死獄中。從此，李師師便由鄰居撫養，漸漸出落得眉目如畫、通體雪豔，又兼善解人意，小小年紀就成為方圓百里聞名的美人兒。不久，經營妓院的李媼無意中聽說了她

第二卷　淚痕空對太平花

的芳名，為今後生計打算，不禁計從心來，愣是將師師收為養女，並延師教讀、訓練歌舞，好讓她盡快成為自己的搖錢樹。十三歲那年，李師師便以青倌人的姿態掛牌迎客，因容貌姣好，又彈得一手好曲，並天生有一副好嗓子，在當時就有「曲聽李師師，舞看趙元奴」之說，於是一時間名噪京城，上至朝廷命官、文人雅士、王孫公子之流，下至三山五嶽之輩，皆以一登其門為榮耀，沒有哪個男人不想一睹她的芳容，就連水泊梁山的首領及時雨宋江也不遠千里，冒死潛入汴京，為的就是一親芳澤，事後還在牆壁上留詞紀興：「天南地北，問乾坤何處，可容狂奴？借得山東煙水寨，來買鳳城春色。翠袖圍香，絞綃籠玉，一笑千金值。神仙體態，薄倖如何消得？回想蘆草灘頭，蓼花汀畔，皓月空凝碧。六六雁行八九，只待金雞消息！義膽包天，忠肝蓋地，四海無人識，閒想萬極，醉鄉一夜頭白。」

李師師聲名日高，卻生性清高孤傲，尋常人難得一見。而就在這時，她的豔名居然傳到了皇帝宋徽宗的耳裡。宋徽宗本是風月場中的高手，聽說本朝居然出了這麼個色藝雙絕的女子，而且就在天子腳下，又哪有放過的道理？可是，李師師畢竟是個妓女，身為九五之尊的皇帝召見一個風塵女子總是不妥。思前想後，宋徽宗覺得沒有足夠的理由去見一個妓女，遂把要見李師師的心思壓了下去，沒想到無巧不成書，善於揣摩主上心思的倖臣高俅很快便思索透了皇帝的想法，於是附在徽宗耳畔低語一陣，漸漸引得眉頭深鎖的徽宗露出了愜意的笑容。

在高俅的出謀劃策下，宋徽宗喬裝打扮，微服出行，以商人的身分出現在了有著傾國傾城之豔名的李師師面前。宋徽宗為這次會面費盡了心機，給李師師的見面禮便是內宮藏的「紫茸二匹，霞疊二端，瑟瑟珠二顆，白金二十鎰」。可這第一回，李師師就給他來了個下馬威，一直讓他空等到下半夜，不施脂粉、身著絹素的她才在李媼的勸說下款款而出，客套地打過招呼後便倚坐窗下胡亂彈起一首〈平沙落雁〉，一曲彈畢，連正

第五章 並刀如水

眼都沒瞧他一眼,便起身揚長而去。

豈料,這次會面,宋徽宗愣是被淡妝素服,卻難掩絕代風華的李師師勾去了魂,整個會面的過程中,宋徽宗的目光始終沒有離開過她的身體,哪裡還有心思聽她彈曲清歌?而李師師傲慢的態度更是引起宋徽宗的興致,要知道在宮裡,上至皇后妃嬪,下至宮女僕婦,又有哪個女子敢在他面前如此放肆?這樣一個與眾不同、氣質超群的李師師不正是他夢寐以求的佳人嘛,心裡自是喜歡得了不得,又哪裡肯去責備她的無理?

回到宮中,宋徽宗仍然沉浸在溫柔鄉中難以自拔,居然當著皇后鄭氏的面說,這後宮三千佳麗去掉粉黛穿上素服,竟沒一個是比得上李師師的!從此,處處都惦念著那個才貌雙絕的女子,但身為一國之君,深居九重,不便夜夜微服出行,只得暫且忍耐,好容易捱過兩天,終是相思難熬。於是,便又帶著高俅直奔李媼家中。一來二往,李師師便與宋徽宗熟稔,交往的過程中,師師發現徽宗並非自己起先認為的登徒子,而是非常雅致的一個人,逐漸改變了往日傲慢的態度,與其相談甚歡。宋徽宗痴戀佳人,更兼出手大方,很快便贏得李媼的好感,在李媼的美言下,師師也對這個穿著雍容華貴的商人有了些許好感,每每留其至深夜溫酒而飲,說不盡的纏綿悱惻,道不盡的溫柔繾綣。

與師師接洽的文人墨客不可說少,但她有一怪癖,凡是到她這裡來的狎客,只要略通文墨,便得留詩賦詞一首,宋徽宗自然也無例外。不過,徽宗趙佶本是文士中的第一流人物,詩詞、書畫無不冠絕古今,每至興頭,用不著師師提醒,便欣然提筆,用他那獨一無二的「瘦金體」書法在師師的團扇上題詩作賦,其縱橫的才情更讓師師驚嘆折服,久而久之,便芳心暗許,除了徽宗,再也不與任何客人接洽。就這樣,她成了他的最愛,他亦成了她的最戀。在她面前,他早已忘卻自己帝王的身分,總是挽

第二卷　淚痕空對太平花

著她的玉臂，與之窗下百般調笑，看她輕佻微逗，看她眉目傳情，為之神魂顛倒，絕無禁忌，並為之題詞一闋，寫不盡人間春色，道不盡風情旖旎，只是春光無限：

淺酒人前共，軟玉燈邊擁，回眸入抱總含情。痛痛痛，輕把郎推，漸聞聲顫，微驚紅湧。

試與更番縱，全沒些兒縫，這回風味忒顛犯。動動動，臂兒相兜，唇兒相湊，舌兒相弄。

——趙佶〈如夢令〉

從此，東京汴梁城裡最惹人注目的伎人——李師師，那文人墨客心心嚮往的巫山神女，便成了道君皇帝宋徽宗一人的紅粉知己。因為她，徽宗趙佶視後宮三千佳麗皆如糞土，唯獨對這個長袖擅舞的女子視若珍寶，被她迷了心竅，特地為其造「醉杏坊」，恩寵無度。她享盡了人間榮華富貴，更閱盡無數紅塵男兒，只是，他愛了她，她亦愛了他，她便將身心徹底交付了他，哪怕愛得粉身碎骨，哪怕愛得肝腸寸斷，無怨無悔。

後來，他表明身分，要納其為妃，名正言順地收入宮中，皇后鄭氏卻不高興了，聲稱師師縱然美豔絕倫，但畢竟是個出身卑賤的妓女，這樣的女子，躲還躲不及，又怎能納入後宮，豈不要亂了綱常？皇后鄭氏出於妒忌，在徽宗面前說出了一番番大道理，再加上劉貴妃、韋賢妃一眾平日裡受寵的妃嬪從旁相幫，徽宗遂打消了納師師為妃的主意。不過為了與其長相廝守，居然派人挖了一條道地從宮中通往師師的醉杏坊。從此，夜夜通過道地直入師師閨房，與其成就鸞和之好，後宮妃嬪縱是心有不甘，也只能望洋興嘆。

宋徽宗對李師師的寵愛，非但引起鄭皇后、劉貴妃的怨恨，更惹起那些曾經出沒於師師家中的鍾情男子牢騷滿腹。武功員外郎賈奕年少英俊、

第五章　並刀如水

武藝超群，曾是師師的座上賓，自從得知宋徽宗去了師師那裡，便不敢再去找她尋歡，不意郊遊遇到了師師，舊情重燃，晚上便忍不住跑到師師家中聽她彈曲，大概是酒醉了的緣故，居然吃起宋徽宗的閒醋來，揮筆填了一首詞：

閒步小樓前，見個佳人貌似仙。暗想聖情渾似夢，追歡執手，蘭房恣意，一夜說盟言。

滿掬沉檀噴瑞煙，報道早朝歸去晚回鑾，留下鮫綃當宿錢。

──賈奕〈南鄉子〉

賈奕寫完這首詞，憤懣洩盡，卻有好事之徒將之傳揚開來，不久便傳到宋徽宗手上。徽宗看了不禁妒火中燒，下令將賈奕斬首。幸虧賈奕還有一個不怕死的好朋友諫官張天覺，他聽到這個消息立即趕到朝堂，對徽宗說：「皇上治國應以仁德為重，今為一女子輕施刑誅，豈能使天下人心服！」揭了徽宗的底，宋徽宗才赦免了賈奕，把他貶到瓊州做司戶參軍，並規定永遠不許再入都門。

賈奕被貶後，那些心儀李師師的男子自然不敢造次，醉杏坊也漸漸變得門前冷落車馬稀，但內中卻有一人始終放不下心心繫念的美人，他就是周邦彥。周邦彥號美成，錢塘人，生得風雅絕倫，博涉百家，且能按譜製曲，所作樂府長短句，詞韻清蔚，因而在宋神宗的時候就做了朝廷的太樂正。他和李師師時常往來，李師師以善歌聞名，為她作曲寫詞的就是周邦彥，兩人的關係自是非同一般。這天周邦彥聽說宋徽宗染病，不會出宮，便偷偷溜到醉杏坊與師師見面，一訴相思之苦，正值敘談之際，忽然傳報聖駕降臨，周邦彥驚慌失措，李師師更是慌作一團，倉促之間，無處躲避，只好將周邦彥藏身床下。

頃刻，宋徽宗從道地上來，直接進了李師師的閨房，在榻邊坐下來，

第二卷　淚痕空對太平花

並遞過一籃柳丁給李師師嘗鮮，說是從嶺南新進貢來的，新鮮得很。李師師用剪子剝了幾個，二人一起吃了，然後又在一起調笑了半天，說不盡的情話，道不盡的纏綿，卻把躲在床底下的周邦彥急得如熱鍋上的螞蟻般，倒是做聲不得。待到半夜，徽宗因身體不適便要啟駕回宮，李師師假惺惺地挽留：「城上已傳三更，馬滑霜濃，陛下聖軀不豫，豈可再冒風寒？」宋徽宗答道：「朕正因身體違和，不得不加調攝，所以要回宮去。」

這些話從頭到尾都被周邦彥聽得清清楚楚，宋徽宗一走，周邦彥立刻從床底下爬出，酸溜溜地對李師師說：「妳得到皇上這樣的恩待，可真是千古風流佳話。」李師師笑道：「我只道做皇帝的不勝威嚴，哪裡知道也和你一樣的風流？」周邦彥聽了，心有所感，便將剛才的情形，譜成一闋〈少年遊〉：

並刀如水，吳鹽勝雪，纖指破新橙。錦幄初溫，獸香不斷，相對坐調箏。

低聲問向誰行宿？城上已三更，馬滑霜濃，不如休去，直是少人行。

──周邦彥〈少年遊〉

周邦彥這詞題得情景真切、清麗芊綿，李師師十分喜愛，便依著譜，練習歌唱。一天，宋徽宗又來到李師師這裡垂筵暢飲，教李師師唱一曲助興，師師一時忘情，竟把「少年遊」唱了出來。徽宗一聽，說的竟全是那天在李師師房內的情事，還以為是李師師自己作的，正準備誇獎幾句，李師師興致正濃，隨口說出是周邦彥譜的，話一出口就知錯了，臉色頓顯局促不安。徽宗看了李師師的表情，就知那天周邦彥一定也在房內，臉色頓時變了，心想：朝中大臣明知李師師是我的外寵，還敢再來，那還了得，如果不嚴加懲處，必定會使李師師的門戶頓開。當天徽宗怏怏地回到宮中，就派心腹收羅周邦彥平日所寫的豔詞，作為罪證，說他輕薄，不能在

第五章　並刀如水

朝為官,將他貶出汴京。

了卻了這一樁心事,宋徽宗甚為高興,又馬不停蹄地來到李師師的家中,沒想到這一回李師師居然外出未歸,一直讓他等到初更,才見師師倦倦地回來,卻是滿面玉容寂寞、珠淚盈盈。宋徽宗驚問她因何如此,李師師直言是送周邦彥去了。宋徽宗好奇地問:「這次又譜了什麼詞麼?」李師師說他譜了「蘭陵王」詞一闋,言罷引吭而歌:

柳蔭直,煙裡絲絲弄碧。隋堤上,曾見幾番拂水,飄綿送行色?登臨望故國,誰識京華倦客?長亭路,年去歲來,應折桑條過千尺。

閒尋舊蹤跡,又酒趁哀弦,燈映離席,梨花榆火催寒食。愁一剪風快,半篙波暖,回頭迢遞便數驛,望人在天北。

淒惻,恨堆積。漸別浦縈迴,津堠岑寂。斜陽冉冉春無極,記月榭攜手,露橋聞笛。沉思前事,似夢裡,淚暗滴。

── 周邦彥〈蘭陵王〉

李師師一邊唱,一邊用紅巾拭淚,待唱到:「酒趁哀弦,燈映離席」時,幾乎是泣不成聲。宋徽宗聽了,也覺悽然,心一軟,第二天便降旨復召周邦彥為大晟樂正,且另眼相看,時常與他大談自己擅長的水墨畫,還有長長短短的宮樂詞。只是好景不長,周邦彥次年就一命嗚呼,空餘一闋〈少年遊〉響徹醉杏樓上空,那「並刀如水,吳鹽勝雪,纖手破新橙」的絕妙好詞更是成為絕響,令人唏噓。

春宵苦短。這樣浮華綺麗的日子,隨著金人鐵騎的長驅南下,終於步入了窮途暮路。四年後的宣和七年十二月,即西元1125年,金主舉兵南下,宋徽宗傳位長子趙恆,是為欽宗,自稱太上皇,攜鄭皇后倉皇出逃。次年,宋欽宗改元靖康,起用主戰派將領李綱抗金,斬殺罷黜了蔡京一黨,金兵才得以北退,但仍答應以賠款、割太原等三鎮乞降求和。同年閏

第二卷　淚痕空對太平花

十一月底，金人復來，圍困汴京，欽宗親自前往金營議和被扣留，十二月十五日，汴京城破，金帝廢徽宗、欽宗父子俱為庶人。靖康二年（1127年）三月底，金帝命將徽、欽二帝，連同後妃、宗室、百官等數千人，以及法駕、儀仗、冠服、禮器、天文儀器、珍寶玩物、皇家藏書、天下州府地圖等一起押送北方，汴京被擄掠一空，北宋至此滅亡，史稱「靖康之變」。

據說，宋徽宗聽到國庫珍寶等被擄掠一空後竟然毫不在乎，待聽到皇家藏書也被搶去，才仰天長嘆數聲。宋徽宗在被押送北上的途中受盡了凌辱，先是愛妃王婉容等被金將強行索去，接著，到金國都城後，被命令與趙桓一起穿著喪服，去謁見金太祖完顏阿骨打的廟宇，意為金帝向祖先獻俘。爾後，宋徽宗被金帝辱封為昏德公，關押於韓州（今遼寧省昌圖縣），後又被遷到五國城（今黑龍江省依蘭縣）囚禁。囚禁期間，受盡凌辱的宋徽宗寫下了許多悔恨、哀怨、淒涼的詩句，如：

徹夜西風撼破扉，

蕭條孤館一燈微。

家山回首三千里，

目斷山南無雁飛。

—— 趙佶〈在北題壁〉

國破山河碎，身為帝王的宋徽宗都不能倖免受辱，那曾經與之花前月下、使其流連忘返的絕代佳人李師師自是無法倖免。汴京城破，金主因久聞李師師的芳名，便讓主帥撻懶尋訪她的蹤跡，但是尋找多日也未找見，後來在漢奸張邦昌的幫助下，才終於在一座道觀裡找到了帶髮修行的李師師，並強行將其擄往北方。師師自是不願伺候金主，在北上途中指著張邦昌的鼻子破口大罵：「告以賤妓，蒙皇帝眷，寧一死無他志。若輩高爵厚

第五章　並刀如水

祿，朝廷何負於汝，乃事事為斬滅宗社計？」爾後，趁人不備之際，拔下頭髮上彆著的金簪自刺喉嚨，未能斃命，又折斷金簪吞下，這才香消玉殞。消息傳到被囚於北地的宋徽宗耳裡，自是悲痛莫名，南望汴京之月，為她寫下一首哀婉的悼詩，緬懷他們曾經的恩愛纏綿：

苦雨西風嘆楚囚，

香消玉碎動人愁。

紅顏竟為奴顏恥，

千古青樓第一流。

── 趙佶〈悼詩〉

也有人說，汴京城破時，李師師並沒有被金人擄至北方，而是跟隨宋室南渡，輾轉來到江南，流落湖湘。但歷經離亂、受盡折磨後的她早已心緒蕭索、容顏憔悴，艱難無以自存，不得已重操舊業，以賣唱度日。南渡士大夫慕其盛名，常邀其參加酒會，席上她唱得最多的一首歌是：

輦轂繁華事可傷，

師師垂老遇湖湘。

縷衫檀板無顏色，

一曲當年動帝王。

── 李師師〈師師歌〉

宋徽宗不在了，她的心也死了。她再也無法在他怡人的笑靨裡奏響一闋〈平沙落雁〉，再也無法看到他閒坐窗下陶然聆聽的歡喜表情。往昔裡，醉杏樓中幾多繁華的流蕩樂韻已成灰跡，輾轉烙成她心底永遠的傷；今日，一曲〈梅花三弄〉三起三落，卻少了多情男子的側目，幾番彈弄，原來都只是應和他和她的身世浮萍，起落一生。

第二卷　淚痕空對太平花

　　細雨如綢，緩緩飄過眼前，又輕輕落在手心。突然而至的夏雨，沉重而無聲地砸在她柔軟的心坎上，而她什麼也做不了，只能抬頭仰望灰色的天空，然，望來望去，竟然找不到任何一個釋放心事的出口，唯有無奈的嘆息聲一陣接著一陣地在她胸中起伏連綿，令她痛到無法呼吸。

　　流逝的日子，匆匆忙忙，一閃而過，在她的額邊留下一絲白色鬢髮，迅即憔悴了昔日淺笑的歡顏，而寫在眉間眼梢的憂傷卻是從未老去。想他，念他，為何總是走不進有他的夢境，是他恨她不能追隨他而去，還是她不敢抵近他曾經的溫暖，怕他一開言就要惹她心傷難禁？只此一念間，內心的波濤洶湧便覆蓋住每一個有雨的季節，放眼望去，潮起潮落的都是她的泣不成聲，還有他的捨不得放不下。也曾一路帶著滿城的花香，在雨中漫步，追思關於他的一切，他給過她的好，他給過她的歡喜，他給過她的明媚，未曾想，每每念到最後，映現在眼前的結局必然是滿地花殘，只餘一縷飄渺而又空洞的花香伴著她一路走過所有的坎坷與不得已，經久不散，於是，總是不敢回憶，或是只在半夢半醒間偷偷地回憶，以為這樣，就不會有撕心裂肺的痛，然而卻又是自欺欺人。

　　窗外漂泊的雨，一次又一次，不停地敲打著昨日塵封的往事，在她昏黃搖曳的燭火中再次掀開了回憶的薄簾，讓那些早已凌亂了的記憶碎片一一浮現在她的眼前。還是沒能徹底地忘卻，還是無法走出他的陰影，還是無法遺忘過去的點點滴滴，冷了的心，終是伴著歲月的浮光碎影，漸漸失去了知覺，而她已然痛得肝腸寸斷。

　　突地，一聲震耳欲聾的雷鳴在她房前屋後轟然炸開，她來不及提防，也來不及躲避，便任由劃破長空的閃電以迅雷不及掩耳的速度穿過胸膛，於瞬間擊碎她那顆堅硬而又柔軟的心房。也就在那剎那之間，她聽到了心在滴血的聲音，她知道，這不是因為恐懼，不是因為害怕，也不是因為擔

第五章　並刀如水

　　心,而僅僅是因為想他。隨著閃電劃過天際的次數越來越多,雨點也落得越來越大,而思緒更是變得越來越亂,為什麼每一個相思成災的日子總是風狂雨驟,為什麼越想他這雨便下得更加沒完沒了?淚水模糊了雙眼,濺溼了衣裳,顫抖的身子在風吹雨打中搖搖欲墜,偏生那震天吼的雷鳴還不斷圍繞著她肆意地咆哮,更惹她心痛欲裂,而對他的思念卻又欲罷不能。

　　狂風陣陣,暴雨湯湯,風聲、雨聲、雷鳴聲、心碎聲,聲聲夾雜著,一遍又一遍地在她心裡撕扯著、糾結著、徬徨著,疼痛著,就像一場沒完沒了的沒有硝煙的戰爭,以千軍萬馬奔騰而下的氣勢,束縛著她的自由,流轉著那些回不去也靠不近的時光。瓢潑的雨水,讓太多殘留在腦海裡的念想瞬間浮泛在眼前,任她一一撩起,每翻動一頁,便有錐心刺骨的疼痛在吞噬著她的心。

　　為什麼思念總是未曾有過退去的跡象,而她與他重逢的日子卻又總是遙遙無期?心是真的痛了,每想他一次便要遭受無數次凌遲剮心的苦,可不想他,這平淡如水、味同嚼蠟的日子過得又有什麼意思?莫非,真該討要一杯忘情水,毫不猶豫地喝下,讓靈魂帶著那些流浪的曾經去找尋一個避風港,永遠地珍藏起過去為他落下的淚滴、笑過的容顏嗎?

　　他不在的日子裡,她總是一路邊走邊唱著,總是一路隔著雲水天涯,輕輕淺淺地含著一抹嬌羞的笑與他相望著,總是走在他的影子裡與他並肩而行,總是自欺欺人地告訴自己他一直都在。然而就在這風聲雨聲裡,早已疲憊麻木的她突然發現,他是真的不在了,也才徹底意識到,那個愛她、戀她、憐她、寵她的君王是再也不會出現在她身邊,再也不能替她對鏡貼花黃,再也不能替她描眉施粉了。

　　心,悽悽地苦,默默地傷,痛到極點。還記得那一年那一月那一夜,他們也曾執手行走在煙花爛漫的上元燈市中,邊走邊指月感慨,宛如市井

中的平民小夫妻,牽手之間,便衍生出無限的歡喜。只是,那個時候他們舉頭望月,在花下許下願月長圓的諾,又何嘗不願人也長圓?可惜,她纖瘦的雙手終是挽不住流沙一樣的命運,他來了又去,經年後,只留下一抹溫婉的笑靨,和那一輪月圓人不圓的嬋娟供她在孤寂裡長長久久地憑弔。是啊,他走了,再也回不到她的世界裡,看著自己空空如也的手掌,她帶著脆弱的微笑,迎著風雨的飄搖,依舊執著在路上找尋他往日的明媚,然,尋來覓去,卻是始終找不回最初的感覺,於是,終於開始明白,原來失去的,便是永遠。

默默站在雨中,她想吶喊卻發現一句話也喊不出來,所以只能迎著風雨,一次又一次地感受著噼啪的雨點拍打在肌膚上的疼痛,然而也就在這個時候,她開始意識到,原來每一次的望穿秋水,每一次的痛斷肝腸,似乎從來都沒有真正停止過,也只是她一個人精心編排的一齣獨角戲。他不在,儘管她把他放在心裡念了千遍萬遍,一個人的舞臺依然是荒蕪冷清的,到底,還要她做些什麼,才能讓她穿過這暴風驟雨,去一個花好月圓的地方,在鑼鼓喧囂的戲臺上再與他演一場生死相依的紅塵戀?

回不去了,她重重地嘆口氣,即便再怎麼努力,她也逃不開命運的桎梏,再多的掙扎也是無濟於事。淚水,總是任性地在臉上洋溢著飄飄灑灑的珠線,然後沿著掌心的紋路,輕輕地流淌,直至與雨水交織成煙,卻嘆,那掌心空有糾糾纏纏的愛情之線,縱繞過千山萬水的長度,也無法挽回她消逝的情感。山一重、水一重的離別與割捨,依然在這紫陌紅塵間一天天地上演著、重複著,臉上的微笑卻漸漸變得蒼白,甚至可怕,她知道,那是一種無法言喻的淒涼和惶恐,可她無力改變。想起逝去的日子裡,無論是雨天還是晴天,他都會安靜地守在她身邊,陪她說著此生都無法訴盡的情懷,然而,兜兜轉轉之後,如今的瓢潑雨天,卻只剩下琉璃般的碎片,依然故我地沉寂在亙古的孤傷中,唯任殘缺的記憶在眼中慢慢融

第五章　並刀如水

合，心，終究崩潰在思念的邊緣。

雨珠順著她披肩的秀髮，緩緩凝結成髮尾上一顆顆透明的結晶，那麼閃亮地展示著，只可惜，在打溼衣襟的那一瞬，便即刻消散得無影無蹤，將所有的隱忍都在稀薄的空氣中蒸發。或許，回憶被淹沒是種幸事；或許，回憶被遺忘是種注定；或許，從來就不應奢求一絲一毫的想念，只因，當失去記憶時才會明白，原來，毫無牽掛竟是那麼坦然，那麼從容。

望著門前踏水而過的行人，濺起的水花迅速模糊了她思念的眼眶，卻不知它是經過了幾個千年的輪迴，才願意回來接受這離別的痛楚，而致使淚花四濺、悲咽四起？只是一個轉身的背影，只是一個錯誤的想法，只是一份多情的執著，便讓她沉溺在愛的海洋裡浮浮沉沉，永遠都逃不出悲傷的泛濫，而在這條漫漫情路之上，到最後，除了她，還有誰會狼狽不堪地收拾起心情與記憶的碎片，任相思始終都縱橫在天涯海角的邊緣？只怕，那些碎片，即便歷經過地獄的煉火，也無法重新融鑄拼湊成她想要的長相廝守，倒會在期盼的目光中開出一朵妖冶的彼岸花來，而他，卻始終渡不到她的彼岸。

她知道，縱然有千般的不捨萬般的不甘，這滿懷的深情也敵不過一次風輕雲淡的無痕刺傷，走了的終是走了，擦肩而過的終是擦肩而過，她和他，也終歸是再也不見。悵立風中，撫一把淅瀝的雨，在那條千里迢迢卻又望不見起點和終點的路上，回望那些年一起走過的腳印，一切的努力掙扎都彷彿是一場飄渺的雲煙，又像是剎那綻放又剎那逝去的曇花，無法推敲，更無法深究。

念著他，想著他，牽掛那個遠在五國城被囚禁的男人，她的心徹底碎了。那麼痛，那麼冷，那麼噬骨，那麼撕心裂肺。只是，國破山河碎，皇權尚且保全不了帝王後妃，她一個青樓女子又拿什麼去挽回、去拯救？與

第二卷　淚痕空對太平花

　　他隔著千山萬水，與他隔著千百座城池，她和他，終是隔了天涯，隔了海角，再也無緣聚首。嘆，韶華流逝，留不住的不過是他和她的昨日，永遠的承諾在天地之間，也只不過是即時用來安撫心靈的良藥，而所謂的永恆，想必也像是窗外那聲雷鳴，一閃而過，便沒了蹤影，帶來的卻是擊碎城堡的轟動。

　　然，又有誰知道，此時此刻，他亦在天之涯、海之角想著她、念著她呢？寂寂的夜裡，他為消散的故國相思，為他遠方的情人相思，兜兜轉轉，便寫下一闋闋哀婉悽美的詩。只是，她是再也聽不到，也看不到了。

　　災難與動亂淹沒了他和她的驚世愛情，也淹沒了她經年的守候和等待。沒有人知道她究竟是死在了被擄北上的路上，還是輾轉流落至江南，從此淒涼度日，鬱鬱而終。留下的，只是一片空白，一片被賦予了更多想像的空白。一切，都只是傳說，僅此而已。佳人已隨清風去，是生、是死，不再重要，重要的是，伴隨著她的消逝，卻是一個文壇巨匠的誕生。

　　西元1127年，那「並刀如水，吳鹽勝雪，纖手破新橙」的一代名伎李師師徹底退出歷史的舞臺，而那個於沈園壁上為自己鍾情女子寫下一闋流芳千古的〈釵頭鳳〉的陸游，南宋最偉大、最痴情的愛國主義詩人，正於西元1125年10月17日降生於風雨飄搖中的淮河舟上。

第六章　淮水長歌

秋風淮水白蒼茫，

中有英雄淚幾行。

流到海門流不去，

會隨潮汐過錢塘。

──趙崇嶓〈淮河水〉

　　九月，天高雲淡，芳菲還未老去，心事依舊未央。抬頭望去，淮河岸邊的小城犬牙交錯、流光清冽，宛臨仙境。輕柔的風兒一點點地將記憶吹成漫天飛舞的花瓣，沿著霞光包裹的夕陽在天邊最美的那一道風景前悄然收幕，倏忽間，雨落心碎，那些在心底糾結了許久的往事，便恰似眼底的一場雲煙，在水湄裊裊著無限說不清道不明的窈窕風情。

　　傍晚時分，盤旋在小城街巷上的鬧騰如同一場緊接著一場的社戲，置身其間的人們，總是匆匆路過，彼此不過一錯身的際遇，而心間衍生的那一搭落寞，卻伴隨著流年在時光裡洶湧澎湃，只一瞬便熙熙攘攘。恍惚中，風寒、雲濃，天鬱鬱沉沉，雨紛至沓來，適才還繁華如夢的鬧市，瞬間便被沖刷得空空落落，舉目四望，大地碎出滿地晶瑩的水花，一圈，一圈，又一圈，圈住了所有遠逝無聲的歲月。

　　在把所有泛黃的和還沒來得及泛黃的記憶低進塵埃的剎那，我屹立在淮水之畔，聽雨聲依舊，任寒風肆虐，彷彿又看到他──陸游，正撐著一柄古舊的油紙傘，獨自漫步在這煙雨茫茫的夜裡，恍若隔世。那一瞬，

第二卷　淚痕空對太平花

　　散落的細雨，溼潤了我的心事，飄忽不定的思緒在秋天的雨夜裡輕舞飛揚，而他，儘管憂傷，卻還是那年玉樹臨風的俊俏郎。晚風撩起他束起的長髮，雨點敲擊著他的傘邊，發出一陣清脆悅耳的聲音，在靜謐的夜晚，這聲音顯得格外清晰，彷彿一首美妙動聽的歌謠在秋天裡唱響，霎時，一個關於秋天的故事便躍然眼前……

　　那個秋日的雨天，一個美如冠玉的少年，帶著喜悅，帶著惶惑，懷著對未來的美好憧憬，撐著雨傘，在雨幕中匆匆行走，忐忑不安的心在怦怦跳動。是著急，是羞澀，還是迷茫？無言的心聲，正如秋日的雨聲，淅淅瀝瀝，在天空中瀰漫，在滿是泥濘的小路上延伸。茫茫的雨幕中，他在風雨中堅定地疾行，飄落的雨點打溼了他飄逸的秀髮，打溼了他新換的羅衫，卻無法讓他停住匆匆的腳步。驀然回首處，一個美目倩兮的少女與他擦肩而過，只一瞬間，那懷春的少年便怦然心動，平靜的心湖宛如被投進一粒石子，瞬間春潮般湧動，再也無法不為她輕輕駐留。

　　他停下來了，就在那個暮秋初冬的季節裡。為她，為他心心念念了千百年的女子，只是，那時他並不明白，那個不尋常的雨天，匆匆的一瞥，竟成了他心中抹不掉的記憶，成了他生命中的永恆。以後的以後，每每獨自在雨夜裡行走，記憶的思緒便會將他拉回那難忘的一刻，哪怕歲月流逝、紅顏已老，那個瞬間卻被他永遠銘記於心間，彷彿就在昨天，依稀可見。

　　然而，心儀的女孩終究還是走了，只留他駐守於淮河岸邊，呆呆地看著一葉輕舟將她載走，在他眼前化作天際的一點，漸次消失在朦朧的煙雨間。

　　淅淅瀝瀝的雨越下越大，傘無力地從他手中掙脫，跌跌撞撞地栽向地面。他蹲下身子，目光迷離地望向河面，似乎還在回味女孩與他擦肩而過

第六章　淮水長歌

時那悽楚沉鬱的眼神。她長著一雙會說話的眼睛，臨別前彷彿還在跟他說：忘了我吧！忘了我吧！忘了她？怎麼能夠？為尋她覓她，他已經在這世間兜兜轉轉了千百年，關於她的一切，早已深深鍥入他心底，如何能忘？前世裡，小心翼翼珍藏起的記憶，於此生卻凝結成一把匕首，刺在他心裡，頃刻間便鮮血淋漓，而他只能無力地蹲著，任淚水和雨水吞噬他不住顫抖的身軀。

他忘不了。不知過了多久，雨已經停了，被大雨沖刷後的世界顯得格外明亮清新，四處散發著勃然的生機。他的眼中，忽然多了異樣的光彩，於是，站直身子，衝載著女孩遠去的舟船聲嘶力竭地喊著：「蕙──仙──我──會──一──直──等──著──妳──的！」

蕙仙，蕙仙。那是她曾經被他喚過無數次的名字，他依然記得。喊著她的名字，粗獷的聲音響徹天際，驚起一片水鳥，久久迴盪在淮河水面。從此，每當夕陽斜照時，淮河岸邊便多了一個落寞的身影，一個等待的身影。他總是靜靜地站在同一個地方，卻不知滄桑的眼眸中凝聚的究竟是無奈還是期待，儘管每次都會失望地離開，但依舊每天都會為她守候，風雨無阻，從不間斷。

花開花謝，秋去春來，清澈的淮河在他眼底靜靜流淌了一年又一年，那依舊美麗的楊柳枝下，卻是再也看不到他的身影了。再回首，他曾駐足的地方，已被一株無名的怪樹所占據。怪樹也不開花，也不結果，為數不多的枝條卻都遙指著女孩當初離開的方向，在風中瑟瑟發抖……

光陰似箭，年輪的指標已經指向西元 1125 年 10 月 17 日。他依然屹立在淮水之畔，默默守候著他心儀女子的歸來。在他眼裡，沒有了她，陽光不再是溫暖光明的，而是以一個不恰當的角度凝瀉在天際，彷彿血跡汙染了慘淡蒼白的天空。失去了她，暗風從太陽的角度向大地撲來，波光粼

第二卷　淚痕空對太平花

瀲的水面上依稀迴盪著他千年之前那聲撕心裂肺的呼喊,只是,河岸邊,那風中發抖的枝條,搖曳的,可是那場不願醒來的夢?

他不知道,他什麼也不知道。他只記得她叫蕙仙。是的,這個名字在他心底已經纏綿了無數個千年,只是,她究竟在哪裡?她還會不會再次出現在他眼前,於他眸中再次驚豔?一抬頭,冰涼的雨珠掠過他的額頭,令他心驚、心殤。又下雨了,他輕輕地嘆,這雨已經連綿不斷地下了千年萬年,可是,他等待的那葉載著她的小舟為何還未闖進他的眼簾?

在我夢幻的故事裡,那一年歷經滄桑的他依然靜立在風雨飄搖的淮水畔,和淚等待著她的歸來。那涼涼的雨揮動著纖纖玉指,把人們浮躁的心撫得平靜如鏡,把蒙塵的心靈沖洗得一塵不染,卻無法抹去他心底深深的傷、悠悠的痛。蹲在岸邊,他依然故我地將自己融入雨中,和著雨的韻律,舞動著破碎的心情,卻只看到一張模糊的臉,夾雜著淡淡的笑顏,轉瞬便又消逝無蹤。她走了,一年又一年裡,他只能在淮水畔,獨自,把一切都燒成灰,然後獨自流淚,自己為自己領唱心中的傷悲,融化萬般的無奈。

聽,那雨聲,如鳴佩環、如撕尺素、如聞裂帛,又彷彿寺廟裡的僧人敲著木魚誦著經。那是天對地訴說的海誓山盟,字字鏗鏘、句句真誠;那是天為地寫下的〈上邪〉,聽著讓人莫名的感動,為天地不能相守而遺憾而傷痛。聽著聽著,淚水不覺又模糊了他的雙眼,風聲裡,他彷彿成了僧人常敲的一隻小木魚、經常誦的一卷經,只是,沒了她,他又如何能將那字字金經聽得明白,悟得透澈?

雨,忽地小了,淡淡的風輕輕拂過面頰。夜靜了,心兒也靜了。我的心,亦是他千年之前的心。我站在淮水畔,任想像充斥腦海,繼續編織著一出看似荒誕不經卻又纏綿悱惻的綺夢。夢的那端,是徘徊在淮水畔等那

第六章　淮水長歌

在水一方佳人的陸游；夢的這端，是靜立淮水畔盼他於歲月深處靜好的我。細雨如絲如縷、綿綿不斷，正如我此刻的心情，在記憶的長河裡尋找逝去的青春，尋找他失落的夢，卻是雨聲依舊、情思依舊、飄忽不定的思緒依舊……

西元1125年10月16日夜，他在淮水岸邊終於盼來了守候已久的那葉輕舟。風雨飄搖中，她踩著漢時的明月，詠著幽怨的〈長相思〉，款款而來。於是，雨巷裡，一把紙傘下，他踏著婉約的宋詞，沿著千年前走過的河堤，緩緩而行，倏忽走上了那葉順流而下的小舟。

仍記得，那年深秋，寂寞的淮水畔，她無意的回眸，讓他流連忘返，追逐在煙雨樓臺，聽她吳儂軟語、看她纖指輕彈，一曲琵琶也溼了青青河畔草的離愁，天涯行客從此魂牽夢繞，不思歸蜀。想她那如蓮的身姿，羅裙裹住了三千年的典雅，卻裹不住她的驚豔，就那樣留住了他的魂。細雨中撐開的傘，掩盡一天風雨和她泛起的羞澀，古河道邊、青石橋下，她驚鴻照影。然而，滿城秋色又怎裝得下他愁緒滿懷？烏篷船的欸乃聲是一首不老的詩，搖擺著她荷蓮裙褶，在彎曲的河道蜿蜒，油紙傘下灑落的柔情，滋潤了他久久凝視的眼。她的憐楚，成了他生生世世的牽絆，當痴情感動了天地，他們牽手在水鄉澤國，只是煙雨江南，已蒼茫。

奔流不息的淮水帶不走他的依戀，卻帶走了斷橋殘雪；雕欄玉砌的凝重，又怎改得了她當初的素顏？淚光裡，她浸染了茉莉花香，從船艙中盈盈走出，含煙的柳色是她的含情脈脈，平湖秋月是她彎彎的眉，嫣然一笑便染醉了水鄉炊煙，染醉了他守候的心房，卻瘦了眼前這片淮水。

曾以為，那一低頭的溫柔只在文人墨客的筆下才會出現，水蓮花一樣的嬌羞，亦只是江南女子掩笑的紅袖。那一年，一句忘了我吧，硬生生把他和她分隔在了淮水兩端；而今，一曲老歌，有明月伴他，溫馨的記憶，

第二卷　淚痕空對太平花

瞬間便拼湊了整個的雨季，只任思緒在墨香裡流動，往事再現。

她的溫柔，是骨子裡遺傳的善良；她的美麗，是千年古典的薰染，一顰一笑之間，愣把萬種風情流漾。那一低頭的溫柔，是詩的神韻、蓮的品格、霧的輕盈。眸光楚楚，裊如晨煙，舉手投足，無不散發出水鄉獨有的美。抬起頭，與她四目相對，眼前呈現的色彩，卻是記憶中的一抹蔚藍，任輕煙浮動，流過時光中朦朧的雨季，引他一再祈禱，頻頻回首。

晚風吹白了青絲，雨霧也溼了眼眸。心，就此停留。淚眼濘然裡，一紙輕嘆，和著她一闋〈採蓮曲〉，在沉寂的夜色裡響起。「江南可採蓮，蓮葉何田田。」屹立船頭，兩兩相望，身後的淮河已是山寒水瘦、歸帆落盡，然，眼前這位嬌俏的少女還是當年那個採蓮的女子嗎？憶往昔，幾番溫柔嬌媚的低頭，曾經讓他無數次凝望，把如蓮的心事，在寂靜的夜裡點滴訴說，只是，離開她溫暖的懷抱，想著她清婉的呢喃，千百年來，他只能在痛徹中徘徊於繁華落盡的午夜，任指尖的思念收攏起一場場落幕的曲殤。

「蕙仙。」輕輕喊著她的芳名，哼一曲〈漁舟唱晚〉，綿綿細雨中，看她在水一方，靜靜而立，蒹葭裡成了一道瀾漫的風景，成了一幅水墨荷香，眼前掠過的卻是他們走過五代，走過清明煙雨時留下的翩躚身影。三千年了，他流連在淮水畔尋尋覓覓，覓了她三千年，卻在千年之前又與她剎那錯失，這一次說什麼也不能再與她擦肩而過了！輕輕拉起她的手，她哽咽難言，他淚眼模糊，一河煙雨，看驚鴻渺處，只是掠影成傷。十指緊扣間，她用哀婉的歌聲包裹了所有離別的淒涼，他的眸光依然泊在夢裡的水鄉，無數的輾轉，詩裡留痕，寫不完思戀的樂章，只能在字裡行間痴痴尋找，那不勝涼風的溫柔，更發現，她，依然是他夢裡不變的追求。

「務──觀──」

第六章　淮水長歌

「務觀？」他瞪大眼睛震驚地望向一臉淚痕的她,「妳,是在叫我?」

她點點頭:「你忘了嗎?前世的你就叫務觀的。」

「我……」他是真的忘了。幾千年的等待,他早已把自己忘得一乾二淨,唯一記得的就是她的芳名──蕙仙。

「蕙仙……」

「我是。我是蕙仙。」她緊緊攥著他的冰涼的手指,「你一直都在這裡等我?」

「嗯。」他點著頭,「我一直在等,可一直等不見妳,我……」

「我知道,我都明白。」她望著他嗚咽著說,「這都是命,是我們的命。」

「不,我要改變,我要改變我們的命運!」他目光炯炯地盯著她,信誓旦旦地說。

「可是……」

「沒有可是。這回,無論妳去哪裡,我就跟到哪裡,哪怕前面等著我的是刀山火海,哪怕粉身碎骨,我也在所不惜。」

「務觀……」

「蕙仙……」

「這些年,妳過得還好嗎?」他的聲音,蒼涼而歉疚。

「是我讓你,久等了!」她淚眼婆娑,「我也不想的,可是……」

「從今往後,我們再也不分離了,好不好?」

「不,我……」

「妳說什麼?」

「我說過,這是我們的命。上帝不許我們長相廝守,我們根本就沒辦法逃脫命運的安排。」

「上帝?誰是上帝?」他將她緊緊擁入懷中,「我已經等了妳三千個年頭,難道,妳還忍心讓我繼續等待下去?」

「可我更不忍心的,是看到你走上萬劫不復的道路。」

「我不怕。我說過,為了妳,我願意赴湯蹈火,萬死不辭!」

「可我不能那麼自私!」她伏在他肩頭小聲抽泣著,「務觀,忘了我吧!忘了我,重新開始你的生活,你會發現,這個世界遠比你我想像的更加精采,也更加多姿。」

「忘了妳?又是忘了妳!」他痛不堪忍地盯著她,「為什麼又是這一句?妳還記得一千年前,就在這裡,妳被那群人帶上船的時候也是這麼跟我說的嗎?為此,我又等了妳一千年,妳可知道,這一千年,我是怎麼熬過來的?」

「我知道。」

「妳知道,為什麼還要重複這句話,還要讓我忘了妳?」

「我們的感情是不會得到祝福和寬恕的。」她搖著頭,「務觀,無論你我怎樣努力,都無法改變既定的命運,你又何必迎難而上?那會毀了你的!」

「我不怕!我真的不怕!」他緊緊攬著她的手,「難道是妳怕了嗎?蕙仙,難道妳把過去的一切都忘記了嗎?」

「我沒忘。」她哽咽著望向他,忽地憶起那個遙遠而又模糊的年代,喧囂聲裡,一頂花轎載著她的芬夢,把她迎進了渴望的夢境,從此與他在煙雨湖畔做了一對神仙眷侶。那些年,她相夫教子,怡然自得;那些年,她纖指善舞,飛針走線,繡著他的情懷,織著他們的未來;那些年,阡陌的

第六章　淮水長歌

江南，他和她摘桑採蓮，其樂融融。細雨纏綿了他們的四季，青青陌上桑下，他們依偎著看荷塘月色、草色煙光，輕靈若水的文字，在他纖柔的筆下是蓮的吟哦，彷彿連接了天與水的靈性，瞬間暈染成她額間的嫵媚驚豔，只讓人黯然銷魂。

那些時光是多麼愜意，多麼讓人流連忘返啊！可是她明白，繁花總有枯萎日，細水終有流盡時，所以在看到他和她殘缺的故事已經走向終結時，亦只能和淚與之把盞盡歡，從此，埋藏下守望的隱痛，只在幻境裡尋找那個載滿了花香綠意的夢，呼喚那些可以讓他帶淚的情意綿長。

望向他，風輕盈而急速地掠過指間，帶走了記憶的點滴，搖曳的花葉在她頭頂片片飛舞著、旋轉著。她輕輕地嘆，也許這便是情的終點、情的歸宿，於寂靜的紅塵中終要化成殘花般的破碎，安然入土。攤開十指，吹乾淚痕，她似乎聽到了風的細語、風的呢喃，它說會為她保存這份心靈的寄託，於千年之後，再交予她，它說會為她好生安置這些沉重的回憶，封鎖緊閉，只待塵埃落定。或許，離開他才是最好的成全，那麼就讓那些深情款款的對白，那些永恆的誓言，那些微笑的淚滴，都隨著眼前的風雨離去吧！

唉！這個季節的花兒還是意外、過早地凋謝了。花瓣漫天，舞亂心傷，兩兩相望裡，她終於放開他的手，翩然而去。他張開雙臂，想要擁她入懷，卻是一個趔趄跌倒在地，瞬即摔進了燈火昏黃的艙中。她走了，她還是走了，留下盈袖的暗香，於寂寂的夜裡浮動，可是，他又要等到什麼時候才能與她再次聚首？他不知道，或許在每一個夢醒的清晨，一朵蓮花便是他希望的搖籃、思念的寄託，然而，他又要去哪裡再將她尋覓？

「恭喜老爺，夫人又為陸家添了個小少爺了！」天明時，一聲嘹亮的啼哭聲於風雨中劃破長空，緊接著，就有個甜美的聲音在他耳畔響起。

第二卷　淚痕空對太平花

「老爺該為小少爺起個名字了。」他瞪大眼睛，卻發現自己變成了一個嬰兒，正裹著襁褓，被丫鬟抱進一間被臨時用作書房的艙房。

「是個少爺？」恍惚裡，他彷彿看到一個穿著官服的中年男子出現在自己面前，伸手摸了摸他的腦袋，歡喜得合不攏嘴，立刻從丫鬟手中接過他，喃喃自語道，「名字早就想好了，這可真是天賜麟兒啊！」

「老爺早就為三少爺起好名字了？」

「嗯。」男子點點頭，「夫人前夜夢見秦觀來訪，這孩子興許就是秦大學士的轉生呢。」

「秦觀？」丫鬟疑惑地盯著他，「那老爺為三少爺起的倒是什麼名？」

「陸游！」男子喜不自勝地說，「秦觀，字少遊，他的名字當然叫陸游。」

「那字呢？」

「務觀！」男子不假思索地說，「以秦觀之名入三少爺的字，以秦觀之字入三少爺的名，真正是天作之合，妙哉妙哉！」

「那奴婢以後就叫三少爺小務觀了！」丫鬟瞪大眼睛盯著小陸游仔細端詳著，忽地伸出一根如蔥玉般的纖指輕輕點著他的額頭，咧嘴笑著說，「三少爺，小務觀，噢，我們的小務觀，以後可要聽紅櫻的話啊！」

務觀？他微微睜開眼睛，卻看到一張模糊不清的女人臉。不是他的蕙仙！那她又是誰呢？噢，她自稱紅櫻，那就是叫紅櫻了，可她是怎麼知道他的字呢？三千年了，除了蕙仙和他自己，所有人都忘記了他的存在，更不知道他姓甚名誰，為什麼眼前的這一男一女卻知道他的來歷？一切都是模糊的，彷彿蒙了一層輕紗，努力伸長脖子，想把這個世界看得一清二楚，卻是徒勞，直到紅櫻把他抱回夫人唐氏房中，他才明白，現在的他已不是從前那個務觀，而是一位叫陸宰的官人和這位唐氏夫人剛剛出生的小兒子。他們為他起名叫游，字務觀，只是此務觀非彼務觀，那麼，他的蕙

仙又去了哪裡？那些如花的青蔥歲月又去了哪裡？噢，陸游，陸務觀，他已然變成了另外一個人，卻是無法抗爭，無從辯解，只能傷心難禁地偎在唐氏夫人懷裡嗚咽，以一聲聲嘹亮的啼哭與往事說再見，與那些記憶的花瓣說再見……

第二卷　淚痕空對太平花

第七章　風驚故國

> 鼓鼙驚破霓裳，海棠亭北多風雨。
>
> 歌闌酒罷，玉啼金泣，此行良苦。
>
> 駝背模糊，馬頭匼匝，朝朝暮暮。
>
> 自都門宴別，龍艘錦纜，空載得，春歸去。
>
> 目斷東南半壁，悵長淮、已非吾土。
>
> 受降城下，草如霜白，淒涼酸楚。
>
> 粉陣紅圍，夜深人靜，誰賓誰主？
>
> 對漁燈一點，羈愁一搦，譜琴中語。
>
> ——汪元量〈水龍吟·淮河舟中夜聞宮人琴聲〉

　　宋徽宗宣和七年（1125年）十月七日，當攻伐北宋的金兵以迅雷不及掩耳的速度拿下燕山府，繼而進軍太原的消息甫一傳至汴京，整個朝野震動，百官無不失色，而那個在醉杏樓倚紅偎翠的宋徽宗卻斷然下令：「不准妄言邊事。」

　　北宋九個皇帝，徽宗趙佶最不成器。他是典型的風流天子兼敗家子，每天都變換著花樣取樂，蹴踘、狎妓，無所不能，又好和臣下嬉戲，在大殿上學漢武帝騎到大臣背上，而大臣們也都仿效他，爭先恐後地嬉樂，鬧得很不像話，一時間，莊嚴的朝堂彷彿變成了街市裡的雜耍「勾欄」，毫無體統可言。更有甚者，徽宗還突發奇想地在宮裡裝扮成叫化子，招惹宮女尋求刺激，甚至半夜翻出宮牆潛出宮外與李師師幽會……

第七章　風驚故國

宋徽宗不僅是皇帝，還是位出色的書法大家兼注重內心感受的文人，而且也是一位特別喜歡結交朋友的人。所謂「物以類聚、人以群分」，徽宗所交的朋友，大多數都和他有著相同的愛好──書法，包括書法界大名鼎鼎的蔡京。蔡京的字剛勁有力，領一代風騷，開千古風流，堪稱大師。按照世俗的觀點，應是字如其人，字品如人品，然而，在蔡京身上卻出現了悖論。因為，他是典型的字品和人品嚴重分離的人，是奸臣，而徽宗卻把他當作難得的「知音」，甚至是「導師」和「摯友」，而正是蔡京讓徽宗成為千古罪人。

宋徽宗是性情中人，因為喜好蔡京的字而賞識他，對他見風使舵的品性卻視而不見。起初，名相王安石於宋神宗時期變法，蔡京是其堅定的支持者和擁護者，並果斷地充當急先鋒；後來，反對變法的司馬光得勢，蔡京的態度卻來了個一百八十度的大轉變，將新人新法一概排除。宋徽宗登基之初，蔡京被趕出東京，到杭州掛職，但是，他始終沒有放棄尋找「東山再起」的機會，想盡方法與徽宗身邊的太監童貫結識上。透過賄賂，讓童貫幫助自己投徽宗所好，獲得接近徽宗的機會。很快，便贏得徽宗的賞識被召回京城，不到半年時間連升三級，不僅成了徽宗跟前的「大紅人」，而且官至宰相。大權在握之後，蔡京立即清除異己勢力，將當初反對變法的舊派一網打盡，使朝中無人敢再與其爭權。除此之外，他還利用手中的權力搜刮民脂民膏，極盡貪汙腐化之能事，把自己的住宅修建得比皇宮還要氣派，並一步步引誘、同化徽宗，讓他變得和自己一樣墮落。然而，徽宗卻對他欣賞有加。此間，蔡京因被人彈劾，且罪證如山，曾被徽宗四次貶官發配到外地，但是，每次被貶，徽宗都對他朝思暮想，最後總是找種種理由再將其召回。

在徽宗所重用的大臣中，還有禍國殃民的王黼、李邦彥、童貫和高俅。在徽宗還未登基即位之時，身為端王的他終日在府中玩樂蹴鞠，卻因

第二卷　淚痕空對太平花

難逢對手而悶悶不樂，這時有好事者為他引薦了街頭混混高俅，說高俅的球踢得如何如何的好，幾近天花亂墜，終於引起他的關注，於是命人將高俅帶進端王府一試球技。那高俅自是不敢怠慢，一場蹴鞠使出其渾身解數，因高超的技藝贏得徽宗的青睞，二人很快就成為親密的「球友」。徽宗登基後，即刻提拔重用高俅，官至太尉，然而高俅並沒有幫助徽宗大振朝綱，反而背著他做了不少禍國殃民的壞事，為世人所不齒，也使大宋面臨更嚴重的危機，後爆發了宋江、方臘等帶領的起義。

然而，來勢洶洶的農民起義未能阻擋宋徽宗繼續沉湎於燈紅酒綠的花花世界裡。為修建景靈西宮，徽宗特地派人從江南採回太湖石裝點園林，沒想到這些千姿百態的石頭，卻讓他產生了濃厚興趣，日夜把玩不能作罷。無獨有偶，徽宗的最大迷途是道教，這使他一度誤入巫術，不僅自稱「教主道君皇帝」，還於在位期間大建宮觀，並經常請道士為自己看相算命。徽宗的生日本是五月五日，道士認為不吉利，他就改稱十月十日；徽宗的生肖屬狗，更是為此下令，只准百姓養狗當做寵物，不准殺狗，違者斬首。由於徽宗過度迷信道教，造成全國上下一片道教聲，少人問治國事的荒唐局面。

可宋徽宗並不在意這一切，依舊我行我素，過著紙醉金迷的生活，一邊沉湎於溫柔鄉，一邊醉心於書畫藝術中不能自拔，更別出心裁地創造了前無古人、後無來者的「瘦金體」書法。宣和二年，在宰相王黼等奸臣的慫恿下，徽宗又遣使與金國訂立海上盟約，從而拉開了亡國的序幕。宋金盟約議定，由金國進攻遼中京，而宋朝同時進攻遼燕京，事成之後，宋太宗時期因「澶淵之盟」而被迫劃割給遼國的燕雲十六州歸宋，其餘國土歸金。同年，金兵攻破遼上京，遼國爆發內亂，天祚帝殺其長子耶律敖魯斡；宣和四年正月，金人攻克遼中京，繼而於十二月攻克燕京，而宋朝發出的二十萬大軍卻大敗於遼國城下。金遼之役嚴重暴露出宋軍的腐敗問

第七章 風驚故國

題，然而宋徽宗和他身邊的佞臣們卻未看到自身的弱點，依約要求金國履行盟約，將燕雲十六州歸還宋國，金國自然不願，反指宋國沒有履行攻打燕京的責任。這時，又是在王黼的攛掇下，朝廷竟然用鉅額歲幣將燕雲十六州買回。沒想到徽宗非但不以為恥，還洋洋得意，認為完成了宋太宗的未竟大業，自然少不了大搞慶功活動，舉國同歡。

宣和五年（1123年）七月，前遼國將領、金國平州留守張覺以平州降宋，事敗後逃奔至剛成為北宋燕山府的原遼國燕京。金人得知消息後，以私納叛金降將為由問罪宋廷，宋徽宗不得已下令斬了張覺，然而卻與金人產生嫌隙。

宣和六年（1124年），徽宗因沉湎於酒色，無心關心國事，一切朝政皆委與奸相蔡京決策。當時蔡京已經七十九歲，耳聾眼花，寫字時毛筆都拿不穩，索性將大權交給三個兒子處置，一時間，蔡家權勢熏天，稱霸京師，無惡不作，光一幢豪宅占地就是幾十里，可還不滿足，愣是要搞擴建，一次便強行拆掉上千戶民房。就這樣，蔡京父子把持朝政，小人又培植小人，以「媼相」著稱的太監童貫，以編小曲說俚語竄上高位的「浪子宰相」李邦彥，還有那踢球當上太尉的高俅，以美姿容、善於逢迎的王黼，紛紛粉墨登場，把好好一座宋室江山搞得更加烏煙瘴氣。李邦彥為了博取徽宗歡心，居然也練得一身蹴鞠的好本領，並公然叫囂：「踢盡天下球，賞盡天下花，做盡天下官！」一時間，民憤四起，汴京城中四處流傳著「打破筒（童貫），潑了菜（蔡京），便是個清涼好世界！」的民謠。有大臣實在看不下去，冒死上章彈劾，徽宗這才覺出蔡京之奸，強令其致仕歸田，卻為時已晚。

宣和七年（1125年）二月，遼天祚帝在應州被金人俘獲，並被押赴金上京，降為海濱王，遼國滅亡。除去了天祚帝，金太宗自是去了一塊心

第二卷　淚痕空對太平花

病,不過野心勃勃的他並不滿足於只將遼國收入囊中,他把目光對準了遙遠的宋朝。透過幾年前的燕京一戰,金太宗早已發現宋朝軍隊簡直不堪一擊,於是一直在暗中摩拳擦掌,盤算著要吃掉這塊更大的肥肉,並於同年十月七日,以張覺事變為由,分東西兩路南下攻宋,東路以斡離不為首,從平州直搗燕山府,西路由黏罕為首,從雲中進軍太原。他們的目標,是由東西兩路合馬,最終拿下東京汴梁。

十天後,十月十七日,愛國主義詩人陸游出生在淮河中流的一條船上,是日淮水大風雨。同年十二月十日,金兵攻占燕山府,十八日包圍太原,昏庸的徽宗想到的對策只是逃跑,並於二十三日把皇位讓給太子趙恆,是為宋欽宗,自己則當起了無所事事的太上皇,稱道君皇帝。新皇帝即位,改年號為靖康元年(1126年)。正月初三,宋徽宗早就顧不上那個傾國傾城,讓他神魂顛倒的李師師了,慌亂中收拾了細軟帶著皇后鄭氏跑了,名義上是到亳州太清宮燒香,其實是南逃。他嫌汴河裡舟行緩慢,索性換上轎子,換了轎子還嫌慢,再換騾子,最後逃到符離,才安心上船,經過運河,一直逃到鎮江。而留守東京的欽宗,表面上雖然下詔親征,暗地裡卻在計劃向陝西撤退。大臣們也都在準備逃跑,有的乾脆一走了事,整個朝廷亂成了一鍋粥。這時候有親信大臣提醒欽宗,禁衛軍的家人都在東京,出逃時若沒了禁衛軍的時刻守護,又怎能保證帝王後妃的安全?欽宗左思右想,最終決定留在東京,並指定主戰的尚書右臣李綱為親征行營使,準備作戰。

可是抗戰沒幾天,金兵在斡離不的指揮下於正月初七抵達東京郊外,他們在城外放火,火焰沖天,徹夜不止,滿城百姓都帶著惶懼的心情度過了痛苦的一夜。面對此情此景,優柔寡斷的欽宗又決心屈服,於正月初八派李悅、鄭望之為計議使到斡離不軍前議和。金人趁機提出宋廷需輸犒師金五百萬兩,銀五千萬兩,絹、彩各一千萬匹,此外還要劃割太原、中

第七章　風驚故國

山、河間三鎮,甚至要求宋欽宗尊稱金太宗為伯父,並派康王到金營做人質才肯議和。懦弱無能的欽宗在李邦彥的慫恿下準備接受全部條件,並立即解除了主戰派李綱、種師道等人的職務。

這引起了太學生的憤怒,貢士陳東於二月初五,帶領上千學生前往宣德門抗議朝廷賣國。東京的軍民聽說太學生請願,也都奔走吶喊,很快就聚集了十萬民眾。朝廷見事態嚴重,迫於形勢,趕快恢復了李綱、種師道的職務,並將已經跟隨徽宗南逃的蔡京、童貫、朱勔等人一一貶謫。

李綱復職後,重新整頓隊伍,下令凡是英勇殺敵的一律受重賞。一時間,宋軍陣容整齊、士氣高漲。但是宋欽宗不敢堅決抵抗,仍然派人與金人談判,妥協退讓。金將斡離不看到主戰派的李綱復職,宋軍士氣大振,心裡也有點發虛,遂不堅持輸金的數額,其他各項依前約。於是欽宗遂下詔割讓三鎮,另以樞王代替康王為人質,並搜刮東京城中的金銀,將金二十萬兩、銀四百萬兩送到金營。二月十二日,金軍在宋朝軍民的合力打擊下,不等湊足所索要的金、銀數量,便退師北去,汴京之圍始解。

金軍一退,宋國統治者的內部鬥爭又如火如荼。道君皇帝跑了,跟隨他南逃的蔡京、童貫等人把持了東南的行政、經濟、軍事大權,並準備在鎮江將宋徽宗重新扶上臺,對欽宗的統治直接構成了威脅。欽宗只好派人去鎮江迎接徽宗還宮。四月三日,道君皇帝還京,入住龍德宮,欽宗將其身邊的侍衛通通換去,從此道君皇帝不再是皇帝,在他給欽宗的手書上,皆稱欽宗為「陛下」,自稱「老拙」。爾後,大臣們又紛紛進言,要求加重對蔡京、童貫等人的處罰,貢士陳東在太學生請願運動得到妥善處理後也第四次上書論蔡京、童貫的陰謀,奏請誅殺蔡京等人。在陳東等人的強烈要求下,欽宗開始清算蔡京一黨及徽宗在位期間的「六賊」。七月,蔡京被移儋州安置,行至潭州病死,子孫二十三人被分別驅逐至外地州軍,遇

第二卷　淚痕空對太平花

赦不能返回，而長子攸、次子絛後均被誅；童貫則被移吉陽軍安置，幾天後，欽宗又命將其斬首，函首送至開封；朱勔亦被賜死。而「六賊」之中的王黼與梁師成也早在年初就被欽宗分別貶為崇信軍節度使、彰化軍節度使，王黼於正月二十七在前往永州的途中在雍丘被仇人誅殺，梁師成於正月二十九押解至八角鎮時被縊身亡。至此，「六賊」之中只餘一「浪子宰相」李邦彥了。

　　北宋在兵鋒和內亂中陷入窮途末路，那出生在風雨飄搖之中的小陸游的日子也好過不到哪裡去。他出生之際，父親陸宰剛剛奉到上諭，由直祕閣、淮南計度轉運副使卸任進京，帶著家眷，從淮南出發，打算通過淮水，開進汴河，直抵東京，沒想到居然在淮水上遭遇到一場大風雨，不過還好，夫人唐氏總算是安安穩穩地生下了陸游，但好景不長，陸宰進京後，很快就被調任京西路轉運副使，負責供應澤州、潞州一帶的糧餉。澤、潞二州皆位於宋人支援太原的大道上，為防遭遇不測，陸宰將家眷安頓在滎陽，然後便輕裝上道赴任了。然而就在道君皇帝從鎮江返回汴京後不久的四月八日，三十九歲的陸宰就因坐御史徐秉哲論罷，又因躲避金人的南侵而攜家眷暫時避於東京，並和京師百姓共同度過了一夕數驚的惶恐生涯。

　　同年八月，金太宗再度舉兵南下，於十一月將東京城圍得水洩不通。當時汴梁城內有守軍二十萬，與金人相較兵力占據明顯的優勢，然而徽、欽二帝為爭奪皇權明爭暗鬥，父子之情日漸疏遠，朝廷大臣皆各懷鬼胎，各部門的頭頭，又大都是蔡京、童貫生前網羅的親信，不乏踢球唱曲兒之徒，小人的小算盤撥得嘩嘩響，整天為了國家大事吵爭不休，有的只是開不完的會、扯不完的皮，連金軍將領都嘲笑說「汝家議論未決，吾已渡河（護城河）矣」。

第七章　風驚故國

　　閏十一月，無力抵抗的宋欽宗前往金營請求議和，被金軍將領強行扣留。靖康二年二月，汴梁城破，東京陷落，金太宗下詔廢徽宗、欽宗父子為庶人；三月，金人立宋朝太宰張邦昌為傀儡皇帝；四月，徽、欽二帝及宗室后妃帝姬宮女數千人被金人強行擄往北地囚禁，包括徽宗皇后鄭氏、欽宗皇后朱氏、高宗母韋氏、高宗元妃邢氏，以及徽宗最心愛的女兒柔福帝姬。至此，北宋滅亡。

第二卷　淚痕空對太平花

第八章　汴京舊塵

扶床踉蹌出京華，

頭白車書未一家。

宵旰至今勞聖主，

淚痕空對太平花。

——陸游〈太平花〉

「碧雲天，黃葉地，秋色連波，波上寒煙翠。山映斜陽天接水，芳草無情，更在斜陽外。黯鄉魂，追旅思，夜夜除非，好夢留人睡。明月樓高休獨倚，酒入愁腸，化作相思淚。」

在范仲淹的這闋〈蘇幕遮〉詞的餘韻裡，我與深秋裡的開封城有了第一次的親密接觸。北宋隕滅九百年後，我站在這座曾經輝煌的城前，看厚重的城牆在眼前綿延開來。穿過大梁門，便進入城中——這座曾經被稱為魏之大梁、唐之汴州、宋之東京，「汴梁富麗天下無」的繁華城池。〈清明上河圖〉內的風情，《東京夢華錄》裡的豪奢，文人墨客筆下還依稀泛著墨香的七朝古都，時隔多載，他們是否還是當初的模樣？如此遙遠的記憶碎片，會不會像那些散落了一地的精緻的官窯瓷器，熠熠閃著奪目的光華，卻再也無法還原為一個完美的作品？

千年的繁華終究宛如一夢，一朝醒來便風流雲散了。今天的開封已然淪為中原大地上一座普通得不能再普通的小城，幾許破敗，又幾許塵埃。千百年來，黃河一次又一次氣勢洶洶地捲裹著泥沙吞沒了這座城市，時

第八章　汴京舊塵

間，在這裡化成厚厚的泥土，封存了一個又一個風華絕代的故都背影。

今夜，踏千古之夢，她從水墨中走來，帶著滿腹心事，輕輕漾出汴河水面。她說汴河是她的夢，碧波輕漾，水霧繚繞，歷經千年，情懷依舊。撐著油紙傘，她依約走在張擇端的上河之路，任那繡花鞋底輕敲古老的青石板，恍惚間彷彿擊碎了時空的界限，讓我有機會更近距離地窺視她，於是，心頭一抹情思禁不住開始萌動，或許，前生如此般擦肩而過，臨去前的秋波流轉，那一抹青澀淺笑，便成就了我和她今生來世宿命的孽債良緣。

這樣的季節，我彷彿長了翅膀，隨秋風輕輕飛到她身旁，親吻她冰涼的臉龐，輕撫她如瀑的長髮，在她耳畔淺吟細語，把綴滿相思的落葉，把九月的柔腸通通帶到她的夢鄉。或許是深秋的氣息浸染了我的心房，輕輕打開了那扇心窗，帶著對她遙遙的祝福，緩緩步入她的殿堂，滿眼都是意想不到的驚喜。低頭，小巷幽靜，影影綽綽；仰首，月上枝頭，盈盈脈脈。憩於灰褐色的瓦簷下，品上好普洱，看舟頭紅袖，讀唐詩宋詞，回眸間，她已走進古人畫中，走在北宋長卷裡，呼吸著溼潤水氣，安靜地坐至通體清透，縱然忘情今夕是何年，仍是美得彷彿雪白宣紙的分明，恰似煙雨情思的古典。

屬於秋的季節，總是容易讓人把心靈深處的記憶抖落在心門之外；總是會在不經意間想起那些人、那些事，緩緩展開歲月的長卷，靜思生命中最深的落痕。一陣秋風吹來，心湖已是蝶影翩躚、波光粼粼，一回首便氾濫成相思的汴河，靜靜流淌過九月的天空，而耳畔卻只聽得腳踏落葉發出的細碎聲響。楓葉墜落的那一瞬，忽有琴簫自遠方而來，似皓腕凝雪般清揚，如小家碧玉般羞澀，混為天籟，起身四處尋覓之時，卻是琴簫渺渺，散於煙雨，無從辨析。

第二卷　淚痕空對太平花

　　琴簫似夢，在這一碰即破的煙水中穿透於波心，她以紅塵為墨，以濃情為紙，揮灑沁潤，寫下一出出纏綿悱惻的才子佳人情話，一代又一代，卻是才情為人賦、柔情對人訴，終留遺憾在人心。或許，是滿地的落葉觸動了我的思緒；或許，是似夢琴簫引起了我的傷感，看今朝，憶往昔，汴京城千年之前的繁華庶麗已然一去不返，難道城市必須經歷一個榮與枯的過程嗎？落寞難道是這座城不可逆轉的結局嗎？

　　窗外，秋雨綿綿，淅淅瀝瀝，不僅溼潤了空氣，而且闡釋了一份心緒，那滴滴答答的聲音，彷彿一位琴師在彈奏秋的韻律。恍惚斜倚山旁，聽流水的叮咚，放萬千心緒於自然之中，不再是「梧桐葉上三更雨，別是人間一段愁」的愁緒，也不再去傷秋的寂寥，此時此刻，我只願借這一瓢秋雨把我淋漓的情懷一一濺落，讓秋月融化心底的落寞，讓秋風為她送去我滿眼的思念。

　　是啊，我在思念她，思念千年之前的那個她，還有那個風情驚豔了幾個世紀的絕代佳人李師師。那夜，在鋪滿落葉的小徑，我和她，在那嚮往已久的開封城，手牽著手沐浴在銀色的月光下，一起漫步在時光的隧道裡，看歷史深處的樊樓，在憂傷裡將那往事唱了又唱。「梁園歌舞足風流，美酒如刀解斷愁。憶得少年樂事多，深夜燈火上樊樓。」那是汴京城最綺麗的去處，是一座「三層相高，五樓相向，各有飛橋欄檻，明暗相通，珠簾繡額，燈燭晃耀」的酒樓，深得宋徽宗寵愛的名妓李師師便住在其間的內西樓，而周邦彥那闋「并刀如水，吳鹽勝雪，纖手破新橙」的〈少年遊〉也是作於此樓。

　　據說，樊樓建得比皇宮還要高，站在樊樓上面，可以眺望整個皇宮內院。不過今天即便站在樊樓之上，也只是望無所望了。天災、人禍，早已把北宋的皇宮變成了一片廢墟，今天唯有一座龍亭還高高在上地佇立著，

第八章　汴京舊塵

但那也是清朝時重建的。

北宋往事，轉眼成煙。敗國亡家的宋徽宗最終淒涼地死在了遙遠的五國城，那傾國傾城的李師師也是不知所終，唯餘一段情話，千年之後，仍令人唏噓感嘆。經年後，各自滄桑，卻不知那樊樓上搖曳的星星燭火是否終究成了他們永遠無法磨滅卻又可望而不可即的幻影？

那一年，那一月，那一夜，樊樓內西樓西窗下，喚作李師師的出塵女子輕偎在那被後人稱作宋徽宗的男子懷裡，在他的畫紙間，許下千年不變的承諾，生生世世，只願與他默默攜手對月，暢遊汴河水墨，縱然天荒地老，眷戀依舊深至浩瀚。求只求，這份情緣百世如一，那宣紙上濃重的一筆，不僅畫下千古不變的愛戀，更暈開了他們心中至死不悔的痴絕；然而，又有誰知，僅僅是數載光陰之後，她便要披掛滿身的濃愁，痴痴凝窗口外，看一席秋色，滿目悲涼？一腔離恨，半世寡歡，纖弱的肩膀，左邊是離情怨，右邊是離國恨，濃濃郁郁，到最後皆化作縷縷銀絲纏繞在髮間，凝成一泓秋水刻在眸中。如此深刻的惆悵，愛也難續，此去經年，只任秋雨瀟瀟、秋風颯颯，在天地間傲然而立。

再回首，那曾經清秀婉約的女子，彷如一道遺世而立的風景，斜插在多舛的命運、沉重的歷史裡，一去不復返。然而，她幽幽的一聲嘆息，卻跨越千年的時光，仍冰涼地響徹我耳畔。俯身，拾起路邊的一片落葉，揮去灰塵，在月光的輝映下，我看到了落葉的靜美，沒有哀傷於自己的凋零，沒有無謂地吝惜什麼，墜落的一瞬，就渴望和大地融為一體，即使飄零，也會化作一抔塵土，靜靜守護在樹側，正如那冰清玉潔的女子，死也要死在她心心繫念的那個男人的夢幻世界裡。

輕風微拂，枕著李師師的情事，心裡漫溢位些許惆悵，又夾雜著些許溫馨。不禁輕輕地嘆，一曲秋的戀歌後，秋不再是一季的傷感，還有思念

第二卷　淚痕空對太平花

帶來的甜蜜，還有美好的遐思與期盼，才明白，原來這樣的季節裡，連憂傷都能偵錯得恰到好處。可是，千年之後，誰才是那根繫在她心頭的弦，誰才是那個攪亂她一池秋水的影？是汴京城裡那個握書成卷、握竹成簫，揮袖間吟落多少華章鴻篇的道君皇帝嗎？是他嗎，一襲白衣、一柄羽扇、一頂綸巾，如修竹般翩然而立？是他嗎，那個在喧鬧的花燈節，月夜之下痴痴凝望她，卻不肯猜謎的公子？是他嗎，那個長眉入鬢、雙眸如星，掀開紅羅帳，將她緊緊擁入懷中的男子？是他嗎，月老的紅線纏繞的彼此，情絲似網，剪不斷，理還亂？

煙雨霏霏，楊柳依依，小橋彎彎，絲竹渺渺，橋畔，一頂油紙傘，半湖煙雨，掩映著一張清麗的容顏，她黑白分明的眸子清澈得如同一汪春水，蕩漾著柔柔的光，眉梢唇角飛揚，懷中桃花嫩紅梨花粉白，彷彿三月的楊柳風裡一首寫意的小詩，流淌著初春的嬌豔與嫵媚。千年之後，我仍看得見她，正捂住發燙的臉，挽起袖，彎下腰，纖指在汴河水面上飛快地寫著什麼，字字句句，分分明明，就是一闋淚沾衣襟的〈太平花〉：

扶床踉蹌出京華，
頭白車書未一家。
宵旰至今勞聖主，
淚痕空對太平花。

────陸游〈太平花〉

沒錯，是〈太平花〉，陸游《劍南詩稿》中的〈太平花〉，宋欽宗靖康元年，西元1126年8月，金太宗再度下令，兵分兩路，直搗北宋都城汴梁，並於同年十一月對東京形成合圍之勢。汴京危急，全城百姓，上至帝王，中至將相，下至樵夫村婦，無一不一夕數驚，終日在惶恐中悽悽度日。也就在這時，大批百姓紛紛出逃，離開汴京南下，尚在襁褓之中的陸游也跟

第八章　汴京舊塵

隨已經罷職的父親陸宰、母親唐氏，以及大哥陸淞、二哥陸浚於倉皇之中「跟蹌出京華」，回歸陸氏故里山陰去了。

「扶床跟蹌出京華，頭白車書未一家。」陸游寫這首〈太平花〉時已是人至中年，但幼時經歷的離亂令他終身難忘，在他心中留下了不可磨滅的印記，於是在蜀中看到太平花後，就記起了那令他魂牽夢繞的故國都城。太平花，本名豐瑞花，出產於四川一帶，宋仁宗時期，有人將此花獻往汴京，仁宗因深愛其花，下旨移入後苑，並親賜名為「太平瑞盛花」，這也是「太平花」一名的由來。後來，金人攻進東京，太平花也被移植至金都，所以陸游睹花思國，才有此說。

太平花，那也是他所鍾愛的花啊。她知道，那個叫做趙佶的男人，和他的祖先一樣，都對太平花有種莫名的鍾愛情愫，可是，人去樓空後，今昔是何夕已然不知，他還會不會憶著太平花，念起自己呢？她不知道，伸手理順被風吹亂的髮絲，望向那個數十年後已是滿臉滄桑的陸游，心不禁撲通撲通跳個不停。他被擄往五國城之際，這滿面憔悴的男子尚是襁褓中的嬰兒，卻也與她感同身受，那身在遙遙之處的他又怎會不想著她念著她呢？

俱往矣。經年之後的陸游，在西蜀古道邊的驛站窗下，夢著那遠去的紅顏遺事，憶往昔「扶床跟蹌出京華」的倉皇，傷眼下「頭白車書未一家」的悲悽，聽簾捲西風，吹去一枕清夢。只是前塵似水，畢竟東流去，終不知水榭涼亭中的絕世芳華，那酡紅的臉蛋為誰羞報，那嬌豔的雙唇為誰綻放，又是什麼讓她嘴角輕揚，是什麼讓她的眸子那樣明麗動人？或許，只是傷心，和他相似的心傷。

「宵旰至今勞聖主，淚痕空對太平花。」聚散依依，空閣寥寥，那些年月，她曾把酒東籬，染暗香盈袖；她曾輕解羅裳，獨上蘭舟；她曾斜倚西

窗,問海棠依舊;她曾薄衣初試,綠蟻新嘗。奈何,還是怕離懷別苦,多少事,欲說還休。「花自飄零水自流,一種相思,兩處閒愁。情到深處,莫道不消魂,簾捲西風,人比黃花瘦。」薄薄嬌恨、點點離愁,似掛在花蕊上的清露,顫顫巍巍,泫然欲滴。

她哭了,在搖曳的花香裡,在喧鬧的鳥鳴裡,輕輕打開情感的閘門,悄悄探出相思的觸角,於陸游傷心的詩句裡,於滿紙君名的情意裡,於顆顆串起的紅豆裡,一顆不再芬芳的心,亂了。

悵立窗下,風挾著雨輕輕襲來,經年後的陸游想著那婉轉多情的女子,徒留一臉的疼痛,終是「淚痕空對太平花」。雨聲,滴損柔腸,卻不知雨裡究竟埋藏了什麼,流逝了什麼,述說了什麼,又傾聽了什麼。恍惚裡,那女子雙眉緊鎖,長長的睫毛上一滴淚珠宛如溼了翅膀的蝴蝶,在晚風中輕輕顫抖,她消瘦的身形、薄薄的衣衫,在深秋的濃愁裡伏在窗前的書案上淺睡。只是,風蕭蕭梧桐葉上、雨點點芭蕉間,哪堪風雨添悲愴,哪堪風雨捲淒涼?他和她,亦終落得個尋尋覓覓、冷冷清清、悽悽慘慘戚戚。

第三卷
已是黃昏獨自愁

驛外斷橋邊,寂寞開無主。已是黃昏獨自愁,更著風和雨。

無意苦爭春,一任群芳妒。零落成泥碾作塵,只有香如故。

——陸游〈卜運算元・詠梅〉

第三卷　已是黃昏獨自愁

第九章　痴心江南

江南好，

風景舊曾諳。

日出江花紅勝火，

春來江水綠如藍。

能不憶江南？

—— 白居易〈憶江南〉

煙雨江南，自古美如水墨。而暮春三月，正是鶯歌燕舞、弱柳扶風、妊紫嫣紅開遍的時候，也是江南風光最為旖旎、景色最為宜人的時節，來此尋芳問月、賞花踏青的遊人更是絡繹不絕。

那一天，一襲湖綠色長衫的他，如往常般儒雅俊秀、風骨飄逸，輕輕握一柄描金的摺扇，緩緩穿過柔柳輕拂、綠漪層疊的蘭亭，瀟灑得恍若王謝再世。遙對風月如鏡、濃妝淡抹總相宜的鑑湖，他終是抑制不住滿心滿眼的欣悅，嘴角微微揚起一絲難掩的歡喜。當時，有流雲似水般輕柔地舒捲開來，端的是天高、雲淡、風輕，那柔暖的陽光更是攜著一指溫軟的暗香，絲絲縷縷，浸潤入心。

他倒剪雙手，長身玉立，凝眉遠眺那如夢似幻水洗般澄澈的天宇，靜觀蔥鬱葳蕤的山巒與波光瀲灩的秀水相映成趣，心裡溢滿歡快之情。看，青山綠水，繁花似錦，無須潑墨，亦入畫成詩，興致一來，不禁輕搖摺扇，隨口吟出王獻之的〈桃葉歌〉：「桃葉復桃葉，桃樹連桃根。相憐兩樂

第九章　痴心江南

事，獨使我殷勤。」一闋吟罷，自是心滿意足、悠然自得。

「吱吱呀呀」的搖櫓聲由遠及近。放眼望去，一條並不算華麗的畫舫朝他所駐足的岸邊緩緩靠攏過來。鑑湖上，這樣的畫舫隨處可見，每到梅子熟透時，頂著一頭的天青色煙雨，置身於這樣古老安靜的畫舫中，坐擁湖光山色，臥聽小樓玉笙，實乃人生一大享受。只是，千萬別小瞧了這出沒於水上的交通工具，一條小小的畫舫，卻可以算得上是一個社會的縮影。畫舫雖小，五臟俱全，不僅精緻華美的外觀與江南園林不相上下，就連裡面鋪設的裝飾也都不惜重金，自是富麗堂皇，恰如雕欄玉砌、溫柔旖旎的富貴鄉，上至社會名流、官宦富賈、文人雅士，下至平民百姓、販夫走卒，莫不趨之若鶩、競相逐流。

畫舫，實乃江南獨有的奇觀。而畫舫之所以能成為特色，一是因為遊鑑湖，最好的方式便是乘船；二是因為撐船的，多是面容姣好、能夠說得一口吳儂軟語的船娘，不僅姿色奇秀、風韻翩然，更能將一些膾炙人口的小調哼唱得清逸纏綿、宛轉悠揚。人在畫中游，熏風徐來，咿呀淺唱，莫不令人融情入境，身心俱醉。

他兀自陶醉在自己的思緒中，並未對眼前這條畫舫多做留意，依舊瀟灑率性地半瞇著雙眼，極目遠眺。那柄描金的摺扇在他手中，彷彿已與他融為一體，那副忘乎所以又泰然自若的神情，活脫脫一位風流才子的模樣。玲瓏剔透的畫舫緩緩靠岸，一陣嬌麗婉轉的輕笑隨風而來：「爹，您又取笑女兒了！待會見了姑母，可千萬別在她面前提起，省得惹她老人家笑話。」

「好好好，見了妳姑母，不說便是！只是我兒的辭章真是越做越好了，只怕妳表哥也不及妳萬分之一啊！」中年男子清潤的朗笑，帶著些許讚許，又夾了些許欣慰的意味。

第三卷　已是黃昏獨自愁

「爹，女兒怎麼比得上表哥呢？表哥天姿聰穎，又學富五車，只怕王謝再世，也難以與他媲美呢！」女子發出略帶嗔怪的脆笑，如珠落玉盤。

「妳表哥縱是才高八斗，將來還不是我兒的乘龍快婿？瞧瞧，一對粉雕玉琢的璧人兒，誰見了不心生歡喜？也難怪妳姑母一次次催我把妳帶來見她，唉，都說女大不中留，只怕妳留在爹身邊的日子越來越少了啊！」

「爹！女兒說過，一輩子都要留在家裡服侍您和娘親的！」

「傻話！哪有女兒家大了不出閣的道理？」

「女兒偏不嫁！」女子嬌嗔著頂嘴說。

「這會子妳倒犟嘴，等見到妳表哥就不會這麼說了！」男人呵呵笑著，「妳有多少年沒見到妳表哥的面了？這些年他可是越發出落得氣宇軒昂、俊美不凡了，聽說城裡的千金小姐沒一個不想嫁給他的，要是讓別家的閨女占了先機，到時可別怨妳爹不替妳做主。」

「哎呀爹，您越說越不正經了！」她輕輕跺著腳，「盡拿這些閒話汙了女兒家的耳朵，待會定要在娘面前告您老人家一狀。」

「好，爹不說就是了！」男人哈哈笑著，「也不知是誰，三天兩頭吵著要來見妳表哥的？這會來了，倒又裝模作樣起來，須知妳表哥可是不喜歡這樣裝腔作勢的女子的。」

聽著畫舫上的言談，岸邊的他不禁皺了皺眉。如此肆意談笑攪擾他人，實在令人可惱，但也無可奈何，只得放下摺扇，準備走開，突又聽得她清逸柔美的吟誦，聲聲入耳：「七寶畫團扇，粲爛明月光。與郎卻暄暑，相憶莫相忘。」卻是王獻之愛妾桃葉的〈答王團扇歌〉，看來這畫舫中的女子，倒是有些才情，卻不知道究竟是何等模樣的人兒，他不禁眉毛一挑，臨風而立，不動聲色地注視著微漪疊漾的湖心。

嘩啦一聲，珠簾似瀑玉飛濺。一位著青色長袍、面容清瘦的中年男子

第九章　痴心江南

掀開艙簾，繼而就看到一位著藕荷色羅衫的少女微側著身率先走了出來。但見她長裙曳地，窈窕輕盈，清風徐來處，隱隱有環珮的叮噹和清淺的香痕，暗潛入心，而微微飄袂的裙衫、美麗姣好的容顏、靜雅柔婉的氣質、嫋娜娉婷的姿態，只看得岸邊的他心頭一跳：好一個玲瓏剔透的人兒！尤為難得的是，她身上居然還帶有一絲濃郁的書香氣息，看來這吳儂軟語之地，還真是鍾靈毓秀，才子佳人輩出啊！

那女子輕輕走上甲板，整個畫舫輕輕地晃動起來。放眼望去，藍天白雲、錦繡繁花、翩翩俏佳人，都在他眼裡愈發生動起來，恍惚間，他竟覺得眼前的一切如夢一般虛無縹緲起來。

「乖女兒，慢點走，要落了水，見了姑母就不好看了。」中年男人緊跟在她身後，一邊走，一邊叮囑她說。

「怕什麼？」她咯咯笑著，「大不了讓姑母找一件年輕時穿過的羅裙給女兒好了。」

「妳還沒嫁到她府上去呢，就惦記著婆婆的舊羅裙了？」

「爹，您又來了！」她回過頭，輕輕嗔道，「您若再拿女兒打趣，女兒就不跟您去見姑母了！」待回過頭來繼續前行時，神情間竟多了種說不出的蕭瑟與清冷。

他望向她，心裡陡然一動，再看她時，她已經水袖一擺，碎步盈盈地棄舟上岸。那中年男人緊緊追上來，兩人合在一處，沿著青石臺階，緩緩朝堤上走去。

「桃葉復桃葉，渡江不明楫。但渡無所苦，我自來迎接。」面對微風皺起的湖心，他朗聲高吟、餘味無窮。卻不料她聞聲一頓，瞬間釘在了那裡，暗想今天是怎麼了，這一路上，自己吟誦得最多的就是王獻之與桃葉互贈的詩句，沒想到剛上得岸來，便又聽到有人將〈桃葉歌〉高聲朗誦，

第三卷　已是黃昏獨自愁

心裡不禁一動，免不了抬頭朝他望一眼，沒想到這一望，目光卻定定落在他手中那柄描金摺扇上。

一枝豔若輕粉的桃花無聲地斜過扇面，線條流暢精細、色澤清雅豐美、意態瀟脫秀逸，活色生香、清露欲滴，宛若剛剛從枝頭攀折下來的一樣。當然，凝神細看，便可以看出扇面上題的，正是王獻之的〈桃葉歌〉。端的是柔腸百轉、字字珠璣，再看那扇面上的字形，自是俊美不凡、秀潤縝密，若不是擁有錦繡文心的人，是輕易寫不出這等端麗奇峭、揮灑自如的好字來的。

她忍不住朝他手中的摺扇多望了一眼，卻讓他多了目瞪口呆、暗自驚嘆的份。眼前的女子彷彿踏波而上的江妃，若不是青天白日，倒要疑心身在夢中，只是，這樣的可人兒究竟來自何處，又要去往何處？

「小姐……」儘管知道唐突，他還是忍不住叫住了她，「小姐也喜歡王獻之的〈桃葉歌〉？」

她微停腳步，面色緋紅地望向他，以絲帕掩口，微微笑了一笑，把頭兒輕輕點了點，端的秀麗靜雅非常，讓人徒生仰慕憐愛之心。

「王獻之流傳於世的〈桃葉歌〉共有三首，可否請教一下，小姐更喜歡其中的哪一首？」

「這……」她抿著嘴輕輕笑著，「我還是更喜歡桃葉的三首〈答王團扇歌〉，不過她的〈團扇郎〉倒是做得更好。」她緩緩轉身，隨即輕輕唸著：「手中白團扇，淨如秋團月。清風任動生，嬌聲任意發。不知公子更喜歡哪首呢？」

「我？」他望向她呵呵笑著，「我都喜歡。」正待問她姓甚名誰時，那早已走上前頭去的中年男人忽地返身回來，狠狠瞪那少女一眼，沒好聲氣地說了句：「還不快走？」伸過手，拽起她的手臂就朝前大踏步走了過去。

第九章　痴心江南

然而就在這時，他忽地發現了什麼，立刻飛跑著跟了上去，嘴中唸唸有詞，忙不迭地將那「舅舅」兩個字大聲喊了出來。那一男一女聽了他的叫聲，立即停住腳步，特別是那少女，好似呆了一般，怔怔地杵在原地，卻是一動不動了。

「是務觀？」男人瞪大眼睛朝他仔細端詳一番，又伸手揉了揉眼睛，這才拍了拍他的肩膀笑著說，「瞧我這眼神！人老了，真是一年不如一年哪！」邊說邊回頭盯一眼身邊的女子說，「才幾年沒見，就認不出妳務觀表哥了嗎？」

她怔怔盯著他，有些不敢相信地努了努嘴，終是欲言又止。

「是蕙仙表妹？」他舉起描金扇輕輕搖著，望向她憨憨地笑，「幾年不見，都長這麼標緻了，要是沒有舅舅在，還真是認不出來。」

「這孩子，見了妳表哥怎麼連話都不會說了？」男人瞟一眼女兒，又望向他笑著說，「在家裡天天唸叨你，說不知道務觀表哥是不是長變了模樣，成天躲在閨房裡憶著你往昔的相貌為你畫了一張又一張畫像，卻又都不太像，不知道廢了我多少筆墨紙硯，這會見到真人了，倒又害起羞來了。」

「爹！」少女漲紅了臉瞪男人一眼，嘟囔著嘴說，「您盡尋女兒開心！」邊說邊偷偷瞟一眼他，卻是滿面緋紅，恰似他手中描金摺扇中的桃花燦燦。

她果然長大了，出落得越發標緻可人。這一場遇見，對他來說自是美不勝收、無處可藏。低眉頷首間，春天的風鈴飄蕩著久遠的聲音，一聲聲、一陣陣，吹亂了他多情的心思，而那輕盈的風，早拂過她羞澀的臉頰，只一個淺淺回眸，彷彿便在她眼底尋覓到他想要停靠的港灣。望向她，信步走來，恰似拾取到一片粉紅的桃花，看她嬌豔欲滴地張揚著蓬勃朝氣，他突又心生惶恐、望而卻步，停在離她半公尺之外，那精緻的輪廓不由得不讓他心生憐憫，只此一眼，便無法遺忘。

第三卷　已是黃昏獨自愁

　　日光路過頭頂，湖面折射的光線悄然灑在她的面頰上，暈染出一副明媚溫暖的姿態，更撥動起他情愫萬千。她淺笑著迎風而行，邁著輕快的腳步，雖是輕得沒有聲音，然而，在他心裡卻又有些沉重，似乎每一步都是踏著他的心而過。周邊圍繞著青山綠水，遠處依舊是風景如畫，墨香的悠遠、花開的靜謐、旋律的舞動，都彷彿在訴說著彼此的心靈默契。就這樣，他閉上眼睛，靜靜地把自己融入這不染纖塵的世界，與城外的喧囂劃開界線；就這樣，他輕輕地把自己融入她炙熱的內心，用情感宣言傾瀉一池溫暖；就這樣，他痴痴地把她放在心中最深的位置，交織起纏綿的細語；就這樣，他柔柔地把她捧在自己的手心裡，深情地凝望著，凝望著，採一朵杏花、掬一汪清泉、踏一路暮歌，伴著日落與炊煙，在相思與等待中感受著她的青春之美，只是愛不釋手，不能作罷。

　　只要一閉眼，兒時有她做伴的情景便歷歷在目。那時，他們都還是懵懂無知的幼兒，根本無法領會長輩們日夕沉浸於國破家亡中的沉痛，從東京回到故鄉山陰後，他和母舅唐誠的女兒唐琬便成了大人們擺脫愁緒的一劑良藥，無論走到哪裡，大家都習慣拿他倆逗悶子取樂。久而久之，兩家便都有了親上加親的意思，只是那時正逢高宗南渡初建南宋政權之際，金人又在江淮一帶摩拳擦掌，誓要打過江南，一時間人心惶惶，連皇帝都在不斷逃竄，遑論百姓？連安居都無法得到保障，陸、唐兩家又哪裡有心思定下兒女親事？就這樣，陸游和表妹唐琬的親事便被耽擱下來，不過這並不妨礙兩個小傢伙朝夕相伴，在大人的愁眉淚眼中度過他們無憂無慮的童年。

　　轉眼間，他已是翩翩少年，她已是荳蔻年華。彼此遵循著「男女授受不親」的封建教條，漸漸疏離起來。她不再跟隨父母去姑母家，每天都把自己關在閨閣中吟詩作賦、描龍繡鳳，抑或鋪開宣紙，將他兒時的面容一筆一筆畫出，獨自倚在窗下，一邊看，一邊偷偷抿著嘴兒痴笑。不像，還

第九章　痴心江南

是不像，幾年不見了，務觀表哥到底長成什麼模樣了？

午後陽光惓懶，或是日落黃昏時，她總是帶著些許惆悵倚在窗下，捧著剛剛畫好的畫像，愣愣地走神。怎麼每次畫來不是鼻子太高了就是眼睛太小了？到底是自己不上心，還是表哥的容顏在她的印象裡愈來愈模糊了？到底有幾年沒見了？她掰著手指數著，啊，怎麼都有三四年沒見了嗎？那一年，看到他最後一眼時，她還是個十四歲的小丫頭，而今，她已然長成一個標緻的大姑娘了，不知務觀表哥又會變成什麼模樣？

「嘩啦」一聲，她將手中的畫像撕了個粉碎，嘟著嘴，懊惱地扔進廢紙簍裡，輕輕跺一跺腳，滿心的疲憊不安。務觀表哥今年該有十九歲了吧？姑母大人是不是正急著替他張羅婚事呢？他一表人才、俊美不凡，又才華橫溢，到底，哪家的姑娘有幸成為他白頭偕老的妻子呢？是晁家的女兒嗎？她知道，這些年與陸家多有往來的除了唐家便是晁家，祖母便是晁家的女兒，祖母有好幾個姪孫女都長得玲瓏可人、秀色可餐，可是務觀表哥真的會喜歡她們嗎？她搖搖頭，輕輕咬一下嘴唇，不會的，務觀表哥從小就跟自己玩在一起吃在一處，他怎麼會捨棄自己，偏要到晁家挑一個新媳婦呢？難道他忘了小時候，長輩們都拿他們尋開心，說要把她許給他做妻子的往事嗎？雖然兒時的玩笑話都當不得真，但她還是堅信自己在務觀表哥心裡有著與眾不同的地位，如果要娶親，他又怎會把自己撇到一邊去呢？

可是，都有三四年沒跟他見面了，他是不是已經把自己忘得一乾二淨了？聽母親說，晁家最近跟陸家走得很近，莫非是祖母大人有心要撮合務觀表哥和晁家的女兒結成百年之好？她倚在窗下失神地思索著，心亂如麻。不，不會的，祖母大人最疼愛的孫女便是自己，她老人家又怎會捨近求遠，非要讓務觀表哥娶了晁家的姑娘？可如果不是這樣，為什麼晁家跟

第三卷　已是黃昏獨自愁

陸家走得越來越近，難道是姑母大人和務觀表哥不喜歡自己，卻中意於晁家的女孩嗎？怎麼會？小時候務觀表哥總是傻傻地盯著自己，拉著自己的手信誓旦旦地說長大了要娶自己為妻，要親手替自己揭開紅蓋頭的，兒時的許諾尚在耳畔迴盪，他又怎會輕易背誓？可是，那畢竟是兒時的一句痴話，又如何當得了真？務觀表哥已經十九歲了，是個大男人了，婚姻大事，他自然會有自己的主張，又怎會為了一句戲言便讓人抬了大紅的花轎把她從唐家娶進陸家去呢？

娶，還是不娶？嫁，還是不嫁？到底，務觀表哥會娶誰，又是哪家的姑娘會嫁給他，她心裡一點底也沒有。不管怎麼說，晁家的女兒哪方面都不比她遜色，個個知書達理、才貌雙全，務觀表哥會喜歡上她們也是人之常情啊！更何況祖母的同族兄弟晁補之還是聞名天下的「蘇門四學士」之一，而父親不是也說務觀表哥出生時，姑母曾經夢到秦觀到訪嗎？想那秦觀也是「蘇門四學士」之一，和晁家更有同門之誼，或許前塵今世，冥冥之中都有安排，若務觀表哥真是秦學士轉世投胎，豈不與晁家的關係又近了一層？

她總是胡思亂想著，一刻不得消停。她知道，自己是真真切切地喜歡著務觀表哥的，可他也會像自己這般的想念她、在意她嗎？悵倚窗下，她深深地嘆，卻不知這一輩子的幸福究竟繫於誰手。風兒不語，輕撫著她絲絲長髮，在夜色中跳著孤獨的舞，帶不走任何愁情往事，只任她的淚花開在了溫暖的春季；星兒滿天，星光柔柔，一顆被愛傷過的心開始冷凍，那淡淡的月色，亦融化不了她心底那分寒涼，只聽到寂寞的篇章，在煙花深處，寂寂地唱響。

每一個想他的夜晚都是夜涼如水。夜深人靜之際，抬頭，望那窗外一輪皎潔的月亮掛在蒼穹，她眼裡的黑夜開始變得不再那麼冷漠，不再那麼

第九章 痴心江南

傷感,那久久不能平靜的心緒也被漸漸照亮,變得生動明媚起來。想他時,總是花香縈繞,激盪起心底最深的愛戀;念他時,總是與筆墨為伴,默默地輕彈淺唱,任詩句騰空飛越,飛向有他的天空,綻放出朵朵純潔綺麗的雲花。

所有的文字皆為他而綻放,所有的詩句皆因他而美麗,所有的詞句皆因他而精采,表哥啊表哥,你可知,蕙仙的心意是那麼的真,這一生,只願與你共赴紅塵,哪怕刀山火海,哪怕萬劫不復?你又可知,纏綿的歌聲、悅耳的琴聲,已化作一雙翅膀帶著我的心飛向有你的地方,要與你一起盛開那最真的情意之花?

還記得嗎?小時候,你牽著我的手,奔跑在草色青青的鑑湖畔,一起聆聽遠處畫舫上傳來的天籟之音,我赤裸著雙腳奔跑在荷塘月色之中,讓自己成為黑夜裡的冰美人,約風兒一起追逐嬉戲,和你一起跳著優美的舞蹈,只幻想自己能做一隻相思鳥,永遠飛在與你曾經流連過的天幕下,不曾停落。那時的我們是多麼的快活,多麼的無憂無慮,我歡快得就像一隻蝴蝶,哪怕跌落在冰冷的空氣裡,依然可以隨同柳葉翩翩起舞,只因有你,有你深情望我的目光,還有你句句溫暖的叮嚀。

可是,他們都長大了。他身邊有了形形色色的女子,而她並不知道自己究竟是他天空裡最亮的那顆,還是那顆最不起眼的星星。想念的情是一汪湖水,承載著美麗得無與倫比的月亮,倒映著星光點點,浪漫的風景裡,閒倚窗下的她牽手著他曾經的愛戀,滿心都是憂傷惆悵、徬徨困惑。知道他的懷抱很溫暖,知道他的目光很溫柔,也知道他的肩膀很結實,可惜,這一切都不屬於她,就像黑夜永遠不知白天的燦爛,他根本就不知道她有多想他,不知道她為他茶飯不思,不知道她為他荒廢了女紅,更不知道她暗暗許下的「生為他人,死亦為他鬼」的承諾。

第三卷　已是黃昏獨自愁

　　揉亂髮絲，閉上眼睛，把愛他的情思紛紛鑲嵌在窗外的風鈴上，聽風過處「叮叮噹噹」的響聲，與心跳一樣的節拍，雖然伸手觸及空空，可是，他久違了的微笑依然令她陶醉，令她神魂顛倒。

　　窗前，一樹合歡花已然綻放，粉紅色的花朵毛茸茸地擠滿了枝頭，那挨挨擠擠的神態，似女兒般嬌羞，彷彿閨中密友訴說著悄悄話，然而站在窗下的她卻是寂寞的、傷感的。那些細密的枝葉，彷彿女人的心思，為她披上一層惆悵的外衣，此時此刻，一杯黃縢酒，一曲〈陌上桑〉，一份相思，留戀，卻都在他虛幻的笑靨裡變得無奈起來。

　　她又鋪開宣紙，畫他的像，寫他的名字，幻想著再次遇見他時會是怎樣的情景。那時候，他會不會在月色中伴她左右，漫步在空寂的雲端，為她奏響一曲〈鳳求凰〉？那時候，他一雙深情款款的眼睛會不會望向她？那時候，他會不會在燭光下枕著花香餘韻，對她說出「我愛妳」三個字？那時候，他會不會擁她入懷，任她偎在他懷裡肆意撒嬌，十指纖纖，擾亂夜的寂靜？

　　不知道，一切都是未知。她深深淺淺地嘆，竟不知今夕是何年！到底，要怎樣才能知道他的心意？她不知道，那時那刻，在陸家大宅中，也有個深情的男子和她懷著一樣的憂傷、一樣的徬徨，他也無時無刻不在懷念、思慕他的表妹，他的蕙仙表妹，那個和他一起度過童年的表妹。是的，他在想她，日日夜夜。父親和母親已經在背地裡忙著替他張羅婚事，可是他們到底相中了誰家的女兒，他是一點也不知道。會是蕙仙表妹嗎？是她自然最好不過，可為什麼這些年蕙仙表妹都不來府上走動了呢？雖說「男女授受不親」，可他倆畢竟是一塊長大的啊，難道是舅舅另有所圖，不想把蕙仙表妹許配給自己，還是母親大人更喜歡晁家的女兒多些？

　　晁家的女兒和蕙仙年紀相仿，往常鮮有走動，不知為什麼，最近卻總

第九章　痴心江南

能在陸府宅院裡看到她們進進出出的身影。難道，母親大人真的和外祖母商議著要幫他娶一個晁家的女兒進門？不，她們明明知道他心中早有所屬，又怎能強行拆散他和蕙仙表妹？為什麼？他百思不得其解，難道是蕙仙表妹心中另有所屬，所以她們退而求其次，從晁家找個女兒來填補空缺嗎？不，不行！無論如何，除了蕙仙表妹，他是誰也不會娶的！

可是，蕙仙表妹心裡念念想想的人真的會是他嗎？他不知道。他只知道，雖然已有很多年沒有見到她，但他的心依然跟她貼得很近。雖然沒有辦法與她相會，但他自始至終默默想念的女子也只有她一人而已。是的，他在想她，年年歲歲。想她時，他把思念寫在心裡，寫下對她的愛，寫下對她的無窮思念，卻把相思掛在了眉宇，終日蹙眉於她的委屈、展眉於她的微笑裡；念她時，他在記憶裡刻下她的名字，捏成陶俑，捏一個他，再捏一個她，然後打碎和在水裡，重捏一個他，再捏一個她，從此，他中有她，她中有他。

蕙仙啊蕙仙，妳可知，我每天的喜怒哀樂，都只因為心裡藏了個妳？妳又可知，想妳時，我會把思念寫進風裡，讓那輕柔的風傳遞對妳的愛意，讓那溫暖在妳我的指尖流轉，將我一輩子的承諾和甜美捎向妳的窗口？只是，妳可曾感覺到那拂過妳面頰的微風，正如跟我捧著妳的臉般千憐萬愛？又可曾聽到我化作輕風在妳耳畔低訴那愛妳的刻骨相思？

日出日落，潮起潮落。他的字裡行間總是漂浮著她的萬種風情，幾經輾轉後，才發現他的心早已寄存在了她的心裡，分不清你我。然而，這分真心真意，她真的會明白嗎？當然，她明白。就在那個鑑湖重逢的日子裡，只一眼，他便忘記了周遭的一切，卻從她顧盼生輝的眸光中讀懂了她紅袖添香的心意。他知道，她愛他，和他一樣的刻骨、一樣的纏綿，於是就在那個晚上，他斗膽闖進母親的臥室，將心意和盤托出，並說了非蕙仙

第三卷　已是黃昏獨自愁

不娶的誓言。

母親唐氏只是盯著他淡淡地笑，彷彿要透過他的皮肉看到他的心底裡去。難道母親大人真的一直在暗中忙著張羅自己和晁家女兒的婚事？

「母親，您是不是真打算替孩兒把晁家的女兒娶進門來？」他忐忑不安地望著唐氏，終於鼓足勇氣，把心裡想問的話說了出來。

唐氏「噗嗤」一聲笑了：「難道你不喜歡晁家的女兒？」

「孩兒已經說了，除了蕙仙，我⋯⋯」

「又是蕙仙⋯⋯」唐氏望著他淡淡地嘆息一聲。

「難道母親不喜歡蕙仙表妹？」

「蕙仙是我娘家姪女，我喜歡還來不及呢。」

「那母親是同意我和蕙仙表妹的婚事了？」

「瞧你那副不爭氣的樣子！」唐氏輕輕瞪他一眼，「這天下，除了你蕙仙表妹，就沒一個能讓你中意的女子了？為娘看，晁家那幾個女兒都不比蕙仙差的。」

「可是⋯⋯」

「婚姻乃終身大事，自然馬虎不得，豈能你喜歡誰就讓你娶了誰回來？這父母之命、媒妁之言，莫非你都忘了不成？」

「孩兒不敢。可是⋯⋯」

「可是什麼？」唐氏伸出指尖點著他的額頭，「我看你就是被蕙仙迷昏頭了！就算為娘的和你爹有意替你娶進蕙仙，也得要你舅舅點頭說一聲『行』不是？」

「舅舅？」他面露喜色地問，「母親是說，只要舅舅同意這門婚事，您和父親大人就⋯⋯」

第九章　痴心江南

「唉，你這孩子！」唐氏哀哀地盯著他說，「你舅舅今天帶蕙仙過來的意思你還沒看明白？還不就是為了你們兩個小冤家的婚事？！」

「這麼說，母親大人和舅舅都是同意這門婚事的了？」

「豈止是同意，是一萬個滿心滿意呢！」唐氏呵呵笑著，迴轉身，從首飾匣裡拿出一支金光燦燦的鳳頭釵，遞到他手裡說，「這是娘一早為你準備好的，等你舅舅帶蕙仙回去後，你就拿著這支鳳頭釵去唐家提親。」

「鳳頭釵？提親？」

「蕙仙是你自己中意的，難道還要為娘的去替你提親不成？」

「……」他舉著鳳頭釵驚喜連連地凝望著，「娘，您真是太好了，孩兒，孩兒……」

「你要是感激娘這份美意，以後娶了媳婦別把我這個老太婆忘了就好！」

「怎麼會？」他抑制不住興奮地將鳳頭釵小心翼翼地收好，「等成了親，孩兒還要帶著蕙仙一起來感謝母親大人的成全呢！」

「好了好了，別盡討為娘的歡心了。我可告訴你，成了親以後，可千萬不能因為兒女私情荒廢了學業，我和你爹還指望著你替陸家中個狀元回來呢！」

「是！孩兒一定不辱使命！」

「行了，趕緊去客房招待你舅舅去，用不了多久，他可就是你的泰山老丈人了！這時候，你最該巴結的就是他了！」

「娘！」

「快去吧！」唐氏朝他一揮手，「蕙仙那邊已經讓紅櫻給安頓好了，成親之前，你最好別去打擾她。還有，若是在院子裡遇上了，可別再像兒時那樣糾纏個不休，傳將出去，不好聽的。」

第三卷　已是黃昏獨自愁

「知道了，娘！」他滿面春風地跑了出去，一出屋便朝蕙仙的客房大踏步走了過去，哪裡還把唐氏的話放在心裡。

蕙仙，我來了。他急不可耐地掏出那支金光燦燦的鳳頭釵，高高舉在手裡，立即叩響了蕙仙緊閉的房門，內心充滿如花的期待。這俏麗嫵媚的女子就要成為他的新娘了，是的，他們即將成為白頭偕老的夫妻，他一定要在第一時間把這個喜訊告訴她。

第十章　紅顏剎那

纖雲弄巧，飛星傳恨，銀漢迢迢暗渡。金風玉露一相逢，便勝卻人間無數。

柔情似水，佳期如夢，忍顧鵲橋歸路。兩情若是久長時，又豈在朝朝暮暮？

——秦觀〈鵲橋仙〉

那支金光燦燦的鳳頭釵，見證了他們的刻骨柔情，亦目睹了他們的悲歡離合。嫁為他妻，是她之幸；娶她為妻，是他之福。然而，短暫的廝守、剎那的溫柔之後，迎接他們的，卻是不期而至的暴風驟雨。

因為她，他不再將求取功名當作人生最終的目標；因為她，他的身影鮮少出現在書房；因為她，陸家後花園多了歡聲笑語卻少了朗朗讀書聲；因為她，花前月下處處留下他們流連忘返的倩影。那一年，他丟開了書本，終日徘徊在曲徑通幽的廊下，不為吟詩作賦，只為貼著她的溫暖；那一月，他微笑著匍匐在她窗下，不為尋芳，只為觸碰她的指尖；那一日，他不顧母親苦口婆心的勸說，依然守在閨中為她描眉，為她塗粉，為她撫琴，為她高歌。

他是真的愛她勝過自己的性命，分分秒秒都不願棄她而去。在他眼裡，她就是那傾國傾城的絕代佳人，就是那踏波而上的麗質江妃，濃妝淡抹總相宜，望一眼便如沐春風裡。她是驚豔的，明媚的，薄紗長裙曳地，俯身抬首之間，總是千嬌百媚，美得讓人疑是九天仙女下凡，輕輕一個回眸，便讓他醉倒在她的懷裡；然而，她又是風韻的，惹火的，最是那回眸

第三卷　已是黃昏獨自愁

　　一笑時，萬般風情繞眉梢，鶯聲婉轉裡，總看得他心生萬千憐愛，那刻骨銘心的思念，亦早已在她低眉頷首間融入他思念的小溪，長流不息。

　　是的，他的心，已穿過起伏不定的時間海洋，穿過虛無縹緲的夢境，來到她的身旁，深深沉醉在風輕雲淡的影裡。那嬌美的笑顏、如水的雙眸、柔美的聲音，都讓他心曠神怡，讓他一次又一次地心甘情願地在她耳畔輕語低訴，慎重地許下諾言，只要他還有一顆真摯的心，就一定會愛她到永遠，愛到天荒地老，愛到繁花落盡，即便此生如同春花般默默凋謝，也要化為沃土，滋潤她如薔薇般的純潔與美麗。

　　因為愛，他躺在幽靜的山山水水裡，用深情的筆蘸著叮咚歡快的泉水，為她寫詩，為她作詞。那裡的天空很藍，草地很輕柔，那裡沒有都市的喧囂與浮華，沒有繁冗的處世規則，唯有與她愜意的牽手、纏綿的繾綣，睜眼閉眼間，到處都是她的柔情萬種。寫累了，他就摟著她的脖子，在水邊一起聽魚兒講述它們自己的故事，在樹下一起聽鳥兒唱它們自己的歌，抑或閉著雙眼遐思，幻想她是否在仲夏之夜獨自一人看過那些提著燈盞、穿梭遊弋在草叢間的流螢，幾抹幽幽的綠光浮在風中，泛起一陣涼爽的、透著夏味的漣漪，從她歡喜的臉旁緩緩蕩漾開去，那樣的情景是多麼美麗怡人啊！

　　或許她已經想不起了，那幾聲遺落在牆腳的蟲鳴，還有稻香裡的一片蛙聲，知了歡快的呼喚，蟋蟀彈奏的五絃琴，因為那都是兒時的事了。可他仍然躺在星光璀璨的銀河裡，為她寫詩，為她作詞，在她悅耳的歌聲裡沉醉，然後將她緊緊擁入懷中，輕輕吻著她的秀髮，任臉上溢滿幸福的笑容。有多久沒這樣抬頭看過星空了？他低聲問她，她頷首不語。他伸手指向天空，歡快地說，看哪，看那快要消失在記憶裡的銀河，看它有多美！那時那刻，他耳畔流淌著溫柔的風，流淌著竹林婆娑搖曳的舞，真想擁著

第十章　紅顏剎那

她站在高高的山岡上吶喊，讓旋轉的氣流隱入黑夜，讓空無一人的山谷，久久地，久久地迴盪她的名字──蕙仙。

一切的一切，都已在心頭不經意地留下了深深的烙印，足以使人永生難忘。他望向她痴痴地笑，過去的她一定沒有看見過，那些沉澱在空氣裡的念想，會在他的筆下開出一朵朵潔白的花，那樣的纖塵不染，純粹得彷彿閃爍在樹葉間的夏日陽光；更不曾看見過，它們會鋪滿他精挑細選的素箋，任滿懷的深情生出一段段綺麗又清新的詩行來。所以，他熱切地想要為她寫詩，在霞光飛揚夕陽漂浮的白雲上，在柳色青青細雨潤物無聲的湖岸邊，虔誠的，為她寫詩，只因他喜歡，只因他要做她一生一世的夫。

然而，這樣的美好並未能持續多久。就在他們幸福得無法用語言和文字表達內心的歡喜之際，唐氏卻繃著一張臉，將新婚僅一年的兒媳拽到了供奉陸氏先祖的祠堂裡。她迷茫地望向一臉悲憤的婆母，不知道自己到底做錯了什麼，心撲通撲通跳個不停，「娘」還沒叫出口，就被唐氏勒令在陸氏先祖的靈位前跪了下來。

「娘！」唐琬委屈萬分地跪倒在祖先的靈位前，回過頭輕輕望一眼餘怒未息地唐氏，「兒媳，兒媳……」

「還要我在祖宗面前一一數落妳的過失嗎？」唐氏一本正經地瞪著她，「今天，當著陸家列祖列宗的面，妳倒是好好說說，妳嫁到陸家這一年來都做了些什麼好事！」

「娘！」唐琬伸長脖子望向唐氏，「我……」

「別看我！妳看著陸家的列祖列宗說！」

唐琬忐忑不安地掉轉頭，目光在陸氏列祖列宗的靈位前游移著，還是不明白婆婆到底是為了什麼發這麼一大通無名之火，甚至要拉她到祠堂來當著祖宗的面認罪。

第三卷　已是黃昏獨自愁

「妳還不明白嗎？」唐氏幾乎是咆哮著指斥她說，「妳也是出自名門的千金小姐，怎麼就不懂得相夫教子的道理？一個合格的妻子從她嫁到夫家的第一天起，就應該牢記她應盡的本分，可妳呢？自從妳嫁給務觀後，妳都做了些什麼？妳從沒勸導他上進，卻以色相誘惑他，讓他沉湎於美色之中無法自拔！為了妳，他荒廢了學業，放棄了功名，引他誤入歧途，難道這還不是天大的罪孽嗎？」

「兒媳沒有。」唐琬含淚分辯說，「兒媳從未誘惑表哥，更沒有引他入歧途，是表哥自己說不想現在就去考取功名，所以……」

「所以妳就眼睜睜看著他繼續沉淪下去？所以妳就繼續誘惑他沉迷於溫柔鄉中？所以妳就忍心看著他與功名擦肩而過，讓他的父母失望，讓陸氏先祖替他羞愧。」唐氏轉到她面前，鐵著一張臉憤憤地說，「要不是看在妳是我親姪女的分上，我早就派人把妳攆回娘家去了！」

攆回娘家？唐琬心陡地一沉，早已是潸然淚下。自己到底做錯了什麼，姑母竟然要把她攆回娘家？難道，自己和表哥情深意篤也是一種錯嗎？

「妳哭什麼？難道我說錯了？看看妳，都成什麼樣子了？又不是妖精，幹麼整天都把心思花在梳妝打扮上？妳若是有心，哪怕只抽出一點點時間來勸導務觀，他也不至於完全喪失了本性，被妳迷得神魂顛倒、不務正業！」

「娘！我……」她悲痛萬分地搖著頭，「不是的，不是這樣的！我……」

「妳還狡辯？」唐氏狠狠地瞪著她，大聲斥責她說，「難道務觀荒廢學業倒是我這個當娘的一手造成的？難道妳沒看到我是如何督促他求學上進的？可是他把我的話都當作了耳邊風，一句也聽不進去，這還不是拜妳所賜？」

「不！」唐琬渾身不住打著戰，「娘，兒媳沒有，兒媳真的沒有……」

「蕙仙啊蕙仙，我本以為妳是我娘家姪女，會一心一意幫著我管束好

第十章　紅顏剎那

務觀，可妳倒好，自從進了陸家的門，就沒讓務觀消停過一天，整天不是輕歌曼舞，就是風花雪月，可妳明不明白，陸家不需要一個兒女情長的兒子，務觀除了是妳的丈夫，還是我們整個陸氏家族的希望？從他出生那天起，我和他爹就著意栽培他，教他習字識文，教他做人的道理，不就是期望有朝一日他能高中狀元，好光耀我陸家門楣嗎？」唐氏邊說邊伸手指著她面前的一塊靈牌說，「妳睜大眼睛看看，看看務觀的祖父，他老人家生前官拜尚書左丞，如果讓他在九泉之下看到自己的孫子是如今這個模樣，他一定會在地下氣得跺腳的！」

她知道，務觀的祖父陸佃是陸氏家族的驕傲，也是務觀生平最崇拜景仰的人。雖然務觀出生時，陸佃早已去世二十餘年，但這位青年時代高中進士，並受經於王安石的故人在陸家仍然有著極其深遠的影響。陸佃曾歷任蔡州推官、國子監直講、中書舍人、給事中、禮部侍郎、尚書右丞、尚書左丞，是陸氏家族所有讀書人的楷模，所以陸寬、唐氏夫婦一心指望兒子能夠步祖父的後塵，也好替日薄西山的陸家揚眉吐氣一回。

「妳看清楚了嗎？務觀的祖父雖然從沒親眼見過這個孫子，但他的在天之靈可是無時無刻不在關注著務觀，妳要再引誘他不學好，我一定會攆了妳出去，好讓務觀心無旁騖地繼續求取他該求取的功名！」

唐琬呆呆望著陸佃的靈位，卻不知該說些什麼才好，只是掩面而泣，哭得傷心而又委屈。

「妳還有臉哭？好了，我也不為難妳了，只要妳當著陸家列祖列宗的面起個誓，說妳以後絕不引誘務觀不學好，我就當什麼都沒發生過。妳聽到沒有？」

「我……」唐琬哭得梨花帶雨，「我發誓，以後……若是再引誘表哥不學好，就讓公公婆婆攆了我出去……我……」

第三卷　已是黃昏獨自愁

「好了！」唐氏一把拉起她，伸手替她拭去臉上的淚花，「妳別怪姑母心狠，姑母也是萬不得已⋯⋯」

「我知道，我⋯⋯」唐琬哽咽著望向唐氏，「兒媳以後，以後再也⋯⋯」

「以後一定會好起來的。」唐氏勉強衝她擠出一絲笑容，「務觀一會就要回來了，趕緊回屋把臉上的淚擦洗乾淨了，千萬別讓他看出來。」

「嗯。」她輕輕點著頭，在唐氏的注視中，步履艱難地走回了自己的臥室。

從那一天起，她開始刻意疏遠陸游。無論他怎麼哄她開心，她總是冷著一張臉，不苟言笑，也不再肯陪他到後園賞花，被他逼急了，就學著唐氏一本正經的模樣，不是勸他用心讀書，儘早博取功名，就是直接把書本丟到他面前，再無一語。

「妳這是怎麼了？」他仔細端詳著她，「怎麼才幾天的工夫，你就像變了個人似的？」

「我沒變，是你變了。」

「我？」他呵呵笑著，「怎麼是我變了？」

「你忘了，你從前不是這樣的嗎？」

「從前？」他裝作驚訝的望向她，故意打趣著問，「我從前是什麼樣的？妳倒學個給我看看。」

「瞧你，又不正經了。」她輕輕咬一下嘴唇，「從前的你整天都埋首在故紙堆裡，不是溫習功課，就是用心作文，可現在⋯⋯」

「現在怎麼了？」他呵呵笑著，「現在變得不務正業了是嗎？」

「可不是？」她鄭重點一下頭，「你都快變得讓我認不出了。」

「變得讓我認不出的人應該是妳吧？」他一屁股在她身旁坐下，取過梳妝檯上的胭脂盒，俐落地打開，用指尖輕輕一點，趁她不備，迅速朝她臉

第十章　紅顏剎那

上塗了過去。

「你……」她偏過頭，避開他的指尖，突地站起身來，冷若冰霜地盯著他說，「你再這樣，我都快做不了人了！」

「什麼？」他瞪大眼睛，目光炯炯地盯著她，伸手在她眼前一揚，不無洩氣地說，「妳怎麼變得這麼無趣了？從前妳可不是這樣的。」

「那是從前的樣子，你不是也變了嗎？」

「我怎麼變了？我還不就是從前的我嘛！」他起身朝她身邊捱了過去，咬著她的耳朵呢喃著問，「到底怎麼了？是不是，那個，有了？」

「有什麼有？」她滿腹委屈地盯他一眼，不無心酸地說，「要是有了，就不會這般難做人了。」

「妳到底在說些什麼？」他伸過手托起她的下巴，「是不是母親找過妳，跟妳說了些什麼？」

「不，沒有。」她矢口否認說，「母親只是經常問我些小事，都是女人的事，你們男人家不懂的。」

「我不信！那妳為什麼這些日子對我冷冰冰的沒個好臉色？肯定是母親對妳說了些什麼，妳要不說，我現在就問她去！」

「務觀！」她一把拽住他的衣袖，面色凝重地盯著他說，「我求求你了，為了我，你有點上進心好不好？好男兒志在四海，你總這樣兒女情長，教我很難做人的。」

「我一猜就是母親大人。」他嘆口氣說，「上進，上進，難道我存在的意義就是為了考取功名嗎？我們新婚還不到一年，他們怎麼能這樣逼妳？」

「沒有誰逼我。姑母也是為你好，她怕你玩物喪志，移了性情，就叫我多加勸慰你，一切以功名為重，可我實在不知道如何對你開口，所以……」

第三卷　已是黃昏獨自愁

「所以妳就整天對我冷著一張臉？」

「我……」

「好了好了，不就是見不得我們花前月下嗎？那好，從明天開始，我就到書房做功課去，看他們還有什麼話說？」

「此話當真？」

「當然。」他深情款款地望向她，「不過妳得跟著我陪讀。」

「陪讀？」她把頭搖得跟撥浪鼓似的，「姑母不會同意的。」

「妳可以偷偷跑去書房陪我啊。」

「偷偷？」

「妳知道，書房是陸家最悶人的地方，要是妳不在，我又怎會安得下心來好好讀書呢？」

「你倒有理了？」她撅著嘴睨他一眼，「要是被人發現了怎麼辦？」

「所以才讓妳偷偷地來，再悄悄地去啊！」他盯著她意味深長地說。

「要是被姑母知道了，她一定不會原諒我的。」

「我有辦法，一定不會讓她看出端倪的。」

「真有辦法？」

「妳還信不過自己的相公嗎？」他在她額上深情一吻，「好了，從明兒起，妳就安心當妳的聽話兒媳吧！不過現在……」

「現在如何？」

「當然是攜手入洞房了！」他盯著她壞壞地笑，一股柔情蜜意瞬間溢遍全身，想要把今生最美的美麗分毫不差地獻給她，只一句簡單的對白、一雙溫暖的手，就將她輕輕拉近。

她再也無力抗拒，就那樣，被他輕輕抱起，一邊沐浴月光的溫煦，一

第十章　紅顏剎那

邊感受他愛的輕撫，於溫柔繾綣的喘息裡，帶著如花的心情，聽他，讀他，懂他，惜他，慢慢欣賞，近近觀望，悄然融入他的生命，在他的濃情蜜意裡繁衍生長。她是幸福的，他亦是快樂的。窗外，風，輕輕吟著，煙，慢慢飄著，雨，漸漸下著，沒有星星的夜晚，她沉浸於他給的纏綿裡，細細品味情愛裡的痴絕，風情無限。踏著月色朦朧，一路嗅著芬芳的馨香，他緊緊握著她的手，千憐萬愛都是惦記，隻言片語都是牽掛；說著相思的情話，隨著愛的節拍，她輕輕咬著他的肩，閉目含笑，伴著風輕雲淡的剪影，任翩然起舞的衣裳揚起五彩繽紛的亮點，點綴著青春年華裡獨特的風景，溫暖的氣息瞬間灑滿整個世界。

　　轉身回眸，她頷首迎著風兒淺笑輕言，慢慢醉在這個與他相親相愛的夜晚，醉在這個與他情深意篤的瞬間。清風徐徐吹來，一陣陣清涼，一陣陣舒適，亦伴隨著一陣陣花香，在他痴愛的眼神裡，她輕吻他滾燙的唇，每一次撫摩，都是感恩，是感謝，是欣慰，抑或是祝福。此時，相遇最美，相知最憐，相惜最貴，她站在時光的背後，眺望，默默祈禱，只願他一切安好，只願生生世世都守在他沾滿墨香的心靈世界，不再醒來。

　　夜深了，帶著淡淡的睡意，她悄然進入夢鄉，再一次遇見了那個風流倜儻的他。他從遠處打馬而過，路過她的門前，她輕輕地望著他笑，靜聽風的吹過，感受風的輕撫，只是一句平凡的問候，一個無意中的表情，便將他的視線牢牢吸附在她緋紅的臉頰裡。風兒來得輕柔，總是輕易觸動心弦，他匆匆跳下馬背，邁著輕快的腳步來到她的門前，仰起頭靜靜欣賞著她，目光裡全是憐、全是愛，沒有一絲褻瀆的意味。她微微地笑，把他讓進院裡，他則緊握住她的手，肩並著肩，陪她一起走過花落花開，走到屋後的山坡上，且聽風吟，那一曲接著一曲的韻律，悠遠而寧靜，彷彿十指輕撫古絃，散發著淡淡的憂傷，但他和她的臉上卻始終充溢著歡快的笑意。

第三卷　已是黃昏獨自愁

然而繁花似錦中，卻處處堆滿凋零於風中的情愁。風兒帶來的溫馨，卻不能阻擋暴風驟雨的來臨。就在那個慵懶的夏日午後，他靜坐在書房窗前，在宣紙上把她的容顏一筆一畫輕輕描摹之際，不曾想，怒氣沖沖的唐氏居然闖了進來，二話不說，一把便將悄然坐在他面前的唐琬拎了起來。這一次，唐氏沒再拽著唐琬去陸家祠堂，而是當著陸游的面痛斥她一番，要兒子立即將其送回唐家閉門思過。

唐氏盛怒之下，他自然無法反抗，只好遵從母命，送唐琬回唐家暫避鋒芒。可他沒有想到的是，唐氏是當了真的，她不僅幾次三番阻撓兒子將媳婦接回陸家，還親自到郊外無量庵請尼姑妙因替他們卜算命運。不料妙因這一番掐算，卻說唐琬有剋夫之命，如不及早解脫婚姻，長此以往，勢必危及陸游性命。唐氏不聽則已，一聽之下頓時慌得六神無主，回到家立刻找到丈夫陸寬計議，要將唐琬休將出去。陸寬究竟是讀書之人，雖然在妻子整天的牢騷中也對兒媳心生不滿，但休妻之事豈能視同兒戲？於是耐下心來苦口婆心地勸說唐氏，讓她看在唐琬年紀尚幼且是她娘家姪女的份上，再給她一次機會。豈料唐氏愛子心切，哪裡能夠容忍一個剋夫命的女人繼續留在家中，遂稱唐琬不僅命中剋夫，而且無子，這樣的媳婦養在家裡勢必是個禍害，還要她做什麼？聽唐氏提及唐琬無子，倒是擊中了陸寬的隱痛，是啊，兒媳嫁到陸家都快兩年了，可肚子還是一點動靜也沒有，難道要眼睜睜看著務觀斷子絕孫不成？

「妙因師太說了，只要休了蕙仙，務觀才會吉星高照，切不可為了一個女子誤了兒子的前程啊！」

「妙因師太真有那麼靈？」陸寬將信將疑地盯著唐氏，「當初務觀娶蕙仙時倒沒聽說他們八字不合啊，怎麼一到妙因師太嘴裡，蕙仙偏生出剋夫命了？」

第十章　紅顏剎那

「妙因師太是紹興府德高望重的修道之人，你怎麼可以出言不遜？」唐氏狠狠地瞪了陸寬一眼，「難道非要等到務觀被那個掃帚星剋死了你才肯相信我說的話？」

「可是……唐家那邊妳讓我怎麼交代？當初是我們陸家到唐家提的親，現在又是我們陸家要悔婚，這……」

「一切由我和務觀出面便是，你就不用操那麼多心了！」

「妳有沒有想過，以後陸唐兩家該如何相處？蕙仙可是妳的親姪女，一個被丈夫休棄的女人，妳教她如何立足？」

「考慮不到這麼多了。只要我們兒子好，我豁出去了！」

「可妳考慮過務觀的感受沒有？他那麼愛蕙仙，這麼做是不是有些過分？」

「過分？過分的是她唐琬！我早就給過她機會了，可她是怎麼回報我的？她居然陽奉陰違，表面上把務觀勸到書房裡去讀書了，背地裡卻偷偷跑到書房跟務觀打情罵俏，哪裡還有一點千金小姐的風範？這樣的女人能做好一個賢妻良母嗎？」

「可是……」

「長痛不如短痛，務觀以後會理解我今天的決定的！」

「唐家……」陸寬嘆息著搖了搖頭，「唐家那邊，妳可讓我怎麼交代啊？一個如花似玉的閨女嫁到我們陸家來，我們不拿她當寶貝慣著也就罷了，居然……」

「你當我就不心痛嗎？蕙仙怎麼說都是我娘家姪女，可有她在室，務觀就沒法收拾心思求取功名，這倒也罷了，可怕的是她的剋夫命，和我們兒子的性命比起來，她的名節又算得了什麼？」

第三卷　已是黃昏獨自愁

「總不能以剋夫命這樣荒唐的說辭休她出門吧？」

「我看你真是越活越糊塗了！七出之條，無後為大，她嫁到陸家兩年始終沒能懷上一男半女，難道這個理由還不夠將她掃地出門嗎？」

陸寬明白，妻子決定了的事是無法挽回的，索性不再過問，眼睜睜看著她逼著兒子將一紙休書扔到了兒媳面前。休書！居然是休書！在娘家深居簡出的唐琬沒想到，她等啊盼啊，等來的居然是務觀的一紙休書，淚水頓時如決堤的潮水崩潰而出。不是說好，等姑母消了氣，他就要來接自己回去的嗎？為什麼，為什麼他送來的居然會是一紙休書？

捧著蒼白如雪的休書，瞪大眼睛望著那「無出」的冠冕堂皇的理由，她傷了的心瞬間游離在一段段誓言破裂後的碎片間，於熙熙攘攘的人群中逡巡蹣跚，任不甘與悔恨在霧靄瀰漫的天空下擲下一道道撕心裂肺的傷痕，自是悲痛莫名。原來等待了一季如絲如縷的芳香，愛的守候，終是一場形同陌路的邂逅，而長相廝守的諾言更是緩緩消逝在闃寂的暮色中，與她漸行漸遠。然而，他遺留的背影還是若即若離地碎在她思念的眼眸裡，曾經有過的情感仍在晨霏細雨裡傾訴往昔的纏綿繾綣，只是從今往後，他便要任她一個人孤零零地陷入一場場孱弱的糾結裡，淪陷、涅槃。

不是的！務觀不會這麼做的！她悵立窗下，始終不敢相信手裡這紙休書是務觀送來的，可左看右看，那白紙上的黑字分分明明都是他的筆跡，這又該做如何解釋？父親和母親帶著唐家所有的親眷去陸家討要說法，可他們不明白，她要的並不是說法，而是務觀深情的注視。無論如何，務觀的眼睛是不會說謊的，可是務觀居然連面也不敢露，只是把休書交到父親手裡就匆匆忙忙地走了。他害怕什麼？又恐懼什麼？可就算她弄明白他所做的一切都是被姑母所逼又能如何？休書已寫，自己已然是一個棄婦，又能要求他再為自己做些什麼？

第十章　紅顏剎那

　　掀開珠簾，復又拉上珠簾，心緒總是起伏難平。對鏡嗟嘆，但見鴻影消瘦，添了的卻是幾許惆悵、幾許黯然，還有那兩行尚留餘溫的清淚。陌上花開，前路漫漫，更不知今夕究是何年。抬頭，默默望向窗外，又是一個溼漉漉的清晨，跌宕的雨水激濺窗櫺流露出柔軟的線條，一點點徜徉消融在眼線裡，思緒便在這凜冽情節裡剝開那萬劫不復的傷口，剎那憔悴了目光，苦澀了心靈，卻是淹沒不盡夢遺落的傷痛。細雨紛繁，不堪落寞，她用指尖在窗紙上徒勞地畫著兩個圈，恍惚中卻疑心那是他的眼睛，嘆息聲裡，那雙眼卻憔悴冷漠得讓她心疼，務觀啊務觀，如果你覺得冷，就讓我用一個溫暖的擁抱驅散你身上所有的哀愁吧！然而，她已是被休棄的女子，又以什麼名分去擁抱他溫暖他？

　　漸瀝的冷雨在她眼前翩躚婆娑，映襯出她悽楚苦澀的心境。縈縈哀緒被冷落在逼仄的角落裡，她只能幽怨地望著他的雙眼，在風聲雨聲裡悽惻呻吟，只希冀下一個紅色落葉的季節將會是春意盎然的歸宿。問世間情為何物？直教人生死相許！可是，青春的褶皺裡沉澱了太多的是非真假，在愛情這躑躅不出的罅隙裡，她唯一能做的便是肝腸寸斷地去遺忘那些不曾兌現的誓言，任淚雨磅礴她日漸消瘦的臉龐。

　　握一把冷風在手，她知道，他和她，終是漸行漸遠的陌路之人。然而，有些事是注定永遠不會泯滅的記憶，所以還是無法忘卻那遺留的傷痕，倏然而過之際更發現心底還一往情深地在為他默默守候，只是不知那風中遺落的花瓣，流淌過花團錦簇的花街後是否還在等待他下一秒的採擷。

　　回首，愛，曾是花前月下流連的歡喜，而今，愛不在了，花自飄零，空餘一地暗香，卻是照誰傷？回首，情，曾是滄海許下今生的不悔，而今，他已遠去，桑田變幻，舊時誓言隨風，只換得她一個人的無語凝噎。

第三卷　已是黃昏獨自愁

　　問，紅塵幽夢，究竟是幸福的淚珠，還是慘淡的淚痕？歲月在風中匆匆不語地流逝著，隨它走在深深的寂寞裡，黯然了的，是一場沒有結果的盛世的邂逅，而她依然沒有做好任何離去的準備。心，微微的疼，淡去的誓言，將風中的記憶一股腦兒吹皺，轉身，捧不起年華絢爛的色彩，她只能孤寂地回眸，惻然他莞爾的容顏。

　　握不住的浮生，是他忘記了等她。馨香依舊縈繞在流年的縫隙裡，她卻來不及觸碰，放眼望去，看到的唯有那斷線的雨，在她窗前一串串彈唱著彼此的寂寞。那些流淌在年華裡的痛，被醒來的心迅速憶起，當時間開始詮釋童話的結局時，她唯一能做的就是擦乾淚水，努力去辨清他的漸行漸遠；那些沉淪在午夜的夢寐被悄然打碎，戲子入畫注定了一生悲戚，她終究無力撿拾散在浮塵裡的香；而那些定格在流年裡的敷衍，終被無情牽絆，殘花舞起淡漠的天長地久，停在眉間的傷瞬間紛飛起一季的遐想。

　　終於，暖色的夢碎了滿地，她俯下身一片一片地撿拾。而那縈迴在彼岸的花瓣，正一簇簇地伴著憂傷吟唱在子時夜半，默默收藏起徘徊在淺夏裡的眷戀，任月下寂靜的白羽起舞翩躚。然而，寂寞煙花綻出的月圓，有誰能懂它開過的憂傷，以後的以後，又有誰會陪他痴迷在紅塵的湖畔看那一彎溫婉的月色？回首，素指輕拈，再也奏不起美麗的敷衍，只能隨記憶流浪在燈火闌珊的流年，忘記了永遠有多遠。

　　淚水輕輕滑過臉龐，匆匆擁抱了所有不願接受的預言。因為清楚地明白，那場煙花雨終將消逝在她的生命裡，便一直尋覓未知的結局。然而，斷線的淚珠卻是串不起，彼年的留香，繁華落盡時，誰還會在流年裡低吟那季風化的誓言？

　　往事如風，失去的，永遠不會回來了，留在心上的傷痛卻還依舊，這大千世界，唯有記憶裡殘留的片段，依然溫暖著離別後的日子。只是，那

第十一章　花影浮沉

　　她也心懷同樣的想念，於是，不知道是她該走的時候沒有走，還是他不該來的時候來了，漫山的彼岸花開得如火如荼，花與葉幸福地相擁，他與她四目相對，也在彼此的眼底看到沉澱了千萬年的愛戀。

　　那一日，她一襲粉紅的紗衣，飄逸著醉人的柔情，羞紅的笑靨，輕溢著如水的溫婉，所有的彼岸花都被幸福染紅了，天邊慘淡的雲絲也變成紅霞朵朵。看天地間流光溢彩，看世界溫暖祥和，望著她唇齒間的依戀，那一刻，他醉入深深的忘我。

　　愛，是有魔力的，神靈害怕愛情的魔力，所以懲罰他們化為一株彼岸花，他為葉，她為花，葉千年，花千年，花與葉永不相見。然而，因為心中有愛，他願意化生為葉，傾盡一生的思念伴她千年的孤獨。光陰在他們之間劃隔千年，別離，豈止肝腸寸斷？他最後的眸光，把她的溫柔悉數燒錄成永不磨滅的記憶，曼珠和沙華的名字也從此相連，再不分離。

　　千年之後，風來了，又去了。他去的時候，她卻來了。綻放的那一瞬間，依稀聽見他呼喚的回聲，聞見他心傷的淚滴。記憶總是在花開的同時復活，想起他憐愛的目光、熱烈的笑容，想起曾經相愛的誓言，那份久遠的感動讓她的心在冥想中淌著鮮血。沙華——你，還能聽到我呼喚的聲音嗎？悽婉中回首，他已在彼岸，卻不曾留下一個模糊的笑容，仰望微涼的天空，明知找尋不到他的身影，她卻始終搖曳成守望的姿勢，一望千年。

　　不能相見，卻依然要相惜相思。無數個日日夜夜裡，多少悽迷的凝望，望碎天邊慘淡的流雲，多少煙雨情夢，夢見天地相合，依然盼不來與他花葉相擁。沙華，她哽咽著輕輕念他的名字，我在此岸妖冶綻放著思念，而你在彼岸是否聽見？

　　思念無聲，心懷生生世世的渴望，她仍在千百個輪迴中期待與他相偎

第三卷　已是黃昏獨自愁

相依。只是千年的默想、千年的守望，隔岸的美麗，終換得淚落無聲。花開千年，已近荼蘼，獨自此岸，血染花叢，沙華，星月見證著年復一年的淚痕，而我遺落的馨香裡，你是否聽見了我心碎的聲音？

他聽見了。是的。千年輪迴裡，他總會在她留下的香痕裡憶起從前，依著歲月的滄桑，在飄浮的記憶裡撫摸她的嬌容。一地的心語，繚繞著她遺落了的絲絲馨香，那場絕世纏綿留給他們的，只是一份絢爛的殤。

她的淚風乾在塵泥中，他依然可以聞見苦澀的味道；她的呼喚遠去千年，他還能聽見撕裂了的迴響。一別經年，歲歲枝茂不見繁花，千百回重生後，悽風苦雨裡的守望依舊。

風吹響的哨音帶著久遠的深沉，煙霞暈染的黃昏遊動著潮溼的心音。恍惚中，他看見她每一次淒涼的四顧，而他瞭望的惆悵，卻鋪滿千年的長途。只是，曼珠，妳到底明不明白，曾經的誓言是我一次次輪迴的全部？我已把所有的愛和痛都告訴了風和雲，我每一次無悔地離去，它們都可為我作證。

是的，它們都可為他作證。他又可否明白，千年萬年裡，她始終為他綻放著血色濃情，她的美麗亦是由一滴滴心血染紅？揮不去的雲影總是招惹著想他的傷愁，記憶中的柔情瀰漫的絲絲縷縷，總是伴她在寂寞的夜色裡釋放所有的溫馨，然而，悽婉的凝視總也望不斷千年的時空。

花開千年，思念千年。回憶裡，一些細碎的溫暖修復著心底飄零的夢。她明白，期待無論有多美麗，也不可能有任何結果；思念如此纏綿而又執著，卻只能在自己飛舞的淚水裡獨歌。

疼痛的眼神不屑與時光抗衡，心，早已習慣在他的身影裡迷離，眸中深烙的誓言仍然牽絆著他的微笑，唇邊殘留的依然是他溫柔的熱吻，讓她生生世世都品味著那致命的香濃。不經意間，她在風裡又寂寞了千年，依

第十一章　花影浮沉

靠心尖上的溫暖，慢慢捱至凋落的瞬間。繁華盡，離歌起，花瓣如血，心碎無痕，一場注定荒涼的等待，終換得她一生無怨無悔、淡定從容。只是，沙華，為什麼，我最後的顧盼裡，依然不見你的音容？

到底是怎麼了？為什麼又夢到彼岸花開、花葉相擁？他在窗下徘徊，迷失在燕語呢喃的清晨，卻總是無法將那個奇怪的夢境從腦海中剔除。曼珠沙華？她是曼珠，他是沙華？難道這就是他和她的前世？天注定，他和她，開一千年，落一千年，花與葉永不相見？陸游搖搖頭，深深地嘆，輕輕蹙起眉頭，卻是情到深處不知歸路。他不明白，分手之後，有些溫柔是不是會隨著時光的流逝變得僵硬，有些誓言是不是會在冷風裡緩緩褪色，也不明白，這世間又有誰人的愛能如曼珠沙華的痴愛那般經久熾烈，更搞不清楚，轉身之後誰還肯守著發黃的誓約等待那隔岸的溫柔。

他明白，他和她，終成陌路之人。有些情注定會成為往事，靜靜地躺在塵封的詩行裡，有些愛被冷雨淋溼了，注定無法穿越世俗的藩籬，當季風吹走最後一絲無奈，彼岸花便會成為某些別離的美麗。

其實，來自彼岸的溫暖早就在某一個靜夜哭碎了夢，一絲沉靜的悲涼亦讓多情的冬日變得無限斑駁。那彼岸花妖冶的血色無數次綻放在他傷感的夢裡，生生世世，輪迴著他和她的孤獨。

遙想，無語，彼岸的誘惑帶來深深淺淺的傷痕，他只能在隔世芳香瀰漫的溫暖裡，擁抱著她的眷戀輾轉了一世又一世，任所有濃縮的溫柔在裊裊中升騰；感念，觸碰，無法遠離俗世的喧囂，他只能染一指死去的微塵，在她漸漸遠去的淚光裡，捧一懷痴語，從千年前的晨風裡醒來，那孤獨，依然帶著陳舊的色彩。只是，嘆息聲裡，如何才能揀拾起掉落的淚珠，收起關於曼珠沙華的所有傳說，不再惹傷悲？他的蕙仙又可知，此時此刻，仍有人獨立寒窗，朱顏瘦盡，惆悵依舊，殘留的淚痕還沾著她深情的餘溫？

第三卷　已是黃昏獨自愁

　　北風吹亂明月心，一人孤影難成雙。深冬的夜裡，有人輾轉反側失眠了一整個思念的季節。凝眸處，月缺月又圓，望穿秋水，落盡眼淚，依舊等不到伊人歸來，是不是，感情丟失的時候，時間便也忘了思念，只任不變的心繼續在風中撕裂、淪陷？嘆，今生的愛已經走了，來生的痛卻早早到了，這布滿霧霾的灰色的天，竟連他瘦弱到憔悴的身軀都無力承載，只由得他在雪花紛飛的靜夜裡不住地悲傷嗟嘆。

　　情殤海角，連哭也成了他一個人的過錯，究竟，怎麼做才算是對，錯了的又都是些什麼不足為人道的難言之癮？人隨風過，世間真情難覓，花落花開，任憑暗香飄過，總是一個愁字。或許，他們之間的故事只有一支曲子那麼長，卻又是琴聲才響起，餘音便已定。轉眼間，洞房花燭夜的歡娛已化作棒打鴛鴦的悲悽，生命裡才看到光明的曙光，黑暗就已經到來，悔只悔，他們曾在花前月下說過就算分離也要彼此祝福對方，卻忘了讓對方說出真愛會是彼此想要的一輩子相守相依。

　　滾滾紅塵有一滴鮮紅的淚，淚落，受盡委屈。被迫離她而去的他仍不明白，為什麼愛到最後，那份灼熱的思念會成為彼此最深的折磨，就連她的名字也總要在淚花中自己粉碎？星辰墜落了所有的美好時光，一杯苦酒喝到天明，血肉模糊的心情卻沒有人來替他收殮。這世間，究竟有誰會知道，他愛她愛得有多深？他愛得痴狂，愛得粉身碎骨，可母親卻偏偏視若無睹，狠心逼著他將她休棄，這到底是為了什麼？難道，母親真的不明白，失去了蕙仙，他的世界裡從此不會有陽光，不會有溫暖，也不會再有會心的笑容了嗎？

　　回眸，痴情只為無情苦，她的模樣在他眼底漸漸暈開。回首，多情自古空遺恨，他的心事在她眉間漸漸劃開。淚醉，想愛也難，想忘也難，等不到的永恆裡，所有的是非皆刻成他一個人的過去，孤傷亦是他一個人的

第十一章　花影浮沉

主題。佛說，今世的凝望是前世的五百次回眸才換來的，而他只是被人匆匆閱覽而過的一頁書籍，滄海桑田，想再望她一眼也成妄想！

寂靜的夜裡布滿相思的因子，分分合合，合合分分。眼淚無處可逃，空氣中每一個分子都好似是她，微笑、凝重。這個冬天因為太想她而變得太過漫長，不能躲避，亦無力逃避，轉身之際，才明白往日情深種種皆是空相，為她種在窗臺下的花兒也只是空餘幽香，一切的一切，終不過是虛無縹緲的鏡中花、水中月罷了。

然而，仍然清楚地知道，他還是一如既往地愛著她，那夢中望向她的眼神還是一如從前那般的溫柔。可是，他要怎樣才能與她再續前緣？不可能了。母親不會再容許他把這個女子接進門來的。以後的以後，他再也不會聽到她鶯歌燕語般的吳儂軟語，再也看不見她嫋娜娉婷的身姿，心碎也只能一個人面對，他所有的心疼她都無法感知。該如何？該如何？感情無法隨遇而安，今生倘若還有時間，就讓他用剩下的光陰緬懷她的模樣，讓他在來世再將她輕擁入懷吧！

花落花飛，往事依舊在眼前縈繞。傷痕累累裡，抬頭望遠，已然分不清天空是白的還是黑的。蕙仙啊蕙仙，妳可知，失去了妳，我活得有多辛苦有多累？可我願意，我願意繼續為妳等待，為妳守候，為妳尋尋覓覓，為妳痴痴迷迷，為妳瘋瘋癲癲，為妳堅守諾言。只是，什麼時候，妳才能重新投進我的懷抱，與我把盞言歡？

當感情無法廝守到老時，有人奮力趟過渾濁的河流另闢蹊徑，有人卻還在深淵裡繼續掙扎、沉淪。對她的思念揮之不去，依舊割捨不下這段感情，總是望不到生與死之間兩茫茫的距離，亦不明白一個人的光景究竟是一種苦痛還是一種習慣，只知道思念叢生的時候，只有他一人獨擁衾被，而目光觸及的錦繡繁華，都是他一個人的寂寞與孤單。

第三卷　已是黃昏獨自愁

　　想她，滿城風雨正濃，收入眼底的卻是一紙歡情薄。回眸，紅塵苦澀，只願來世再與她重回陌上花徑，卻又不無擔心地在心底悄問，究竟還能否再次相逢？一日三秋，點點滴滴都是愁，放眼望去，整個世界只剩下漫天瀰漫的塵埃，任由歲月在風中輕輕拍打著，落下飛舞的煙點，而褶皺了的衣襟便在這悄無聲息的幻滅中灰白了淡藍色的回憶，繼續泗渡在最深的紅塵裡，默默圈點著所有的憂鬱悲傷。

　　月沉西山，魂牽夢縈。海的彼岸掀起微微波瀾，在逆轉時光的剎那間，風逝的過往卻以迅雷不及掩耳的速度隔離了現實，而曾經相愛於海角的他們，則被徹底相隔天涯，只能踮起腳尖兩兩相望。回首，目光再也無法繾綣，傷心欲絕在眼底打上了死結，靠近她，溫暖了她，冷卻了自己，於是，只好閉上眼，任她睡在他的夢裡，把溫柔放在他的心裡，在每一次的呼吸裡感受她的存在，卻不意，那些熟悉的氣氛裡，每一份思念卻又陌生了自己。

　　輕輕的嘆息聲中，他知道，他們已然錯過，而這世間最寒冷的莫過於兩心相守的人，到最後只能相望於天涯海角，怎不惹人惆悵哀慟？曾經的紅酥手、夜光杯，唯餘今朝的一人獨醉，凝眸，往昔的笑在獨舞，昨日的喜悅在流動，傷心化為了蒸汽，大海澎湃著所有，細雪飄滿天與地的傷悲，而他只有一份永不落寞的孤傷。

　　抬起頭，依舊放不開自己，一任悲傷侵襲。心若丟了，還會與幸福結緣嗎？愛如果是過錯，錯過之後可不可以不再後悔？想她，念她，有的只是淚水，有的只是徬徨，以後的以後，一個人空守庭院的時候，該如何才能平靜如水地捱過那熱鬧狂歡後空虛的心情？

　　曼珠沙華，曼珠沙華。她是曼珠，我是沙華。他面向窗前綿綿的細雨，哀哀地惆悵，卻嘆一根弦從此孤單千年。恍惚間，又彷彿回到佛的國

第十一章　花影浮沉

度,看到自己立在河的岸頭,離故園很近,卻不敢去尋找過去的足跡,因為他夢的世界,還有她轉身離開的影子。

是不是這樣做,就能避開舊日的憂傷?低吟一首〈長相思〉,用半塔煙沙,就能把屬於她的彼岸花埋葬?猶記得,蕙仙離去的時候曾對他說,祈禱與他來生共化作一株彼岸花,即使花葉不能相遇,但根莖卻緊緊纏繞相繫,也不用像今生這樣隔著天涯遙望。她開時,他可以默默地欣賞;她凋零,亦讓他先染上她離去的憂傷。然而,今生的「執子之手」,已經不能「與子偕老」,她的提前離去,已然亂了他愛情的樂章,來生的來生,誰又會為誰苦苦地守望,她又能否再記起他今生的容顏?

曾經柔潤的指尖,輕拂她長髮的憂傷,紅塵路上的牽絆,纏繞著他三千里路相思斷腸。那些廝守的日子裡,他為她夢醒,為她舞墨,她為他酌酒,為他添香,為什麼只是一轉身的剎那,便已是永久的錯過?是不是,所有的苦痛只為等待那千年才有的一次相遇?如果是,為什麼相遇之時,他的容顏早就溢滿了歲月沉澱的滄桑,而她也早已錯過了人生最美麗的綻放?

立在河的岸頭,看孤帆遠走,卻不知道,那一葉扁舟究竟帶走了誰的憂愁,而那裊裊升起的煙波,又怎知他落寞的惆悵?晚霞一如既往地渲染著天空的美麗,日暮,夕陽如血,慢慢在西天墜落,他的心情,卻如一件破碎的霓裳,裂在颯颯吹響的風中。放眼彼岸,燈火闌珊後的夜幕下,是否有一株彼岸花正在哭泣著凋零?又是誰,見證了她離去的徬徨與困惑?是妳嗎,蕙仙?開一千年,落一千年,花與葉永不相見,縱使情不為因果,緣亦早已注定了聚散!

妳是不是知道我們的相戀終究沒有結果,所以就像彼岸花那般與我生生相錯?那些輕易許下的諾,轉身之後卻又斷了誰的歸路?仰望滿天的星

第三卷　已是黃昏獨自愁

河，他好想知道她到底是哪一顆星子，或許，她真的只是他的過客，再璀璨也與他無關，而他卻是戲子入畫，注定一生荒蕪，隻身步步走天涯。

哀莫大於心死，痛莫過於追憶。憶流年往事，點點滴滴，哀怨如塵、思念如詩。只要想起她，心裡便有一種卑微的痛，發誓不再為她寫一個字，卻又一次次地把惆悵寄於文字，讓多情的墨把她給的愁情染黑，而她，卻又醉在了誰的柔情裡靜靜守候著彼岸花的下一次花期？

往事如煙飄過，諾大的世界裡，他卻不能像從前那樣緊緊牽著她的手，一起漫步在花前月下，只能任由歲月漫過心底流離的哀愁，在他眼前緩緩地流過，把季季相思的紅豆載到她路經的渡口，然，這份放棄的痛又有誰人能夠讀懂讀透？一陣煙雨，縈繞著紅塵的往事；一掬相思，糅合著一世的別離；一段綺夢，擱淺著落寞的回憶；一片落花，訴說著無盡的歸期……他知道，當靈魂度過忘川便會忘卻生前的種種，曾經的一切都被留在了彼岸，而被她過早葬了的花，再期待，下一季也終是開不出誘人的繁華。

第十二章　孤梅冷香

驛外斷橋邊，寂寞開無主。已是黃昏獨自愁，更著風和雨。

無意苦爭春，一任群芳妒。零落成泥碾作塵，只有香如故。

——陸游〈卜運算元‧詠梅〉

　　墨色的荷葉密密麻麻地爬滿了整個清塘。紅蓮、粉蓮，中空的莖、飽滿的花瓣，深深淺淺、團團簇簇、裊裊娜娜地開著。微風輕拂，綠水搖波，荷影浮動，搖曳的身姿彷彿隨風飄動的女子的裙裾。

　　四周的草木，一片朦朧。淡淡的荷香，縈縈繞繞，若有若無，滿天瀰漫的是美麗而誘惑的氣息。又三分鐘熱風輕輕吹來，水面清洌，荷葉田田，一朵粉荷，半開半斂地藏在清淺幽綠深處，恰似唐琬極致的溫柔，綻放在陸游撩亂的心緒裡。

　　陸游把她藏在了這裡，這風光無限好的田園世界裡。在母親唐氏以死威逼下，他顫抖著雙手寫下了休書，然而這並不是他的本願，所以他把她帶到了這裡，時不時以與文友相聚為由偷偷跑來與她私會。

　　在他眼裡，她是個沉靜的女子，沒有風的時候，總是害羞似的低著頭，沒有言語，盯著他微微地笑，不沉寂，也不喧鬧。淡淡妝，天然樣，內斂柔韌地綴在紅蓮粉蓮之間，有不染塵埃的飄逸芬芳。可母親為何非要說她是妖孽，說她是引誘他誤入歧途的妖婦？

　　微風拂來，水中蓮花交相吐芳，舒捲開合間，偶露驚豔明媚的光澤，濃濃又淡淡，一種別樣的風情旖旎，恰似她不勝涼風的嬌羞，在他眼底嫋

第三卷　已是黃昏獨自愁

娜地開出靈魂的底色，早已分不清哪是荷花哪是佳人，那出塵脫俗的美不由惹得他心生萬千憐愛。

　　這個夏夜，塵世間依然是車水馬龍，這裡卻是一片寂靜。也唯有在這裡，他才可以清清楚楚地看見這片月色裡的荷塘，可以靜下心來，與她做一次靈魂的交融。

　　月，娟然如洗。痴痴凝望這滿塘的清荷，他與她，目光漸淨。那晶瑩剔透的花兒，安靜地打著朵兒，在水面上亭亭玉立，彷彿是一盞瑩澤玲瓏的月光杯，又如剛出浴的羞澀美人，而雪膚香肌的她卻更顯風姿綽約、優雅高貴、純淨明麗，宛若仙子臨塵。望著她，他輕輕地嘆，嘆她定和那水中的蓮花一樣，帶了一顆冰清玉潔的心來到這紅塵世界裡，在黑暗的水下、在烏黑的淤泥裡，艱難地生長，卻仍為他執著地開出了潔白無瑕的花朵。

　　在他凝望的眼神裡，她說，她想做一條在荷塘裡游來游去的魚，守著皎白的月色，吮吸沁人肺腑的清芬，只因這池塘裡一朵白荷，凌波而立，在月華中娉婷，縱然美豔，卻纖塵不染，縱然孤獨，卻清香襲人。她還說，她更想在他清清淡淡的文字間，做一朵潔白的蓮，用詩詞為他吟唱春夏秋冬，用歌賦為他傾訴心靈的渴望，沒有頤指氣使的趾高氣揚，沒有亦步亦趨的曲意逢迎，唯有寫著簡單純粹的文字，不爭、不吵，臉上洋溢著小女子的笑，曉沐甘露、夜浴月輝，只為他默默地綻放生命的暗香。

　　可是，他還能帶給她些什麼？除了傷害，除了背叛，他能給予她的只是躲藏，只是逃避，只是無聲的抗爭，可這樣的日子究竟又能維持多久？

　　「蕙仙……」他不無難過地盯著她微微蹙起的眉頭，「我……」

　　她盯一眼荷塘裡那朵含苞欲放的白蓮，輕輕搖著頭低嘆一聲說：「我喜歡現在這樣的日子。每天都能看到青山綠水，還有這無邊的荷塘月色，

第十二章　孤梅冷香

恍若畫中，又有什麼不好？」

「蕙……仙……」

她回過頭，輕輕拉過他的手：「你知道，我從來沒有怪過你。事已至此，我們還是放寬心，一切都往前看吧。」

「可是……」他痛苦地扭過頭去，「這樣，這樣對妳不公平！」

她苦澀地笑著：「只要能伴你左右，我就已經心滿意足了。」

「可……」他忽地攥緊她的手，瞪大眼睛盯著她信誓旦旦地說，「妳放心，我一定會勸母親回心轉意，把妳接回陸家去的！」

「以後的事，以後再說吧。」她淡淡地說著，又掉轉過頭望向那一池清荷，「你看，這裡的風景多美，這裡的荷花開得多好看，縱是死在這裡，我也了無遺憾了。」

「蕙仙！」

「會好起來的，一切都會好起來的。」她輕輕安慰著他，更是在安慰自己那顆亦已破碎的心。

抬頭，月亮靜靜地照著腳下這片荷塘。月色，如乳般緩緩流瀉。剎那間，他的心似乎被注滿了清漣，恍惚中，那朵白荷的蓮子，彷彿落入心的清塘，一種深邃的惆悵突地將他渾身浸透。回眸間，他只覺得自己的頭髮在她困惑的眼神裡結成了一片荷葉，手臂亭亭如莖，而她的面容，恬淡溫婉，如一朵綻放的幽蓮。

月淡，風清，遠處一曲幽怨的〈長相思〉吟出了他今生的眷戀。柔情蜜意踏夜而來，點點滴滴流動在月海，紛紛揚揚落滿寂寥的夜空，而那由落寞刻留下的印記，卻是絲絲縷縷地碰撞著心底的蠢動，此時此刻，他什麼也做不了，只能任淚水溢滿眼眶，默默看它們恣意地流下，似絃樂般在

第三卷　已是黃昏獨自愁

耳畔如泣如訴。

飲月千尺，寂夜終成相思，難揮情絲一縷。望著她，擁著她，昔日的片段，卻成一生細讀的憂傷。往事難忘，恆久的思念轉瞬扯成根根絲線，只恨夜難成眠，卻灑下這一地的情思任他在悲傷裡咀嚼了一次又一次。他還能為她做些什麼？剪瘦一彎冷月，他唯一能做的便是細數躍然於眼的月光，在指間編織縷縷情絲，卻無奈，再多的痴情，仍是難抵一份世態炎涼。

他不知道，這樣的相依相偎究竟還能維持多久，更不知道這樣的偷偷摸摸究竟是對是錯。今夜，他只想踏碎月光，任往事放飛在天際，灑落在每一根琴弦之上，觸動聲聲如泣如訴的思念；今夜，他只想揉碎懷中的思緒，任其瀰漫在靜謐的夜色中，化作聲聲的低喚，只為明媚她蒼白了的面孔；今夜，他只想把所有的憂傷都藏在夢的角落，任不捨與深愛在彼此的眼底流連成豐腴的清歡，然後借風跌落滿懷的輕愁，揮灑落寂，只與她把盞共歡。

四目相對，情意盛滿生命的綠意，緩緩爬上愛的心壁，那些擱淺的回憶裡仍藏有她寫不完的青春故事，而他淚水模糊的眼眸，依然倔強地許給她一片溫柔，即使天上的星星全部隕落，跌落夢想的深淵，他亦依舊會為她無怨無悔地做著那執著不醒的夢。只是，蕙仙，她知不知道，沒有她，他的生活將會變得黯淡無光；沒有她，他的生活將會變得黯然失色；沒有她，他的內心將會極其苦澀；沒有她，他的內心將會永世冰封？

驀然回首，觸目所及的，依舊是花深似海、柳絮如煙，而他們也依舊是相顧無言、默契相隨。玉樹臨風只為她生，白衣飄飄只為她歡，願只願，與她共舞明月畫嬋娟，共撫琴瑟歌相思，任一曲纏綿悱惻的〈梁祝〉在平湖秋月裡許下永生永世的諾。凝眸，望碧水悠悠，脈脈情思又上心

第十二章　孤梅冷香

頭,此時,他什麼也不想說,只是默默牽著她的手緩緩走過綠柳垂蔭的河堤,要送她這世間最真的暖、最深的溫柔。

傾耳,卻是誰人一聲蕭瑟嗚咽,又泛起他心中漣漪一片?胭脂淚,落花間,瞬間荒涼了化蝶的美,他整個心立刻就碎了,還能怎麼辦呢?只能輕輕吻去她面龐上的清淚,卻是猶憐花容清瘦。隱約之間,又聽到那顆愛的癡心在澎湃的心海裡低吟,三生石畔,只願共她醉卻千場,從此不再訴離殤,唯任歲月的回眸在風中陪他等待三世的約定,許他一千年的愛戀,與她攜手共擔愛的重量,哪怕需要承載的是千山雪、萬重天,此心也永不變。

隔著濃濃的夜霧,他滿腹深情地跪在佛前,用前世許下的誠心,一遍一遍描摹著她的模樣,然而每次看到的卻又總是模糊不清的影。光陰荏苒,該如何才能抵達她的心岸?一闋新詞?一腔癡怨?一場宿醉?當所有的所有都不能為他所主宰之際,終只能執筆輕嘆,在半世的尾端,用最後的矜持,把她的名字翻遍……

細碎的流年,於她溼了的眼眸中,在風中流轉成傷。他知道,他無力保護她,更不能給她安寧的生活,可是該如何才能擺脫眼下的局面?母親硬是逼著他將她休棄,陸家眼見得她是回不去的,難道要讓她做他一輩子的外宅嗎?不,他不能。他不能讓她淪落為沒有名分的女子。然而,他又有什麼辦法改變母親的心意,讓母親答應將他心愛的蕙仙接回陸家大宅?他沒有辦法,他只能躲在這寂寂的荷塘畔,哀哀地望著楚楚可憐的她,用悲涼的字句,在素箋上祭奠這錯落的風景,將心,完完全全地泊在她悲戚的世界裡。

在她盈盈的淚光裡,夢,還是醒了,煙,還是散了,而花,早已亂眼成漫天飛舞的碎片,就連蝶,也在絕望的邊緣寂靜地離去。終於明白,原

第三卷　已是黃昏獨自愁

來不是所有的痴心相對都可以換來美好的結局，不是所有傾盡一切的努力都可以換來相濡以沫的陪伴。愛，從古至今，便是如此。

摟著她倚靠在回憶的窗臺，於心間默許下一份寧靜，卻發現歷久彌新的暖城竟已是空無一人，留下的只是悽悽冷冷清清罷了。含著淡淡的苦澀，脆弱的微笑張揚起的卻是兩張憔悴蒼白的面容，莫非，這就是永遠的期限，天長地久的承諾，抑或是十指相扣扣出來的淒涼？此時此刻，他只能以風的姿態，在傾城的月光裡，低低吟唱著月的祕密，任細密的心思埋在雲端，希冀借這一襲東風為她送去撫慰，送去溫情，然後循著她走過的痕跡，沐一生愛意，沐一世情思。

放眼望去，花飛落，淚沾衣，柳影下還是依依難別。風過處，落紅無數，蓮花起漂泊，一曲江南春，燕南飛，曉風殘月，歡短愁長，此情脈脈不絕。明月下，他起誓，今生定不負她，誰料知，轉身即天涯，雲的心、雨的願、風中的誓言，都抵不及俗世的牽絆，他們的祕密還是被唐氏發現了。

為讓兒子對唐琬徹底死心，唐氏張羅著替陸游重新說了一門親事。對方是王家的女兒，雖不是名門貴胄，卻是方圓百里有名的淑德女子。容貌氣質都不在唐琬之下，尤為難得的是王氏女生性柔順、知書達理，不似唐琬鋒芒畢露，是唐氏心目中好兒媳的絕佳人選。於是，幾個來回的軟磨硬泡，便逼著兒子去王家提親，風風光光地把宛今娶進了門來。

他居然娶了王宛今！唐琬怎麼也無法相信陸游會背棄他們的誓言，悲痛欲絕下，才發現，很多曾經珍視的東西，已不知於何時流失在何處，回首間竟是無處可尋。那一年的風花雪月，吹乾淚痕，吹亂繁星點點，吹起幸福的泡沫，同時也吹飛了落定的思緒；那一年的傾情相伴，醉了紅塵，醉入芳菲，醉了心淚，宛若細雨中纏綿的風雲，恨不得膠漆相融；那一年

第十二章　孤梅冷香

的幸福相守,守著空城,守著歲月,守出了塵埃裡的花朵,更是守荒了心靈之約,而最後,雨打芭蕉,空瘦了容顏。

寂寞的秋日,無法拒絕的離別,逼近早已憔悴了的身心,他的選擇,她唯有允應。是痛心也好,是無奈也罷,如若斷了情、碎了心,可以還他一生幸福,那麼,她願嘗試。只是,衣瘦情未了,觸景夜夜減清輝,一時歡途,換得此生相思,醒時對枕言,夢中痴語他可知?

含笑眼矇矓。他,終究還是他,輕舞飛揚、蹤影無跡,在新婚妻子的綠鬢紅顏前笑如繁花;她,依然還是她,紫陌紅塵,轉身而去,迎著紛擾的是是非非,或進、或退,或素手遮面、或揚手漸去。從此,情不動、心無愛,淚流滄海無歸宿。

那一天,陸家張燈結綵、鼓樂喧天,王宛今頂著大紅的蓋頭從花轎裡緩緩走下,亦如唐琬當年的嬌羞矜持。晨霧從大地中甦醒,炫目耀眼的色彩和線條,滲透在光與影的世界,她把自己關在臨荷小苑內,為他臨摹訣別詩一首,幾許離別愁緒,漸顯眉宇間,悠悠葬情,只是淚傷心。務觀啊務觀,你可知,我本無心,怎奈遇見你,心生了情、情動了心,心心念念想的只是你?又可知,我本無情,怎奈沉迷了你,浸透了淚、滴溼了血,只任這滿腔痴情暈染成一片或紅或白的漣漪?

花的詩,蝶的戀,此情永不變。他的誓言猶在耳畔,而今,這四季只不過從夏演變成秋,他就變作了她人的夫,怎不讓她心冷若灰?江南曲,夢中蓮,撥動她柔韌的心弦,卻不意,一回眸間,明月皎皎竟變作了烏啼愁雲凝,再回首,琴音已不識,諾言已飄散,悠悠湖水,愣是換了葬花吟。

心思飄渺,深不見底,情入愁腸,即便是相思萬紙書,又能如何?風,牽著花香,慢慢回渡她一人獨立的小樓,只因少了他的相伴,每一個

第三卷　已是黃昏獨自愁

　　日落黃昏的時分,她只能望空嗟嘆,日暮為何總是太過匆匆。夜寂人寥,長夜漫漫,快樂何處尋?傷心裡,對酒聽曲任情飄搖,鑑湖冷月寒了的豈只是今宵的寂寞?望碧水清影悽悽,思念還切切,一別之後,愁顏早已染了霜華,他不在,她唯一能做的便是伴著落寞佇立在石橋上,任長風吹透薄衫,聽悽楚的琴聲在雲端橫渡,讓淚水在惆悵中緊鎖水中的月亮,但求月圓人也圓。

　　他走了,她的魂丟了。夜,靜悄悄,柔柔的風,輕叩簾櫳,吹起她綠色的紗衣,緩緩穿過心田,喚醒她沉睡的夢。抬手,拭乾眼淚,任飄逸的長髮輕垂在素肩,拈一撮碧綠的茶葉,輕置於杯中,看水流涓涓地注入,滿懷的相思就那樣,在她眼底隨葉翻飛。捧一杯清茶,淡淡地飲,點點,滴滴,都是思念,卻不知此時此刻她心愛的郎君又在哪裡徘徊。嘆只嘆,她和他,終是君在天涯、妾在海角,奈何,奈何!

　　月華如水,灑下一地清輝。今夜,她只想把對他的柔情種在水裡,任其繁衍成一片汪洋,絢美他們所有的想像。只是,他水意瀰漫的心頭,是否也有她在輕吟淺唱?窗外,夜色正好,一縷風兒,從她的髮際穿過,彷彿他稜角分明的手,在撫弄她的秀髮。她驀然起身,瞪大眼睛望向虛空,表哥,是你嗎?推開窗戶,一地野草正泛著綠幽幽的光彩,一朵黃色的菊花,正伶仃搖曳,模樣楚楚,惹人憐愛,然而他的蹤跡,卻是無處可尋。她遙望天涯,在心底放聲吶喊,表哥啊表哥,茫茫天涯路,到底哪一座才是你途經的城池,哪一盞才是你點亮的燈火?

　　心,轉瞬被失落填滿,此情,還是無處安放。多想,在他懷裡,聽愛的清音;多想,在他的唇邊,感受那火熱的激情。心思被月光慢慢拉長,如細絲般在花下蜿蜒。抬頭,月兒彎彎,高掛蒼穹,望寂寞廣寒宮娥眉淡掃的嫦娥,看窗外秋水凌波,她忍不住輕啟櫻唇,卻只能在窗下一遍又一

第十二章　孤梅冷香

遍地獨自吟唱:「雲母屏風燭影深,長河漸落曉星沉。嫦娥應悔偷靈藥,碧海青天夜夜心……」

碧海青天夜夜心。從此後,她便要和嫦娥一樣的寂寞?是的,他走了,留給她的唯有冷月清輝、寂寞空樓,任蝶飛,任花落,而她,只能守在沒有人看得見的角落,將一種心情、一種思念,在許多個沒有他的夜晚,悄然點燃……

想著他,念著他,再也無法安然入眠,相思如春草般漸生漸長。背著那份沉甸甸的愛,她走過前世的記憶,推門,出屋,期待在今夜與他相遇,卻看到一池水色,疑是銀河落凡塵,心更是微微地疼。站在夜的盡頭,看著他來時走過的那條路,小路蜿蜒,沒有盡頭,恍惚間,他爽朗的笑聲卻又在她的耳際飄搖。是你嗎,是你來了嗎?她疾步向前。可是,為何遲遲不見他的身影?

此刻,多想他能站在她的面前,把彼此的愛意細細訴說,一起享受這無邊的桂香月色。然而,他已是她人的夫,與她隔著迢遙的距離,又怎能心生這無望的奢念?到如今,曾經的恩愛都已流散,諾大的世界只剩下她這縷孤捨香魂入短箋,然,寫來寫去,卻又都是寂寞空庭春欲晚。想他,念他,空嗟嘆此情難料,此生夢難求,也明白,失去了他,再多的凝睇,換來的也都是枉然,再多的不捨,也只歸屬於風月無計。

抬眼望去,寂寞梧桐,寂寂佇立,青黃的葉片,在風中嘩啦作響,枝葉婆娑間,恍惚中她彷彿看到他殷殷的笑臉,然而只一眨眼的工夫,便又消失殆盡。前程往事,哪怕只是半晌的歡喜,於她而言,亦終不悔,雖然墨筆捲起的依然是萬千濃愁,無法解相思,更無法勾銷一切隨風飄逝,但她依舊感恩有他相伴一起走過的日子。今生的離情,她無怨,終不過只是塵緣太淺,既如此,愛恨悠悠就任它去吧!人生無奈,一曲相思無人來

第三卷　已是黃昏獨自愁

和，心，還是茫然若失，這瑟瑟晚風裡，究竟又是什麼溼了她的眼眸，迷濛了她的視線？

夜，依然安靜。想他的心如破土的春芽，密密遍生，溼溼的空氣中，思念正蔓延，無邊無際。她和淚坐在草地上懷想，懷想他此刻的模樣，懷想他星子一般的眼眸，只是，她的情郎，是否也會像她這般會把她潛藏在心海深處，閒愁時，淡淡思、綿綿想，無窮盡？

夜涼如水，寒意沁骨。回顧四周，草木無聲、蟲鳥寂然、花落花飛。天邊，一輪彎月若隱若現，想必那嫦娥仙子也已沉入夢鄉，盼只盼，蒼天能憐取她一片痴心，賜其金風玉露一相逢。獨倚風中，他，如影隨形。相思的藤，在心頭攀緣上升，心，被緊緊纏繞，幾乎窒息。只是，她的情郎，是否也會像她這般刻骨銘心，相思時，深深憶、苦苦等，無絕期？

淚眼模糊中，飲一杯相思的茶，不知是在夢中，還是在紅塵的深處，一回頭，彷彿又與他相見，一任她把綿密心思淺淺訴說。相擁相溶的那一剎，濃霧散去，萬物復甦，他仍是她的夫，她還是他的妻。小橋流水，細雨綿綿，江南煙雨，依舊沒變，只是沒人知道，紅塵之中，已悄然少了兩個人，絕了一段夢，青石板畔，她早已幻作了幽蘭一株，而他亦已化作了冷月一輪。

其實，她明白，她和他，終是有緣無分。無奈之中，只好在夢境裡化身於幽蘭的綻放，借國色天香的絢麗，讓他見證她熠熠開放的深情，讓曾經的山盟海誓溫馨他的和風、斜陽、細雨。而他，卻可以透過花的眼睛，再一次收藏她的憂傷和寂寞，以便下一個輪迴再也不會將她忘記。

他當然沒有將她忘記，也無法將她忘懷。儘管在母親的威逼下更娶宛今為妻，可他的心始終掛念在她的身上。他明白，能夠與她相戀，前世必有淵源，三生石上、姻緣簿上，定有他們依偎過的痕跡。愛她，只是必

第十二章　孤梅冷香

然，一如，花自飄零、水自流。

下雪了，已是隆冬時節，他的心亦如冰天雪地般冷漠寂然。孤獨和寂寞縈繞，心中的痛楚終是無法排解。想起這年的夏天，清荷小苑裡，他們曾緊握著雙手說著痴情的話語，說著永遠永遠不離不分的誓言，所有曾經最美的時光都凝結在淚水滑過面龐跌落的一瞬。只是，她看不見，他也不能說。

午夜夢迴時，想起她的質問、岳父岳母的指責，到底意難平。然，有誰知曉，素箋上為她寫下的闋闋新詞，不是煽情，不是故作憂傷，更不是要把誰人握在手心，只是情感無法排解時，唯有寄予文字了。

一種相思，兩處閒愁。此情無計可消除，才下眉頭，卻上心頭。心事千迴百轉，當風掠過髮絲輕輕吹起時，思念總會在不經意間輕輕地落在遠方的她身邊，與她邂逅於一份馨香滿懷的感動與知足中，於是，笑會和著苦澀的淚水，不由自主地自嘴角處盛放。微笑的淚眼裡，他想像著她的清顏露著幸福的微笑，而他的芬芳已經深深纏繞在她的指尖，那時那刻，風中簌簌的低語，正訴說著千年的相思，穿越他和她相遇的時節，一切的一切，都是那麼的驚豔、那麼的美好。然，回眸四顧卻又發現，這一切都不是真的，只不過是他一廂情願的想像罷了！

俱往矣。飄逝的年華和腳步，終如落葉般飄零在無止境的時光沿岸，而她，便在雲起雲落的塵間，像風一樣迅速消失在他的世界，沒有一絲音訊，沒有一點消息，就連那些華美的誓言，也都在遠去的時光裡被風吹散、飄落，終至消失、殞滅。

時光終究不會回頭，漸漸流逝，荒蕪。誓言終究不被相信，慢慢模糊，無痕。青春已遠，年華已逝，他不知道該去哪裡尋她。想她的時候，他依然流連在沒有她的風景裡，任花瓣輕輕飄零，落於肩上，情浸眉睫；

第三卷 已是黃昏獨自愁

任浮雲朵朵輕揚，飄過窗前，醉染眸中。記憶裡的他們，單純、快樂，而如今，一個人寂寞著看悲傷逆流成河，才發現彼此留下的足跡深深淺淺、雜亂無章，而悲傷亦是明明滅滅、沒個頭緒。

輕嘆一聲日月悠長，份份悲傷逐漸在眼裡形成水紋卻不能消泯。他終於清晰地明白，真愛已經散場了，流年已經不在，他和她的故事也跟著年華一起遺落在那段遠去的歲月裡，從此，他們塵歸塵、土歸土，猶如兩條平行線，永不相交。倘若當初，他堅持挽留她，是不是結局會有所改變？是不是就會像他的誓言所說，會牽著她的手相扶到老，坐看花開花落、雲捲雲舒？

心如流水，不息地淌著，時光總是在一瞬一瞬地凋零，卻無法抹去他愛她時的柔情。他像個迷失在時光裡的孩子，跌跌撞撞、且行且駐，再也不能將她的芬芳尋覓。忍情休妻、背誓再娶，他一直都知道自己是不快樂的，就連微笑也開始變得蒼涼，儘管曾經真真切切地愛過，也被深深地愛過，但那一段經歷，那一抹青澀的記憶，還有那闋未完成的新詞，卻早已被他用最決絕的言辭畫上了句號，他又有什麼資格再將她深深淺淺地憶起？

天若有情天亦老，月若無恨月長圓！浮光掠過黯淡的眼簾，是誰傾盡了所有的柔情，讓他溼了眼眸？輕輕，伸出雙手，揮向天空，以為能抵近她的溫柔，卻無奈，只握住了虛無的蒼涼，那些遺失的誓言，亦都在時光的荒野裡兜轉，忽而清晰，忽而斑駁，最後通通散落天涯。

北風呼嘯，伴他度過無盡個無眠的夜。天青色，在等待一場愛的呼喚，他的淚卻早已滑落在錐心刺骨的追悔中。一枚思念的剪影於寂寞中編織成情愫，在他憔悴的心間迴盪，經久不滅。窗外滿樹的梅花，搖不出一支她愛的豔粉，只盼邀得明月清風作伴，邀得歲月見證，任風任雨，都洗

第十二章　孤梅冷香

不掉那一場夢裡相遇的美麗。是誰，宛如梅花般在青春的流年裡莞爾淺笑？又是誰，在凝眸處醉舞胭脂淚裳？天之涯、海之角，兩岸花紛飛，歲月漫漫該何如？卻是斷橋回眸似相識，陌路相近該落寞！

如果說，眼淚可以挽回曾經的一切，那他一定會用盡一生的眼淚來補償她。他站在窗前靜思著，望著那一樹白梅，心裡裹著一種難以言說的蒼白與落寞。臘月，徹骨的寒涼終於抵達。漫天飛雪，梅飛梅舞，那一樹素白，恰似青春裡沉澱的底色，而青春，卻是一半惆悵、一半清歡，那誓言，亦如雪似霧，迷離芬芳，終是泡影。

在搖曳的風影中，深情凝望，徹夜的寂寞。如果可以，他只想靜靜地行走在她素面朝天的天空下，在塵世喧囂的日子裡，執筆一幅水墨舊畫，與她共享錦瑟年華，將她圈在今生。望向遠處的山巒，片刻間便又被模糊的淚雨擋住了視線，此時此刻，多想，她能從遠方走來，牽著他的手，一步不迴轉，任桃花為雨、任梨花為簾，踏過隔世的滄桑，穿越紅塵最深的深處，輕叩他寥落的心房，帶他逃離凡世，去一個世外桃源與她共度此生。

忘川河難忘前生情，奈何橋難了今生緣。此生相逢前生定，滾滾紅塵總相逢。那一年，他們為彼此許諾永遠永遠；那一年，他們山盟海誓天長地久；那一年，他們傾心相許不離不棄；那一年，他們十指相扣幸福相守；而那一天，他們最終陌路相離。可他還是無法將她忘卻，他想把她找回來，親憐蜜愛，卻又怕驚擾了她的無眠，於是，只能和著悔恨的淚水，在素箋上，輕輕淺淺地寫下一闋新詞，為她，亦為這滿眼紛飛的梅花：

驛外斷橋邊，寂寞開無主。已是黃昏獨自愁，更著風和雨。

無意苦爭春，一任群芳妒。零落成泥碾作塵，只有香如故。

──陸游〈卜運算元・詠梅〉

第三卷　已是黃昏獨自愁

「驛外斷橋邊，寂寞開無主。」那一抹舊日時光，早已散落於塵埃，那一句曾經的誓言，早已散落於風中。那些凋殘了的花瓣，那些被風吹走了的落葉，那些消逝的美景，還有遠去了的她，都已成了煙塵往昔。時光繾綣交替，一路吟唱的哀歌，薄如蟬翼的幸福，是偶爾泛起的水光。刻在文字裡的感傷，漂浮著平凡的曲調，終是溫暖不了她哀傷的眼眸，亦激盪不了他痴痴的等待。

寂寞的梅花孤單地綻放在驛亭外斷橋邊，除他之外，無人欣賞、無人憐惜，正如被他休棄的蕙仙，無人理睬、無人凝望。感情猶如握在掌心的流沙，當他用盡全力去握緊它時，它還是慢慢流逝；當他用盡心思去愛她時，還是被迫與之分離。流逝的青春、落寞的時日、遺失的心情，從此開始了他孤單的旅途，所以，他唯有躲在這荒無人跡的荒郊野嶺，在文字裡將她深深憶起，在辭賦裡將她尋尋覓覓。

「已是黃昏獨自愁，更著風和雨。」日落黃昏，眼前的梅花本已獨自憂傷，卻還要遭受不期而來的風雨欺凌、蹂躪，怎一個「孤苦無依」了得？只是不知，身處寂寞清荷小苑的她是否也正遭受著世人的白眼與唾棄？

曾經，曇花一現璀璨了他和她的世界，驚鴻一瞥，掀起了他的痴情狂潮，帶著幾許興奮，帶著幾許憂慮，共她度過無數個美好的夜晚。然而，當離歌輕輕響起時，只用了一秒的時間，她便徹底失去了蹤影。

浮華回歸平淡，喧囂還原寂靜。淒涼的夜，隨著寒冷的心，赤裸裸地晒在黑暗中，而他更是痛徹心腑。也許是愛得不夠多，也許是痛得不夠深，她才會悽然離去；也許是太過在乎，也許是窒息的情讓彼此無法呼吸，她才會在他眼前決絕而灑脫地消失。只可惜，有些人一旦錯過便是永遠，縱然回首也無法再見。

「無意苦爭春，一任群芳妒。」那株孤單悽楚的梅花凌寒先發，一任百

第十二章　孤梅冷香

花妒忌，卻無意與它們爭春鬥豔，有的只是一腔迎春報春的赤誠，這樣高潔的品格也唯有他心心繫念的蕙仙才能與之媲美。可她卻遭到母親的嫉恨，甚至被逼掃地出門，這到底又是誰的錯呢？是固執己見的母親，是碌碌無為的父親，還是懦弱膽怯的自己？

夜靜了，花謝了，籬笆深處，燈火未央，寂靜的書房只剩下他一個人的淚眼婆娑。握一把輕風，借一星燭火，慢慢收拾心中深藏的那些風生水起的牽掛，偶然間攤開她送來的早已泛黃的信箋，當隱隱約約的幾個清秀小字閃入眼簾之際，洶湧的暗流便彷彿找到突破口一樣，瞬間奔騰而至。其實，只不過是觸碰到了靈魂深處的痛——她在訣別信中仍然說：一生有你，一世相隨。雖是簡短的八個字，他卻明白，她為此耗盡了此生所有的氣力，愛得義無反顧，愛得無怨無悔，然而，最後卻是痛得無法呼吸。再回首，愛終若煙花，絢爛一時，仍逃不過燃燒成灰的命運，唯遺他痛徹心腑。

「零落成泥碾作塵，只有香如故。」抬頭，窗外的雨雪越下越大。不堪雨驟風狂的摧殘，眼前的梅花紛紛凋落了。凝眸，落花委地，與泥水混雜，竟不辨何者是花，何者是泥，它終被摧殘、被踐踏，化作渺渺灰塵，無人憐惜。然而即使是凋落了，化為塵了，它仍不屈服於寂寞無主、風雨交侵的威脅，依然暗香如故。望著片片凋謝的梅花，彷彿看到那個始終在與命運作鬥爭的她，即使是那樣的辛苦，那樣的無力，明知徒勞無益，可她仍然不懈地堅持著、等待著、期盼著。然而，他還能給她些什麼？他已經新娶了宛今為妻，他們，終是不可能再走到一起。那麼，該如何才能給她一份永恆的幸福？或許，唯有他的放手，才能讓她如紛飛的梅花般暗香如故、清芬襲人。

風中，熟悉的身影如夢如幻，往昔的笑聲透過寂寥無人的曠野，終於

第三卷　已是黃昏獨自愁

　　徹底消失在視線不能企及的黑暗深處。空氣中飄浮著細細的塵埃，寂靜地祭奠著那些悄然逝去的曾經，而那永遠不離不棄、相扶到老的誓言，卻只剩下一地惱人的塵煙，在他眼前迂迴縈繞。回眸處，那抹淡淡的剪影，冷清地碎了一地，撥開流年的記憶，輕輕隱去青春的留痕，掌心的溫度逐漸消逝，方明白，她溫柔的眉眼而今已是萬水千山的遙遠。

　　終於，悲傷成了他所埋葬的紀念品。當午夜的憂傷悄悄爬過額頭之際，他安靜地，在即將消失的童話世界裡把白日夢演繹得更加淋漓盡致。昔日的種種，一聲聲、一幕幕，鑑湖畔邂逅的淺笑，曾經的美好繾綣，都不復重來，而遙遠的寂靜，此時此刻，卻成了他渴望已久，能夠撫慰心靈憂傷的一堵牆。

　　浮光掠影間，挽著淡若輕塵的歌聲，輕輕揀拾起那段早已失之交臂的過往，看傷痕累累的斑斑點點，他忽然感覺到這個無情的世界亦有淡過煙塵的靜好，只是這份美麗，他的蕙仙再也無法參與。別了，蕙仙，忘了我吧！輕輕拈一朵潔白如雪的梅花，他淒涼轉身，含淚微笑，與她陌路相向，於寂寂裡默默送走那些住在生命裡的沉重回憶。然後，輕鎖心扉，留守一地，為她，為他，為情。卻不知，轉眼間，已是花落成空、人去成空。

第四卷
白羽腰間氣何壯

西風挾雨聲翻浪，恰洗盡，黃茅瘴。老慣人間齊得喪，千巖高臥，五湖歸棹，替卻凌煙像。

故人小駐平戎帳，白羽腰間氣何壯！我老漁樵君將相，小槽紅酒，晚香丹荔，記取蠻江上。

——陸游〈青玉案・與朱景參會北嶺〉

第四卷　白羽腰間氣何壯

第十三章　西湖情深

> 山外青山樓外樓，
> 西湖歌舞幾時休！
> 暖風薰得遊人醉，
> 直把杭州做汴州。
>
> ——林升〈題臨安邸〉

　　九百多年前，北宋大文豪蘇東坡曾說：西湖是杭州的眉眼。今人亦說：去浙江，不能不去杭州，而不去西湖，就不算到過杭州。杭州的盛名，一半得自於西子湖，另一半則得自於那一泓碧水的無邊風月。在我的印象裡，西湖骨子裡一直都浸漫著迷茫得令人捉摸不透的意象，比如西湖的西，就是一個模糊的零落的字眼。總是覺得，大凡與「西」相觸，總會附生一些頹廢的浪漫，空透出頹廢的風度，暗藏著淡然的悽迷，隱約著沒落的荒蕪。

　　初冬的黃昏，湖煙、山巒、花朵、疏枝、塔影、濃蔭、小橋、迴廊、樓角、亭臺、美人，一切都是辜負不得的景緻，而那瀲灩鮮活的波光，卻將我漸漸帶入西湖早就熟透了的遺夢。信步行至白堤西端、孤山南麓的平湖秋月，我悠然在夕陽底下安坐。抬頭，殘陽如血，黃昏靜好；低首，水波晃動，一湖瀲灩。孤山的影子寂靜地睡在湖水中，在我眼前鋪出長長的身影，一艘艘遊船從影上駛過，將它撕碎，平復，再撕碎，而所有的熱鬧與喧囂彷彿都與它無關，它所擁有的也只是那個孤單的孤字罷了。

第十三章　西湖情深

　　我，獨自一人。一杯龍井，一襲清香。身後安置著清朝康熙皇帝的題碑，四周空空蕩蕩，難得的一個暮日安靜時光。服務生一臉不知所措的笑意，有些潦草，大致是羨慕我獨占了平湖秋月整整一個恬靜的午後。倦鳥從小瀛洲的柳梢上飛過，掠過湖面，影子跳躍在波尖上，群聚群散，鳴叫著，在寬廣的空中展現著自己的姿態。遠山逐漸隱入暮色，起伏的形態在淡靄中有些飄忽，此時，在我的眼中，它們都具有詩行的浪漫效果，似乎西湖需要這種效果的渲染，而我亦需要這樣的景緻來撫慰那顆疲倦孤獨的心。

　　殘荷、衰草、冷風、寒湖，對應著我清冷的目光，西湖在我眼底開始變得宏大、疏離、飄渺起來。面對西湖的黃昏，晚風吹涼了亂髮，思緒在暗夜中沉浮、交叉、游離、糾纏，我有些難以抑制的衝動，眼眶潮溼，只任意識在昇華、喧囂、繁榮、蕭落、廢墟、寂寥的意象間深深淺淺地穿梭，彷彿眼前所看到的西湖正貫穿於這樣的場景中，從繁榮到寂寥，沒有一絲過渡，從寂寥回歸繁榮，又結合得沒有任何間隙。

　　遠處，一艘小船「吱吱呀呀」地搖來，它承載著南宋皇朝的所有家當，在風雨飄搖之後，落泊於湖岸。此後的西湖，柳絮飄飄，暖風薰人，湖上楫聲槳影，鳳簫聲動，達官貴人醉眼惺忪，文人墨客華章頌達，舞女歌伎裙裾飛揚。在那個金戈鐵馬和燈紅酒綠並存的時代，虛迷、浮華、功利、極樂主義一再地蔓生。時代需要逃避，北方的刀光劍影逐漸在溫香軟玉的記憶中黯淡，從那時開始，西湖便在漫長的時光中被柔媚、輕豔、嬌美所覆蓋和籠罩。

　　回首，時間在眼前只是一個側面，南宋朝廷的一次次放逐，築就了西湖的文化經典。俯仰之間，唐人宋人早已在風塵僕僕中遠去，鮮活的生命皆已化成颯颯湖風，而濃於情懷、淡泊拔俗的詩文卻留存了下來。西湖需

第四卷　白羽腰間氣何壯

要這樣的尷尬來涵蓋，需要這樣的時間長度來丈量，而文人的心是枯燥的，更需要有這樣一池湖水來滋潤，倚著闌干簌簌落淚、輕吟淺唱。在這裡，一切的一切，比如世象紛爭，比如情長苦短，比如人生枯榮，遁入時間之維，便消失得不知蹤影。

凝眸，滿眼綠波瀲灩，裊裊煙波空濛。自古以來，這方湖水便擁有空明禪意，擁有開闊澄明。白堤、蘇堤、楊公堤；西泠橋、斷橋、長橋；孤山、吳山、鳳凰山；慕才亭、風波亭、湖心亭；保俶塔、雷峰塔、六和塔；岳廟、于謙祠、秋瑾墓；三潭映月、平湖秋月、西泠印社……時間在這些建築物身上流轉消逝，歷史卻記住了一張張不再鮮活的面孔。回首，湖岸在遠去的故事中逸出絲絲柳絮，湖風在亙古的思念中颯颯淺唱，看遠方峰峰嶺嶺，看近處山山谷谷，看滿湖水色醉得酡然，看一池波光依舊瀲灩得晃徘徊悠，才明白，儘管歲月更迭，一千年的聲韻依然還在流淌，一千年的時光依然還在延續。

這多情的湖水，古往今來，在多情人的眼中，蕩漾著從不曾停歇，自從有了蘇軾「欲把西湖比西子，濃妝淡抹總相宜」的驚豔詩句，她便開始了綽約、嫵媚，濃豔的脂粉味轉瞬鋪陳，鋪張出了瀲灩湖色，也鋪張出了淒涼的愛戀。

我突地想起了，南齊時的絕色美女蘇小小，一回眸間，彷彿看到她下了江南的油壁車，撐了江南的油紙傘，邁了江南女子的細步，向我款款而來，帶著一臉幽怨而又寂寥的相思，緩緩吟出誰人都能聽懂的詩句：「燕引鶯招柳夾途，章臺直接到西湖。春花秋月如相仿，家住西泠妾姓蘇。」她究竟是怎樣的一個女子？雖是名妓，但絕不媚俗：一定清麗，宛若一湖秋波；也悽清，像落葉；也孤傲，像暗夜盛放的花朵；也冷落，像秋風。是的，十九歲的年華，青春夢寐，她若一湖青蓮熱烈綻放，可以暗香起

第十三章　西湖情深

伏,可以輕豔飄搖,十指纖纖,便為他撫動琴弦,唱起一闋寫滿濃情蜜意的〈同心歌〉:

妾乘油壁車,

郎跨青驄馬。

何處結同心?

西陵松柏下。

── 蘇小小〈同心歌〉

歌聲漾動波光,群鷺飛舞,鮮花綻放,人潮湧動。我彷彿看到了她的目光,憂鬱、寂寥、迷茫、苦楚。回眸一笑,竟然帶著一絲冷酷,卻又掩飾不住柔弱情懷。多少個落日黃昏,蘇小小倚在西泠橋頭,楚楚地眺望遠方驛道。負心郎走了,終極性的熱戀使她的身心支離破碎。她攔不住自己的情感,相思,相思,還是相思。清淚浥透衣襟,一寸一寸地熱戀,終歸香消玉殞。再也不能回眸凝望,孤獨的身影閃進了波光之中,虛虛浮浮,杳然淒笑,留下多少多情人駐足喟嘆,為之唏噓嘆惋。

只要是真情的,一生付出,在所不惜,即便死亡,也笑靨如花。若是在今天,她又該是如何的決然呢?餘情未了,餘情未了,都賦予一湖山水吧。我不敢大聲嘆憐,屏住了呼吸,生怕打擾了她一千年的夢境,我確信她的魂魄就隱匿在這湖中,可是在哪裡呢?我曾經從湖水中撈起過水葫蘆,它浸透著西湖的韻味、西湖的陰柔、西湖的清幽,不知道它們有沒有被此情浸染和穿透?

去年元月時,花市燈如畫。月上柳梢頭,人約黃昏後。

今年元月時,月與燈依舊。不見去年人,淚滿春衫袖。

── 朱淑真〈生查子〉(又題為歐陽脩所作)

第四卷　白羽腰間氣何壯

南宋歲月，某一個黃昏。西湖邊的花影中隱隱走過一個女子，她靜默著，朱唇輕啟，跌宕了多少後人的心境。她有多少隱晦？風在獨自鳴咽，花在寂寞開放，殘荷兀自死去，蘆葦嘆息哽咽。湖水啊，光陰荏苒，去年今日，我曾與他相約，遊於旖旎的湖畔，如今只剩下我獨坐岸邊！去年今日，湖邊的月色下，他用溫暖的手緊緊握住她的手，灼熱的目光擄走她的芳心，而今卻只餘她寂寞的嘆息。朱淑真，妳想的是誰？戀的是誰？他怎麼了？走了，死了，移情別戀了？這方湖水承載得起妳的期待和心痛嗎？妳比湖上盛開的煙花還要寂寞。

西湖，是極易誕生愛情的地方。嫵媚的女子飄蕩出的裙裾和漱漱落下的清淚，卻讓心襟搖盪的男人目光迷濛得不知該如何取捨。漸漸地，在蘇小小和朱淑真背後，便有了一些鋪陳，祝英台、梁紅玉、白素貞，還有更多不知姓名的女子。她們黯然神傷、顧影自憐，用心用情，把一泓清幽的西子湖幻化成了自己的音容笑貌。從此後，湖水的波光是她們含淚的眼睛，柳煙是她們的睫毛，湖風是她們的衣襟飄飄，西湖也因了她們而變得玄豔、飄渺。

然而，三載同窗、十八相送的梁祝早已雙雙化為翩翩彩蝶；白蛇的愛情亦在盛滿雄黃酒的杯盞裡短暫成永恆的心痛。伴隨她們的相繼萎謝，西湖亦在她們眼底幻化成感情的廢墟，經年後，只是空留湖光，寂靜無聲。她們的身體在這裡枯萎，她們的愛情在這裡凋謝，回眸處，我仍能感覺到她們帶著遠古的嘆息從波尖和蓮枝上走來，荏弱的心靈在風中戰慄。她們心底那麼多的憂傷和悵惘又該向誰去傾訴，到哪裡去排遣？放眼望去，卻不知，還有多少女子的情感會在湖上聚散淪落。我似乎看到了很多，卻又似乎一個都看不見。

起身，我在風裡追尋著她們遠去的足跡，輕輕淺淺地嘆，悄然來到岸邊一座古色古香的茶館，偎在靠窗的沙發上品一杯香茗，繼續浸在她們陳

第十三章　西湖情深

舊的故事裡暗自神傷，不能自拔。窗外，鏽黃的路燈透過碩大的梧桐枝葉流瀉下去，支離破碎地灑了一地，滿地枯黃的落葉堆積著，頓時生出凝重蕭落的氛圍。隔著視線的漆黑處便是西湖，正悄無聲息地蟄伏，在陣陣清幽的茶香中，我仍可以清晰地感覺到她逼人的冷豔氣息。

　　注目，茶樓的牆上掛著古舊的窗雕，一副滄桑的模樣，上面的人物刻劃得栩栩如生，大致是「水漫金山」的故事。還有幾件仿修內司窯瓷器，一丁點模糊的燈光映照，青瓷釉質折射出的色澤，在玻璃櫥櫃中閃耀著，有一些動人。還有一種眼神，卻是誘人的，比如坐在黃花梨屏風前彈奏樂曲的女子，在迷濛的光線烘托下，臉色顯得悽清蒼白，若玻璃櫥櫃中的青瓷，彷彿隔了些年代，有一種遠古的美，讓人生出一番眷憐。女子很精緻，宛若從汴京樊樓中走出的李師師，偶爾抬頭一顰一笑，那眼神裡盡是纏綿悱惻的驚豔風情。

　　想著那些遠去的故事，耳畔卻傳來一曲〈高山流水〉，如玉珠落盤，如翔魚潛底，如水流潺潺，如空谷來風，更讓人疑惑靖康之難後，那深得道君皇帝宋徽宗寵愛的李師師是不是追隨泥馬渡江的康王趙構來到了「山外青山樓外樓」的杭州？一曲彈畢，望向她，我唏噓萬分，默然無語，倒疑心起自己是不是已然置身於千年之前的南宋皇朝。

　　還沒等我緩過神來，那女子纖纖玉指的點撥下，一曲〈長相思〉便又躍然於耳。長相思？那極美的音色，伴著撩人的茶香，又有一側西湖作陪，這樣的夜晚在我眼底便越發清芬迷人了。不知從什麼時候開始，窗外開始下起了小雨，淅瀝淅瀝的，我卻突然想起了唐琬，想起了陸游，想起了那闋流傳千古的〈釵頭鳳〉。又是釵頭鳳，從紹興到北京，從北京到杭州，我一路尋尋覓覓，仍然逃不開這對苦命情人的視線，那麼，究竟是我走進了他們的故事，還是他們融入了我的世界？

第四卷　白羽腰間氣何壯

　　我迷惘了，情緒化了，內心擁擠。十里風光十里暗香，他們在我眼前交織成一幅動人的畫卷，不僅延續了歷史，更將荒蕪在愛情裡的溫柔瞬間演變為一片動情的廢墟，在慾望的領地裡迴旋，在俗世的目光中敗落，在文人的酒氣中迴轉，更在燈火闌珊處隱沒。暗夜寬廣、粉香迷離，窗外除了雨聲還是雨聲，淅淅瀝瀝的雨，脹痛了心，打溼了眼。我什麼都看不見，又似乎看得很遠，彷彿一直看到了推不開的扇扇西窗，看到了剪不斷的柔情萬縷。可是，她在哪裡，他又在哪裡？是不是依舊在歷史的煙塵中飄搖零落呢？

　　凝眸，湖風輕輕吹拂，吹皺遠處的一湖寒波，粼粼漾開的湖光開始變得有些晃眼，空氣中飄蕩著一些不確定的因素，比如想像和猜測、徘徊和退縮。我知道，那些個日子裡，依然有曖昧的燈火、嫵媚的眼神、浪漫的情愫，我眼裡的西湖還叫西湖，而這座容納她的杭州城卻叫做臨安府。是的，臨安，一座帝王之都，一座苟延殘喘中流香飄屑的綺麗的城。那一年，是西元1143年年末，他，十九歲的陸游，懷揣著如花的心情來到臨安城參加進士試，卻以失敗告終。年輕氣盛的他並沒有把考試失利放在心上，亦未及時趕回家鄉山陰，而是和從舅唐仲俊一起留在了臨安，準備呆到來年上元節看過燈會後再回家繼續讀書。

　　對年將弱冠的陸游來說，臨安的一切都是新鮮刺激的，都是流光溢彩的，倚紅偎翠的上元節無疑更是個誘惑。流年似水，轉眼間便讓他盼到了來年的上元節。那一夜，形形色色的女子暗香浮動，她們藉著觀燈的名義，在物慾和情慾之間沉沉浮浮，以千百度的姿態，繁華和虛幻了西湖的夜晚，而被燈火籠罩的西湖亦使她們更顯風姿綽約，並引領著她們奔向慾望的極地。千年之後，我站在細雨綿綿的湖岸，看幽藍燈光星散在漂浮的迷霧裡，恍惚中，那來自千年之前的柔情低語、撩人眼神，以及煽情的音樂、蕩漾的酒香，舉起的杯盞發出的清脆碰撞聲響便將我層層圍裹。那夜

第十三章　西湖情深

的他，跟隨從舅唐仲俊穿梭在燈火輝煌的西子湖畔，看空氣中漂浮出的迷幻的情愫，心中不禁有些忐忑。層層燈火中，無數豔妝女子粉墨登場，卻又讓他想起了白居易的經典詩句「亂花漸欲迷人眼」。

此時的臨安，此時的西湖，都陷入了暗夜之中，燈火璀璨，織出夢幻的色彩。整座城池都處在躁動不安中，燈紅酒綠，車水馬龍，人潮洶湧，百尺樓頭擠擠挨挨。許多慾望在生成，許多笑容在敷衍，許多故事在繼續。遠處，歌女清麗的嗓音，伴著舒緩的曲調輕輕傳來，誘人的情愫在朦朧的西湖上空纏繞，在他的心頭糾纏，不經意中，他又想起了那個與自己年紀彷彿的表妹唐蕙仙來。蕙仙，隔著多重變幻的燈光，他的目光悄然落在一個粉衣女子精緻的臉蛋上，心裡輕輕念起的卻是那個已然多年不見的表妹。如此美好的夜晚，如果蕙仙能看到這樣絢麗的燈火該有多好！

是的，已有很多年很多年沒有見到蕙仙，沒有再看到她那嬌俏機靈的模樣了，不知道她過得還好不好？循著歌聲，他輕輕嘆著，默默期待著自己和她能像傳說中的有情男女一樣，一場意外的西湖遇見便甜醉他們三生三世的夢。然而，蕙仙在哪裡，他又要去哪裡尋她？是在那燈火輝煌處，還是在那不盡的絲竹聲中？

蕙仙，輕輕念起她的名字，滿眼裡都是她嫋娜的身影，微微蹙起的眉頭，鎖著淡淡的喜悅，亦鎖著淡淡的哀愁。小時候，長輩們都說，等他長大了，便要替他把蕙仙娶過門來當媳婦，可現在他已經年屆弱冠，為什麼蕙仙還遲遲沒有成為他夢中的新娘？放眼望向那些穿梭在燈火中相偎相伴的紅男綠女，他的心竟生出些許惆悵。

蕙仙，妳可知，如果能在西子湖畔與妳邂逅，一場美麗的相遇定然會將妳那抹淺淡微笑於剎那間永恆成我心底無法磨滅的印記？想著她，念著她，朦朧中，他彷彿看到她穿著一襲婉約的羅裙，撐一把油紙傘，與他邂

第四卷　白羽腰間氣何壯

逅在西湖的煙雨季節。那窈窕的身影，宛若西湖的情結，在時光中柔軟著、妖嬈著，僅僅一個回眸，便優雅了千年的傳說。

穿越悠長的時空，他於幻象中尋尋覓覓，望著她綻放如花的笑靨，瞬間便驚豔了他幾多年少的情懷。當時，她是一朵戀上西湖的花，在煙雨中淋落了花瓣，淋溼了江南情結，是詩意的他喚醒了她的沉睡，然而她卻又在某個雨季裡，撐著一把油紙傘，在悠長悠長的雨巷盡頭與他漸行漸遠。如果，那時的她肯回頭，定會讀懂他呢喃的私語，總是在最不經意時為她芬芳著所有記憶的片段。

夢幻裡，越過大宋的風騷，沿著平平仄仄的路徑，他從春天裡走來，身後留下一陣餘香，她從紅塵深處脫穎而出，帶著浮影翩躚，偶然在愛的轉角路口相遇，眼神的剎那交會，篤定了幸福的焦點。

簾捲西風，誰在風中吟一闋〈醉花陰〉？暗香盈袖，他用恬靜在心尖為她填詞，頓時醉了西湖風光，醉了燈火眉眼。低頭，那一刻的溫柔，瞬間傾倒了前世的杯樽，迷失了孤單的行程。然而又是誰沉默了一首情詩，糾結了油紙傘的愛情，任淚水淋溼了詩行、斑駁了記憶？夢裡不知身是客，彼岸，吹皺了的是誰的相思？香屑臨風，到最後，終是凌亂了花的情事。

蕙仙。他又在輕輕喚她的名字。可知，那輕柔拂過妳面龐的微風，如跟我細長的手指捧著妳嬌豔的臉？可知，我在這燈火璀璨的西子湖畔說愛妳，心中始終都蕩漾著對未來的憧憬，未來有一個家，家中有我，也有妳？又可知，我願意看到妳幸福的模樣，我喜歡我們緊緊地相擁，永不分離？

回眸，他把思念寫在風裡，靈動的文字沒有了時差，沒有了束縛，月夜花香，淡藍色的天際，永遠藏有一顆玲瓏的心，那便是她存放的溫情。他笑望著她說，其實他只是一陣輕煙，在隨風飄蕩的時候，偶然落在她的

第十三章　西湖情深

手裡，只待她輕輕握著，生怕再次被風吹走。她含羞不語，只是淡淡地望著他笑，一臉的柔情蜜意。然後，她俯身嗅著淡淡的煙味，任他閉上雙眼感受她的柔情。躺在她的手心，那是從未有過的安然，那一刻，他便認定，此生，她是他最美的風景。

夜空下的溫馨，並沒有如同煙花綻放時的那般嫵媚絢麗，而是在黑暗的瞬間，被她深情捧著。也許，這就是煙花背後的幸福。美麗的時候，點綴大地的光芒；落寞的時候，倚靠在她的肩上，自有柔柔的情、淡淡的愛衍生而出，是那麼容易滿足、容易歡喜。

在他眼裡，她是一朵風情萬種的花。生長在鶯歌燕舞的春天，盛開在如火如荼的夏季，飄飛在錦瑟蕭條的秋日，化成呵護泥土的仙眷。每過一個季節的輪迴，她總是喜歡站在樹枝的頂端，頷首迎接他的到來，面帶安靜的笑容，靜靜聽風吹過，滿懷欣喜，期盼隨後而來的煙。儘管明明知道，煙，是輕浮的，是飄渺的，是流浪的，是薄情的，可她一點也不害怕，更是執意靠近，低吟說要和他廝守，直到永遠。

寒風乍起的時候，她總是擋在他身前，不讓它帶走他，於是，他便緊緊貼在她背後，一份強烈的安全感油然而生。就這樣，在她的呵護下，他自由飄著，偶爾矯情地望著她，拉著她陪他一起看流星雨，當天際劃過一道亮麗的弧線時，聽她撫琴一曲，任纖纖玉指擾亂寂靜，含笑對月。然而，他又是誰？是煙，還是那穿梭在花叢中的蝴蝶？或許，他更願意做一隻翩躚的蝴蝶，吸吮大地的陽光，拍打雙翼，只在她身邊追尋今生想要的幸福。

是的，他想做一隻蝶，一隻伴她左右的蝶。在明媚的午後，一隻展翼飛翔的蝴蝶看著碧波萬頃的西湖，波濤蕩漾，而彼岸正好有繁花滿城，於是，內心萌生的悸動一點一點在心底生長。然而，蝶和花終是隔著一泓碧

第四卷　白羽腰間氣何壯

水，蝶只能時常在湖的這頭遠望另一頭，默默許著花開花謝，總有一天會飛奔到花的身旁，聽花彈曲淺唱。

隨著日月推移，靜守的湖岸時而平靜如水，時而澎湃如潮，而蝶只能遠遠看著，多次躍躍欲試的衝動終於激起心中的火花──飛越彼岸。然而，蝶是否能夠成功抵達彼岸，而彼岸是否就是蝶的幸福歸宿？蝶沒有答案，也沒有勇氣給自己一個否定的結果，一切都是未知的。然而，蝶始終沒有放棄心中的念想，因為蝶看到彼岸的花兒，是那麼光華四射，那麼令人心動。

一次次的起飛，一次次的跌落，一次次的迴旋，一次次的徘徊，也一次次的絕望，在蝶經歷千次的飛越時，湖浪不再為難它，雨水不再打擊它，連清風也被感動，託著它的身子，輕輕擱置在花的海洋邊緣。

或許，花兒永遠不知道，蝶為了它，飽受滄桑，只為一生中最美的傾心相遇，更不會知道，當蝶微笑著躺在自己身旁時，那幸福的眼眸深處還藏有辛酸的淚滴。或許，蝶也不曾知道，花兒為了它的到來，已經穿梭了幾千個輪迴，輾轉了幾萬次零落，在明月升起的時候，始終堅定地等著它的歸期。是的，它們相遇了，它們在愛的世界裡徜徉，仍執意守著一個不離不棄的承諾，任憑時空逆轉，依然朝夕相伴，十指相扣，任幸福在心間迴盪……

然而，陸游和唐琬終會迎來蝶和花的美麗邂逅嗎？掬一捧水，塗不了夢裡江南的容顏，撐一柄傘，拈不來西子湖畔的守候，深深的雨巷，煙雨悽迷，在他單薄的年華裡，那個素顏的女子如驚鴻一瞥，掩映的笑顏仍然沉澱成記憶，亙在心裡、念在文字裡，卻不知何年何月才能共她花前月下，共唱一曲〈長相守〉。

第十四章　落花無語

　　夢後樓臺高鎖，酒醒簾幕低垂。去年春恨卻來時，落花人獨立，微雨燕雙飛。

　　記得小蘋初見，兩重心字羅衣。琵琶弦上說相思，當時明月在，曾照彩雲歸。

—— 晏幾道〈臨江仙〉

　　西子湖畔，通明的燈火裡，千年之後的我仍然看得見他的哀愁、他的惆悵，還有他長長短短的期盼與等待的喜悅。我知道，只是一年後，他便如願以償地抱得美人歸，娶了他心心繫念的表妹唐琬，可還沒來得及讓我分享他們的欣喜，那滑落額間的如絲細雨便又澆滅了我心中所有的期待，因為我又在不經意間想起了那闋哀慟欲絕的〈釵頭鳳〉，心頭唯餘淡淡的惆悵，宛若離殤。

　　漠然凝視那蕩氣迴腸、肝膽欲裂的絕唱，愛的誓言，便在寂寥中悄然縈繞心頭：「紅酥手，黃縢酒，滿城春色宮牆柳。……錯，錯，錯！」蒼涼至此，唐琬何堪？她那柔弱的身影，只能倚欄對月，垂淚遙對：「角聲寒，夜闌珊，怕人尋問，咽淚妝歡。瞞，瞞，瞞！」

　　追悔莫及的〈釵頭鳳〉，人間的絕唱，演繹出陸游與唐琬一生的錯過，那無以名狀的錯、莫、難、瞞，道出了他對錯過的愛，泣血的追悔莫及，亦道出了那難以名狀的愁緒、離索，即便有再多的掩飾也難掩淚痕，而積澱已久的悲慟更是難以消融。在這段驚世駭俗的愛情悲劇面前，我的心頭突然掠過難言的苦澀，心沉沉欲墜，切膚之痛瀰漫周身。

第四卷　白羽腰間氣何壯

　　茫茫人海，人生短暫，有多少風輕雲淡的日子會伴隨終身，有多少美麗的時光會擦肩而過，又有多少真誠的心願難以實現？卻是空有一腔柔情、一腔幽怨！古往今來的愛情傳奇萬千種，有一種愛，今生今世都不會擁有，但，今生今世也無法忘懷。日日夜夜在等待中守望，日日夜夜都沒有結果，這種愛沉重得如同千年的沉船，在靜謐的海底，任憑千百年的時光流逝，絕不隨波逐流，只沉著、等著、盼望著、幻想著，堅定不移，不聲不響，無人知曉。然而，人的一生會遇見這樣的愛情嗎？如果遇見了，又會牽手嗎，還是最終讓無能為力成為理由而放手各自離去呢？

　　曾經牽手在燈火闌珊處的愛情，是不是要等到放手之後，才會珍惜與懷念？千年之前的他是否懂得，放手是人間最悲哀的慘劇，是撕心裂肺的痛，是血淚成河的離殤？或許，歷經艱辛的他早已明白這個道理，但世間又哪裡有後悔藥可買？曾經那麼相愛的人，為什麼非要等到下意識地伸出手去，才發現無手可握，才意識到他所擁有的一切到最後只剩下空蕩蕩的兩袖寒風，而她卻早已在大地上隨風逝去了呢？

　　在母親的逼迫下，陸游和唐琬的婚姻僅僅維持了不到兩年，卻為他留下了一生的痛。我靜立雨中，任深秋的冷雨洗刷紛繁的思緒，心莫名地悲傷。十年後，他又回到了湖光山色的臨安城，回到了燈紅酒綠的西子湖畔。然而，這一次，他再也沒了十年前的如花期盼和抹著淡淡哀愁的喜悅，取而代之的卻是「落花人獨立，微雨燕雙飛」的寂寥，以及無盡的失落。

　　宋高宗紹興二十三年，西元1153年，經過十年的準備，二十九歲的陸游重返臨安參加進士試，並以出眾的文才，被主考官陳阜卿拔為頭籌，不料這一來卻得罪了位高權重的秦檜，陳阜卿更因此遭到排擠打壓。原來，那一年，已因門蔭制度而官居敷文閣待制的秦檜之孫秦塤也在臨安參加省試，陳阜卿不畏強權，愣是把才華卓絕的陸游取為第一，令存心要讓

第十四章　落花無語

秦壎通過省試、殿試，博取狀元及第榮譽的秦檜顏面盡失。但榜單已下，秦檜也是無可奈何，卻因此懷恨在心，想伺機報復陳阜卿與陸游。第二年，陸游與秦壎同時參加禮部試，陸游又被主考官取為第一，但秦檜卻以陸游主戰喜談收復中原，斷然將其除名，斷送了他的前程。

陸游不甘心。自跟隨罷官南歸的父親陸宰回到故鄉山陰以來，小小年紀的他便跟隨兩位兄長在父親購置的雙清堂、千巖亭中遍讀家中藏書，年紀稍長些後又師從江西派詩人曾幾習詩，深得其衣缽。自十六歲初赴舉場以來，陸游便以出眾的文采令人側目，名震東南。晚年時的他還曾寫詩記述過當時與眾文友在靈芝寺郊遊借榻的情景：

我年十六遊名場，靈芝借榻棲僧廊。

鐘聲才定履聲集，弟子堂上分兩廂。

燈籠一樣薄蠟紙，瑩如雲母含清光。

還家放學竟未暇，歲月已似奔車忙。

——　陸游〈燈籠〉

雖然十九歲那年進京赴試以失敗告終，但絲毫沒有動搖陸游的信心。十年來，他遵從母命，埋頭苦讀，希冀一朝金榜題名、光宗耀祖，甚至付出與唐琬離異的巨大代價，可沒想到最後換來的居然是被除名的結果，怎能不讓他悲憤莫名？為此，陸游曾寫詩記述當時悲憤的情緒：

言語日益工，風節顧弗競。

杞柳為杯棬，此豈真物性？

病夫背俗馳，梁甫時一詠。

奈何七尺軀，貴賤視趙孟！

——　陸游〈和陳魯山十詩以孟夏草木長遶屋樹扶疏為韻之一〉

第四卷　白羽腰間氣何壯

這次禮部試被除名對陸游的打擊是巨大的，影響也是深遠的。本已穩操勝券，幾乎所有人都認定新科狀元非他莫屬之際，誰也沒料到半路上會殺出個程咬金來毀了他的前程，為他惋惜的主考官陳阜卿更因此幾蹈危機。面對隻手遮天的秦檜，他也唯有把一腔悲憤寄予文字間。其晚年懷念恩師陳阜卿的詩作對此事仍有記述：

冀北當年浩莫分，斯人一顧每空群。

國家科第與風漢，天下英雄唯使君。

後進何人知大老？橫流無地寄斯文。

自憐衰鈍辜真賞，猶竊虛名海內聞。

——陸游〈陳阜卿先生為兩浙轉運司考試官時秦丞相孫以右文殿修撰來就試直欲首選阜卿得予文卷擢置第一秦氏大怒予明年既顯黜先生亦幾蹈危機偶秦公薨遂已予晚歲料理故書得先生手帖追感平昔作長句以識其事不知衰涕之集也〉

然而，秦檜畢竟是當時的權相，一個手無縛雞之力的文弱書生又能奈他何？他知道，自靖康之變，徽、欽二帝被擄北上，康王泥馬渡江，在江南草創基業後，上至朝臣、下至百姓，誰都清楚南宋的政權旁落，實際上掌權的並不是高居朝堂的宋高宗，而是那個曾經因為反對金人立張邦昌為帝而被擄至北方囚禁的權相秦檜。

靖康二年（1127 年）五月，宋徽宗第九子康王趙構受命於危難，在南京應天府（今河南商州）登基即位，是為高宗，並改年號建炎，偏安一隅。但金國並不滿足只取得中原之地，他們把目光對準了江淮，甚至是更遠的江南嶺南。因此，剛剛繼位的高宗還沒站穩腳跟，就開始了逃亡生涯。

建炎元年（1127 年）十月，為逃避金兵的追截，宋高宗一路逃至揚州，並於建炎三年（1129 年）二月從揚州過江，於十月抵達臨安，再從臨

第十四章 落花無語

安逃至陸游的故鄉越州。呆了幾天後，又從越州逃到明州。到了明州，三面環海，便又逃上海船，就連建炎四年（1130年）的元旦都是在溫州海邊的大船上度過的。也是天興南宋，金國的軍隊到了南方以後，發現補給線拉得太長有隨時被中原起義隊伍截斷的危險，三月間便從南方調回北方去了，這無疑讓趙構留下了喘息的機會。於是，四月間高宗便回到越州，改越州為紹興府，並於次年改年號為紹興元年（1131年），直到紹興二年（1132年）正月，才回到行在臨安。

而在這期間，被金人俘虜的秦檜於建炎四年被放還南宋，並逐漸取得宋高宗的信任。紹興元年，秦檜由參知政事改任右僕射，同中書門下平章事，但不久就因力主和議，主張將河北歸金，中原歸金人繼張邦昌之後所立的偽帝劉豫，並提出「南人歸南，北人歸北」的賣國論調引起輿論譁然而被罷相。紹興八年（1138年），秦檜被重新起用，再次拜相，從此後直到紹興二十年（1150年）他去世為止，獨攬朝綱整整十二年。復相之初，秦檜便是主持和議，凡是反對和議的大臣，如胡銓、曾開，以及最初贊同和議，希望利用機會整理內部，之後卻看穿秦檜賣國投敵的真相而堅決反對和議的參知政事李光，均受到排斥。紹興十一年除夕（1142年），又以「莫須有」的罪名殺死抗金名將岳飛，並將同樣主戰的名將韓世忠、張俊罷職，慫恿高宗向金國俯首稱臣，歲貢銀二十五萬兩、絹二十五萬匹，東以淮水為界，西以大散關為界，把北方六百三十二縣的土地和人民完全出賣給了金人。

岳飛、韓世忠、張俊、李光、曾開等重臣紛紛被秦檜的謠言擊毀，小小的陸游在秦檜眼裡就更加微不足道，要捏死他簡直易如反掌，面對秦氏的淫威和高宗的昏聵，又怎能不讓陸游感到失望心寒呢？漫步西湖之畔，心痛莫名裡，他又想起了唐琬，那個已與他分道揚鑣，改適他人的女子。

159

第四卷　白羽腰間氣何壯

　　一個是被懦弱丈夫拋棄的女子，一個是被昏庸朝廷辜負的學子，同樣悲涼的心境，再次讓陸游的心走近唐琬傷魂的世界。放眼望去，卻又不知紅塵的彼岸，那花究竟為誰綻放，又為誰零落成殤。此情無計可消除，才下眉頭，卻上心頭。思念是晨曦中的清新空氣，無處不在，回眸間，盈盈的思念溢位滿滿的情懷，隨風飄去有她的城池，只是不知，此時的她是否明白空氣中思念的味道究竟來自何方。

　　清風徐徐，月色如水。攬一片樹葉，揣一段往事，獨對一彎冷月，一種刻骨的柔情瞬間縈繞於腦海，更有無聲的寂寞在指尖滴落，徘徊復徘徊的，依舊是散不盡的惆悵與悲傷。多想，在歲月流芳的縫隙中沉靜地老去，任記憶散碎的時光擱淺在遙遠的彼岸，只信手拈來一片飄零的花瓣，然後微閉雙眼，將縷縷相思化入一場沒有歸期的相遇。

　　綰青絲，梳白髮，且念君，尚未歸！人生，沒有只若初見的開始，亦沒有只若初見的美麗。或許，他們注定是一場沒有結果的遇見，曾經的美麗再繽紛，也不過是為了書寫今天的蒼白。風兒如絲線般輕拂，空中朵朵流雲如棉，輕風舞動的衣袂，於花紅柳綠間飄躍，他一步一步，踏著他們曾經的足跡，行走在這桂子飄香的西子湖畔，默默祈禱上天助他尋求到一絲往昔的餘溫攬入懷中，只為讓自己不再思念侵骨、夜不能眠，只為讓自己不再孤單一輩子。

　　他知道，她去後，這一生，他們都無緣交集，就像已然逝去的曾經永遠不可複製，以後的以後，是笑是哭是悲傷是歡喜，只能是他一個人的事情。雖然明白他們的曾經已不再擁有明天，亦明白他們的曾經已在轉身的時刻成為永久的別離，只是，他依舊心念如初，而她，卻早已消逝不見。

　　浮華已遠，滄桑卻近在咫尺，花深似海的季節裡誰痛誰傷？記憶中的某些過往，青春遠去的某些片段，依舊或明媚、或憂傷地滑過他悲戚的面

第十四章　落花無語

龐,她給的甜蜜傷口亦始終伴著他在雷峰塔下停停走走,卻總是走不出心的桎梏。或許,在唐琬的時光裡,陸游不過是匆匆地擦肩而過,但他仍希望有一天,在車水馬龍的街頭,一眼就能瞥見人海中的她,不奢求什麼,只盼能讓她再看他一眼便足矣。可是,已經改適他人的她心裡還會留駐那曾為她梳妝畫眉的他嗎?

等了一天又一天,痛了一夜又一夜,還是沒有收到她的隻言片語。離別後,她真的不再想他了嗎?雖「縱再會,只恐恩情,難似當時」,可他卻是那斷翅的蝶,依舊在想她的世界裡隨風起舞,雖霜重霧濃、雨恨雲愁,終不反悔。習慣了等待,於是在愛的輪迴中,他無法抗拒地站回原點,卻不知道這樣的等待還要堅持多久才能看到她給的答案,更不知道如此的固守還能堅持多久,只怕最終等來的還是一個無望的結局。

舉頭望月,他在追悔莫及的悲慟中深深地嘆息。往事依舊在腦海中輕輕剝啄,早已茫昧的曾經繼續在眼前躑躅徘徊,而他終於明白,原來世間所有的塵緣不過是一場夢,再美也只是虛幻,他和她也終究只是歲月過客,到最後必然會散落天涯,所謂的地久天長,亦只不過是自欺欺人的誤會一場。

曾經的相依相偎,曾經的你儂我儂,都如這鋪滿星空的星子,閃閃爍爍,識不得真假,更辨不清方向。在流逝的歲月中,反覆淺斟低吟的還是她經年留下的斑駁回憶,無法遺忘的依舊是他每一夜的魂牽夢縈,然而,她的溫存早已不在,他的黑夜卻越來越暗,那空寂的光陰、迷亂的紅塵,幾番輪迴,早已物是人非。

時間,安靜地流過指縫,無聲無息。孤獨,堅守成幸福的姿態,在寂靜的夜裡順流而下,只任那斷腸的呼喚,一聲一聲飄散在季節之後。想她,念她,他揪著一顆心,整夜都無法合上眼睛,只能用蒼白的指尖,顫

第四卷　白羽腰間氣何壯

抖著指著風中的樹影,緩緩搖曳出淺淺的惆悵,然後,在時光凝結的瞬間,與她遙遙相望,繼續以鍾情的依戀,在眼底孵化出不盡的纏綿。俯身,輕輕拾起一片被風塵遺落的花瓣,任花香溫暖他一顆冰清玉潔的心,那濃濃的相思愁緒,再次惹起他無限的離情別緒,蕙仙啊,妳和我幾度輪迴幾世緣,為什麼竟總是在最美的季節遭遇落雨的欺凌,為什麼每一次聚首之後都有潮漲的淚水漫捲起一地濃愁?

相思瑤琴,無法喚回她的倩影,白色長袍卻在寂寞中淌下一簾幽夢。他終是無法將她忘懷,在失意的時候,更是將她深深想起。更深人靜,枕著她清晰的容顏,聽窗外荷塘裡傳來的幾聲蛙鳴不斷攪動夜的寧靜,他孤獨的心更加惆悵無依。岸邊,秋蟬也躲在依依的楊柳間發出它那歇斯底里的嘶鳴聲,彷彿過了今夜就沒有明日地向心愛的人做著傾情表白。可他的蕙仙呢?今夕何夕,他還能像從前那樣在窗下望著她輕訴心中的無限柔情蜜意嗎?不,不能。她已是別人的妻,他亦是別人的夫,更是幾個孩子的父親,又有什麼資格去思念一個不再屬於他的女人?

然而,房間的每一個角落都瀰漫著她的氣息,黑暗中,他又一次被寂寞深深包裹。紅塵寂寥,有的只是望不穿的華年流逝、嘗不盡的世事滄桑,哪裡還有她紅袖添香的明媚與溫婉?遙望天穹,殘月如鉤,卻是鉤不住與她的總總過往,到如今,究竟是該緬懷她清麗的容顏,還是祭奠他遺失的紅塵?雲舒雲捲,花開花謝,繁星似眸,眸深似海,卻是淹沒不了心中的蝶,到底,該如何才能重新擁著她的溫柔笑傲江湖?不知不覺,天邊已經泛起魚肚白,而他仍在沉沉的夢境裡,與她一葉扁舟翩然於海角天涯,隨著槳聲清唱,在煙波浩渺中飄遠,那卑微的靈魂依舊遊蕩在這蛙鳴蟬嘶的秋日裡,寧願孤獨成霜,也要把血凝成玫瑰綻放,任那折翼的蝶在那妖嬈而滴血的花間翩翩起舞、纏綿悱惻。

第十四章　落花無語

　　蕙仙，妳還好嗎？此去經年，已為人妻的妳是不是笑靨依舊、美貌依舊？那一年，那一月，那一日，妳許我一世傾城溫暖，我卻未能用三生三世許下的柔情鋪張妳的天荒地老。可是，妳知不知道，我是多麼希望能在生命的長河裡與妳再次相逢，與妳相扶到老？如果可以那樣，我就不會像現在這樣，總是在歲月的天涯裡流浪，在流夢裡輕輕地私語，低低地蔓延、徘徊、纏綿、留戀……

　　他不知道，當初遵奉母命，狠下心來休棄了他今生的最愛到底是對還是錯，但他明白，無論是從前、現在，還是將來，蕙仙都是他這輩子永恆的愛，而這份愛是已經替他生下兒女的繼配王宛今永遠都無法替代的。或許，一切的一切都是天注定，若非如此，又怎樣解釋今日的科舉失利？為了光耀門楣，為了金榜題名，為了狀元及第，他放棄了與蕙仙的婚姻，如果她知道她的離去換來的竟是這樣一個結果又會作何感想？

　　也許，就像花兒注定會凋零一樣，他和她的愛注定以有緣無分結局，那些深深淺淺的交集，也終不過是一枚不需詮釋的歲月印跡。朝朝暮暮的思念，無法割捨的情懷，散盡煙靄，拂去塵埃，終究撥弄了誰的情緣？愛那麼短，遺忘那麼長，望穿秋水，肝腸寸斷的柔情，在思念的眸光中舞弄碎影，於天長地久的夙願裡默然寫下一串湮滅的感動，卻又被燦爛的浮華帶走了眼前的滿園春色，獨留漸行漸遠的悲涼在他心間不停地湧起。

　　牽著時光的手，他依然一個人安靜地行走在西子湖畔。風，一如既往地吹拂著潔白的紗簾，捲起一簾幽幽的煙雨夢，他的心仍沐在有她的世界裡輕舞飛揚。曾幾何時，她是他旅途中最美的風景；曾幾何時，她停留在他的身邊，陪他一起走過春夏秋冬。而今，她已不在，思念無力，亦只能證明她曾經是他的唯一。淚眼問花，為什麼最初的美好，卻演變成如今的寂寞，孤注一擲的微笑，卻換來一世的淚眼滂沱？或許，有些人說再見是

第四卷　白羽腰間氣何壯

可以再見；有些人說再見就是再也不見。他終於明白，往日，已成往日，和她的遇見，終是一場沒有歸期的遇見。

是時短，卻恨時長，一生茫。誰的寂寞覆他華裳，誰的華裳覆他臂膀？有些人，有些事，有些愛戀，永遠都走不出一種羈絆，往事如煙飄過眼前，留下的只是一點淡然。我知道，一年後，他重又回到了山陰，回到了柳色青青的沈園，那個留下她無數倩影的園子，帶著他一年前在西湖畔許下的心願；我知道，他在那裡邂逅了已為人婦的唐琬，雙眸潮溼、思緒紛飛，讓所有的思念在筆下化作一行行多情的文字，留在灰白的牆上，留在纖薄的紙上，於書香墨味中雋永，唯願紅塵固守的記憶不再蒼白。

分分合合，聚聚散散，終是南柯一夢。天空，漸漸陰暗。風拂，雨傾斜，心潮溼。千年之後，我站在傷心橋畔，靜聽風吹雨聲在亙古的寂靜中訴說歲月依舊，再回首，縱隔著千里冰霜，亦依然看得見他臉上掛著的淡淡憂傷。他還在原地等她，她卻已經忘記曾來過這裡。何人知曉，幽幽我夢的淒涼，那些青澀而又繽紛的夢裡，總有著藍藍的天、淡淡的雲、綢綢的風，還有一個他永遠鍾情的窈窕背影？誰能明白，脈脈含情的雙眸，一直在凝望著一個悠長的等待，直到歲月淹沒了那如火如荼的情懷，還痴痴佇立在原地徘徊守望，卻早已忘了究竟要守望什麼的那一份痴情？

盤桓在記憶裡的畫面依舊清晰，回憶是一條永遠也走不完的路。對他來說，如果愛到不能愛，生，便已成一種奢侈。沈園別後，空氣中已沒了她的氣息在瀰漫，生活中已沒了她的身影在輾轉，霓裳的羽衣，在燈火闌珊處翩翩飄蕩，如痴如醉的，而眸底的心事，亦悄然爬上微蹙的眉尖，瞬間編織了迷濛的幻網，鎖住了整個春的世界。

她走了，他唯有將一地的心碎拾起，捧在手心裡，用眼淚來澆灌，用思念來攪拌，任由自己在寂寞的夢裡孤獨地迂迴，在無邊的黑暗中，站成

第十四章　落花無語

一棵相思樹,深埋在想她的泥土裡,只為來世能為她花開一季又一季。

低頭,淚滑指間,灑落一地。是他千年之前的淚,亦是我千年之後的淚。寂寥的夜,殘星點點,有絲許涼風在空中瀰漫,又漸漸消失於天涯之端。小窗幽深,冷光伴月,寂寞漫舞他亂了的長髮,任那望不穿的塵煙過往,緩緩吹冷他腮邊的熱淚,卻是誰又在萬籟俱寂後奏起一曲〈長相思〉,惹他心碎?總是為愛痴狂,幾世輪迴,卻終是天涯陌路,此時此刻,只想問一句,為什麼世人都說等待是彈指一揮間的事,而他的等待卻歷經了山高水長的遙遠?

往事蔥蘢,似水般清澈的目光,在霓虹的閃爍下不經意間拾起了那些遺留在意念中的久遠的故夢,我終於忍不住在窗下暗暗思量,這漫漫紅塵,誰不曾有過刻骨銘心的想念,誰不曾有過夢裡夢外的徘徊,誰又不曾有過對一樹春花的纏綿留戀?愛如何,恨又如何,縱然相逢一度,到最後只是聚散兩依依,無論是沈園的痴情花月,還是西子湖畔的璀璨燈火,皆如一縷輕風,雖然沾染了江南的柔媚風情,而身處其中的有情之人卻依然不知道下一個渡口會在何方出現。

第四卷　白羽腰間氣何壯

第十五章　客夢寧德

　　小閣藏春，閒窗鎖晝，畫堂無限深幽。篆香燒盡，日影下簾鉤。手種江梅更好，又何必、臨水登樓？無人到，寂寥恰似，何遜在揚州。

　　從來，如韻勝，難堪雨藉，不耐風揉。更誰家橫笛，吹動濃愁？莫恨香消玉減，須通道、掃跡難留。難言處，良窗淡月，疏影尚風流。

—— 李清照〈滿庭芳〉

　　乘一葉扁舟，在這花紅柳綠、草長鶯飛的三月，踏水而來。碧波瀲灩，載著我懷古的情傷，一路花雨，一路寂寞，一路嘆息，一路結著幽怨的惆悵……

　　行於輕煙淡水的寧德小城，我心中的一個結，繫在鴛鴦溪畔，倏忽禁錮了千年。倚於古色古香的蘭桂船頭，下一半兒珠穗玉簾，悵然眺望，透過煙雨濛濛的堤岸，長街曲巷、黛瓦粉牆、飛簷漏窗，若隱若現，縱有翠屏湖、太姥山的溫婉，但千樹桃花、十里垂柳，點破的卻是一紙遠古的夙願。

　　遠處，竹色的樂音裊裊瀰漫，是誰輕釦竹弦，又是誰舞弄簫管？是鶯歌，是燕語，還是縈縈繞繞、揮之不去的相思呢喃？晃動的水，晃動的心，晃動的歷歷在目。哪裡，才是千年之前的陸游朝思暮想、魂牽夢縈的去處？

　　船行至岸，我踏著微波，兩袖煙雲，腳步輕移於千年恍惚的夢裡。遠處，青煙裊裊，分不清哪裡是他的前世，哪裡又是我的今生。輕柔的雨絲

第十五章　客夢寧德

　　落入青石板鋪就的曲巷，苔蘚的嫩綠星星點點，合起印花綢傘，我彷彿看到她——陸游夢中的唐琬，正輕解玉珮玲瓏和裊裊披紗，一襲白裳，朝我走來的方向曳曳而行，似乎要追隨我去尋找夢裡來時的方向。

　　我在陸游千年之後的夢幻裡舉頭遠望，觸目所及的依然是小橋流水、漁舟唱晚、浣紗村姑、嬉戲囡童、亭臺樓閣……一切的一切，一如當初的模樣，似乎他從來不曾離開。而今，山依然，水依然，雨也依然，卻獨我共他飄然若逝的身影，寂寞地徘徊在青石板巷。我的淚眼迷茫了太久太長，珍珠色的一抹煙紫，卻透盡他眼裡的悲傷。

　　朦朧裡，我又看到對面的她，纖纖玉指滑過石壁上依附的千年綠苔，一滴清淚映出寂寞了千年的容顏，心不禁莫名疼痛起來。為何千年之後，她和他還是往返於分離和痛苦的邊緣？為何輪迴幾世，他和她依然徘徊不出夢囚的傷城？

　　雨點敲打著青瓦，綠水縈繞著白牆，她倚在靜幽深閨的窗畔，輕撫朱漆猶存的斑駁欄杆，想像當初倚闌舞扇的歡愉，恍若隔世。雨蝕的泛白木雕上，牡丹花瓣漸漸凋零，蛛絲掛滿了萎靡的紗帳，浮塵遮蓋了往昔的點滴。青銅燭臺裡，殘留著幾滴滄桑的燭淚，古菱花鏡裡，看不到笑點朱唇的紅顏。終於相信，她和他早已隔斷天涯。

　　然而，他們究竟做錯了什麼，在這迷囂的紅塵裡終是不得相見？回眸那綠柳成蔭的季節，積滿青苔的石板，蕩漾漣漪的湖水，綿綿悠長的細雨，那記載著她和他前世今生點滴記憶的所有風景和道具，她輕輕淺淺地唱，幽幽怨怨地訴。她不明白，她尋了千年的情郎為何還是沒有出現在她守候的世界裡？從山陰到臨安，從臨安到寧德，到底，還要等待多久，才能等到他的歸期？到底，還要尋覓多久，才能發現他的蹤跡？

　　迷濛裡，我恍若又看到了千年之前的她。也是楊柳依依的三月，為了

167

第四卷　白羽腰間氣何壯

　　與他前世的邂逅，她輕染桃花的嫣紅，淡塗碧荷的幽香，摘取綠柳的輕柔，簪出如雲的髮髻，採擷曠野的空靈，收藏湖水的清秀，描繪如水的容顏，輕披翩翩的羽裳，一路追尋。從山陰到臨安，從臨安到寧德，讓亙古柔情，在鴛鴦溪、太姥山的古韻裡，於他眼裡，美麗地氾濫。

　　千年的緣分，注定了她和他於鴛鴦溪畔的相會。

　　當他淋溼的儒衫出現於她寂寥的傘下，她髮梢盈盈的暗香亦已纏繞住他多情的目光。那一年，那一月，那一夜，他迷離的眼神，在雨幕朦朧中如晨星初起，凝視她的瞬間，心中的刺痛迅速劃過了千年的哀傷。

　　她知道，其實這是一份無望的孽緣，卻是她命中不可逃脫的劫難。她是他前世的妻，已在那個桃花飛謝的季節，於山陰城趙府大院內香消玉殞，成為孤苦無依的遊魂，注定死後也要與他纏綿。是的，她已經死去很久很久了，可還是放不下他，所以無論他走到哪裡，那一縷飄渺的芳魂總會嗅著他散發的氣息跟到哪裡。可是，為什麼每一次快要與他接近之際卻又擦肩而過了呢？她找不到他了，只能在鴛鴦溪畔無助地掬起一捧又一捧的清水，希冀水神娘娘能憐憫於她，讓她發現他已然錯失的蹤影。

　　一顆相思情種埋藏了千年萬年，只為今生來世都能成為他的娘子。猶記得，和他相處的日子，他總說她帶著一股無邪的仙氣，讓他流連，讓他忘返。白裙是她的最愛，油紙花傘是她最浪漫的情結，輕拂的蘭花指，醉了晚霞，牽來了明月，卻讓他感到莫名的悽絕。

　　只是，他不知道，為了這份姻緣，她違背了天理，不肯前去投胎，只為換得與他生死相隨，卻仍逃不脫天定的劫難。沈園的春天，她與他的生死別離、難分難捨，未能感動天地，卻遭到無情的詛咒，他又何曾知曉？於是，她只能在鑑湖畔苦苦流連，只待與他轉世相遇，再看他舞一把描金摺扇，再聽他吟誦王獻之的〈桃葉歌〉，再盼他舉著金光燦燦的鳳頭釵簪

第十五章　客夢寧德

於她的鬢間，共他纏綿繾綣，然後再殘忍的分離。

這是她和他的命。他們注定無法永遠廝守在一起，但因為心中有愛，儘管明白別離是他們最終的結局，她仍然不肯輕言放棄，無論如何，就算為他粉身碎骨、赴湯蹈火，她也要偎在他的懷裡感受最後一次的溫柔。然而，他的心裡到底還有沒有留駐她的地方？她知道，他早已更娶賢惠的宛今為妻，早已是幾個孩子的父親，享受著無盡的天倫之樂。而她，一個早已死去的棄婦又算得了什麼？所有的相思，所有的想念，換來的終不過是咬破嘴唇的點點唇血而已。

如果活著，縱是遭受婆婆的白眼、世人的唾棄、上天的譴責，她也要回到他的身邊去！她不明白，被婆婆責令趕出家門的時節，自己為什麼那麼懦弱，如果咬著牙堅持下去，或許就不會是今天這樣的結局了。可是，她明白，過去的已然過去，她和他，終是生死有別，再也回不到曾經卿卿我我、花前月下的從前，甚至再也無法知道他的消息，覓得他的蹤跡，更不知幾世輪迴才能與他冥冥相遇。

務觀，你到底在哪？她在鴛鴦溪畔撕心裂肺地喊著。鴛鴦溪啊鴛鴦溪啊，只羨鴛鴦不羨仙，為何，為何，偏偏在這裡讓我錯失他的蹤跡？她搖搖頭，沿著青石小徑，一路跌跌撞撞地繼續朝我身邊走來，嘴裡仍然不住地喊著務觀的名字。務觀，我找不見你了，我要回去了。她哽咽著唱了起來。她說，她會在斜風細雨的鑑湖畔，盼他、候他；她說，她會依舊長髮依依、素裙飄飄；她說，她會沿著西子湖畔的斷橋、蘇堤，一路把他尋覓；她說，她會期待他瞬間飄來的目光，在她心裡開成燦爛的丁香。從此，生命裡不會再有羈絆，不會再有天上人間的生離死別，在花開似錦的沈園裡，她和他會永遠相依、相偎。

透過千年的光陰，我看到唐琬悲傷的眸子裡溢滿了無助的幽怨。她也

第四卷　白羽腰間氣何壯

　　定定地看著我，彷彿想從我訝異失神的目光裡找到那個與她錯失的男人的蹤跡。可是她什麼也沒找見，於是繼續搖著頭朝前走去，瞬間便與我擦肩而過。她走了，這條路她走了八百多年，來來回回，反反覆覆。我不知道她還會不會沿著沈園的傷心橋，抑或西子湖畔的雷峰塔，再次覓到鴛鴦溪畔的寧德城。我只知道，西元1158年，宋高宗紹興二十八年，在秦檜死後三年，三十四歲的大詩人陸游終於在前輩的提攜下踏上仕途之路，出任福州寧德縣主簿，離開山陰，一路顛沛流離，來到我眼前的這座寧德小城。

　　憶著陸游的憂傷，望著唐琬的無依，淚水沾滿我如霜的面孔。近處，鴛鴦溪水面薄霧繚繞；遠處，五老峰下笛聲悠揚，傷魂的她在我眼前漸行漸遠。只一個轉身，愁雲便在我頭頂越堆越沉，腳旁草尖上的雨滴頓時摔碎一地，淡抹著花朵上偶爾照見的白雲。再回首，我悽然立於千年前她尋覓他的船頭，雄黃的烈酒撕碎了心、揉斷了腸，她潔淨的白裳，她憔悴的容顏，她如雲的青絲，都在我眼底寸寸成灰，漸漸瀰散在悵惘的煙雨中。

　　務觀，請你相信，不論要多長時間我才能夠重生，我都不會忘記沈園曾經的相會。既然無緣再見，那就讓我們就此別過，換得來生的白首不離吧！她悽絕的誓言在我耳畔重重縈繞，淚雨朦朧裡，我痴痴凝望她遠去的背影，只是最後一眼，卻看到她在細雨霏霏中，如一葉浮萍，輕輕墜落鴛鴦溪中，連一片水花都沒有濺起。

　　務觀，請你相信，我不要你看到我燃成灰燼的模樣，如果你贈我的鳳頭釵浮於水面，上面沾染的，一定是我生生世世覓你的心淚。她依然在唱，歌聲哀絕淒冷，遠處，白色的粉牆、青黛色的灰瓦、翹翹的飛簷、雕鏤的長廊，一一掠過我的眼簾，雙飛的燕子已在簷下安好了家。只是，他還會不會記得，曾有一個為他生、為他死的女子，行於水之上，盪舟於鄰

第十五章　客夢寧德

瀲碧波,含羞窺他清秀容顏,從此在他心裡生了根?

那一年秋天,他在寧德徜徉在她遠去的淚水裡傷懷,一如既往的執著造就了此生安靜的痛。不能說愛,因為她已走出他的世界;不能說不愛,因為心還在懷念,只期待時間能讓所有的恩怨灰飛煙滅,讓他們重續前緣。

紅塵有夢,來去匆匆的歲月,總是讓人難以挽留,那些思念如夏花般綻放,依然揮不去對凡塵的眷戀情結。都說距離很美,而他卻痛恨這距離,因為,是距離讓他和她分離,讓她和他陰陽分隔。此時此刻,在她看不到的地方,他把最深的眷戀通通給了她,唯願一場美麗的遇見,再為她大醉一場,哪怕自此後,她會永遠消失在他的世界裡,他還是願意為她守候下輩子,下下輩子,無怨無悔。

放眼望去,窗外那些青石板路上的青苔,早已荒蕪了時光,跌碎了亙古的、擱淺了的前世的緣。跌跌撞撞,一路尋來,雨中,他只想為她研磨所有的心事,縫補今生的重逢,為她撐起一把油紙傘,著一襲素衣白袍,在她必經的巷口,綽綽約約地,用最美的姿勢等她,等她一起邂逅江南的煙雨,在花樣的年華裡,與她共賦一段關於愛情的詩篇。如果她不來,他亦不願意老去,唯願在她的記憶中穿梭,用思念串起往昔的誓言,哪怕,千年、萬年。

抬眼望去,月瘦如眉,露重風輕。寂靜的空間,寂靜的他,那些沉重而單薄的誓言,在經久不衰的思念中蹉跎了整個秋天。驀然回首,將往事輕輕拋卻,滿腹的心事裡,纏繞的依舊是不息的離歌,擱淺的依舊是難耐的委屈。輕輕,蹙起眉頭,聽花落花開的聲音,遠處,卻是誰在淺吟低唱著盈盈憂傷,又是誰在紫陌紅塵的夢裡譜寫一曲傾耳的深情?

歲月、印痕、過往……一生?一世?永不分離?誓言就像被風吹落的

第四卷　白羽腰間氣何壯

飄絮,向時光的深處慢慢飄遠,再飄遠,而他卻在時光裡穿梭、告別,掙扎著想要遺忘那一段擱捨不下的情思卻又無法遺忘……想著她,念著她,捧著〈詩經〉,任由自己陷落到那個遙遠的年代,在那些早已泛黃的字句中找尋她曾經的蛛絲馬跡,從「關關雎鳩,在河之洲。窈窕淑女,君子好逑」,到「蒹葭蒼蒼,白露為霜。所謂伊人,在水一方」,卻始終沒有找到她的歸期。

桃木梳下,三千青絲,絲絲入扣,每一根髮絲都似乎在訴說著一種情愫。漫步庭前,且聽風吟,雨後的天空,有一種鉛華洗盡般的明亮,樹梢邊還掛有欲滴的雨珠,隨著柔風輕輕搖曳,灑落一地。抬頭,靜望著這片無盡的蒼穹,似乎承載了太多的淚水與辛酸,當微弱的呼吸覆蓋住所有的聲音時,只聽得時光在心痛裡無聲地呻吟。因此,當淚珠悄無聲息地劃過臉頰的瞬間,薄涼再一次侵襲他的身心。

憶往昔,風起含笑,雲湧般的歡樂點綴著暮春的畫卷,水墨江南在甜蜜的依偎下輕描淡寫,卻不意,再次緩緩走近那熟悉而又陌生的溫暖城池,落入眼中的卻是半邊煙沙,醉人惹憐。恍惚裡,他彷彿看見,天水之間,雲彩繽紛,她從浪漫的花叢中緩緩走來,淺笑嫣然,雙袖裡攜著一箋清詞,迎著他期待已久的目光鋪張而開,瞬間染出一幅煙雨之畫,於是,一場相遇、一種相惜、一份心疼、一段心靈之約,便又在他的憶念裡油然而生。

那時,她正是荳蔻之季,多愁善感的心思總是將一切擋於門外,內心的蒼涼是任何人都無法猜透的深淵。然而,也就在那個暮春,他乾淨明媚的笑顏輕易便破開她封鎖的防線,悄悄住進她靈魂深處。那時,夕陽的餘暉正好斜落在側邊,與他的身影恰恰摺疊成一個有型的「一」字,片刻之後的他便踏著輕盈的步伐,繞過她的身旁,臉上寫滿欲擒故縱的歡喜。那

第十五章　客夢寧德

　　時，她一襲白色衣裙，嬌羞著雙眼，輕輕掰弄著手指，想要靠近他，卻又害怕，害怕如煙的他將那份情生生葬在滾滾紅塵裡，以至他玉樹臨風地立於眼前，她卻只能故作茫然地張望。那時，他淺笑著問她，若是陌上花開千里，愛的天空下，她是不是願意傾其所有，與他紅塵攜手，直至終老？爾後，她篤定的眼神掃去一切疑惑的因子，愛得毫無保留，轉瞬博得他歡顏一笑。然而，此時此刻，遠逝的她還能在心中再將他深深淺淺地憶起嗎？

　　她總是那樣的端莊，那樣的文靜，一襲素裝，倚在古色古香的籐椅上，回眸一笑，傾國傾城，瞬間便甜醉了他的心緒。此去經年，這樣的身影一直縈繞著他，伴著他的夢境來來去去，可無論他怎樣努力，卻始終不曾再見到那襲素衣白裳的背影，讓他不得其意。蕙仙，妳到底在哪？妳決絕地離去，是因為還不能原諒我當初棄妳而去的不得已嗎？妳可知道，我是有苦衷的，我從不曾想要離開妳拋棄妳，可是，我沒有辦法，我妳能那樣，我……

　　夜色如水，微風傳韻，宛若江南煙雨的絲竹樂聲，慢慢化作淡淡的光暈，將心事輕輕挽起，結成她的羅髻，在他眼底飛快地流轉。然而，他知道，一切的美好都已在她離去後化為烏有，而他也早就錯過了曾經的花開，回眸處，所有的角落為他留下的只不過是大寫的追悔莫及。俱往矣，而今的他唯盼世間不再有錯過，哪怕與她雙雙化蝶，翩然於花間，從此生生世世相守，也都是幸福的，惹人心羨的啊！

　　路漫，情長，碎心腸；路長，情漫，醉紅塵。孤燈獨照，月無眠，心思千縷，揉成葉，方才知道珍惜，方才知道後悔。然而，她一如桃花的倩倩嫣笑，卻又早已與他剎那相失。曾經，她的愛情，是那樣的暖，那樣的真，穿越萬水千山，只希望看見他的歡顏笑靨，可是，那樣的愛情，那樣

第四卷　白羽腰間氣何壯

的婚姻，他要不起，到最後，為了斬斷她的執念，他只能說著讓她肝腸寸斷的話語，說著讓她和他都不能再回頭的傷心句子。最後的告別，他無視她的深情，固守著自己的底線，只因，他知道，在母親的威逼下，他們的結局早已寫定，分手是他們唯一的出路。經年之後，她會徹底忘了他，會重新過回她想要的幸福生活，只是，結局的深邃和慈悲，也許需要過上好多年，她才能體會得到。

俱往矣，俱往矣。蕙仙已隨清風去，再也回不到紅塵世間，再也無法體會他的悲傷、難過與情非得已。愛戀在她的世界經過後，他依然只是一個匆匆的過客，如一縷清風，在每個沒有她的夜晚飄忽來去。細雨紛飛，默默飄灑向大地，藉著潮溼的空氣瀰漫凌人的氣息，輕揉想念的碎片，終是雨無聲、心無聲、淚無聲。

街角相遇，轉角陌路，誰又能說是緣始，或是緣盡？喧囂的城池、寧靜的空間，總能在每個角落散發著一股淡淡的清香，聽說，那是想念在作祟，可想念過後又為他留下了些什麼？夢中相見的一剎，在腦海中瞬間定格，她的輪廓、她的微笑、她的容顏、她的言談舉止，似乎是一場沒有時間限制的皮影戲，在他眼底一遍遍地上演著，卻無非是增添了他的惆悵罷了。

夜已深，繁華的街道勾勒出迷離不安的餘悸。風雨交錯，九泉下的她是否已經安然入睡，抑或是正對望窗前，寄語彼岸？也許是彼此之間的心靈默契，當微風拂過臉龐之時，他分明能感覺到一種獨特的柔情，那是期盼許久的她的輕撫。時光的距離，被生死相隔的迢遙無限延長，伴著幽幽琴聲的安撫，端坐於書案前，他慢慢鋪開宣紙，輕輕寫下對她不休的念想。雖是隔著陰陽，隔著千山萬水，但心底的那份牽掛依舊隨著冷風飄雨始終伴在她身後。

第十六章　丹荔晚香

待著她的降臨嗎？

　　天黑了，夜深人靜，長夜難眠，相思如雨後春筍般瘋長，一發不可收拾，更無法遏制。思念在心底無休止地蔓延，看著案邊宣紙上剛剛落筆為她畫下的像，看那畫像裡她一如春日陽光般溫暖的笑靨，他的心有一點點痛，又有一點點欣慰。然而，紅塵痴夢，終只換得離人殘淚，此去經年，一別如斯，應是良辰美景虛設，縱有千種風情，更與何人說？

　　蕙仙，妳可知，今生今世，我只想陪著妳，與妳比翼齊飛，與妳一起看潮起潮落、花謝花開？只是，而今的妳我天各一方，我又該去哪裡找尋妳的身影？如果可以，我願意一直站在妳曾經期待的愛的家園——那個叫沈園的園子裡，默默地等妳，用心，用血，為妳寫下一首首動情的詩、一闋闋感人的詞，哪怕讓我在傷心橋畔歷經千年的等待，到最後被風乾成又一個美麗的傳說，也要用心為妳營造一個愛的港灣，讓妳的靈魂有一個愛的歸所。

　　枕著她不老的容顏，和淚，他在一葉素箋上，輕輕淺淺地寫下一闋〈青玉案〉，為她，亦為他的懷才不遇。總是在這樣的時刻，無可避免的傷感，而這份不盡的疼痛與失落，她又能明白幾分？她不在的日子裡，步入仕途又有什麼意義？一個小小的寧德縣主簿，無權無勢，亦不能為處於風雨飄搖中的南宋政權分擔憂愁，還不如就此解甲歸田，在那留下她音容笑貌的沈園裡再將她深深淺淺地憶起，哪怕是一生一世，他也願意。

　　西風挾雨聲翻浪，恰洗盡，黃茅瘴。老慣人間齊得喪，千巖高臥，五湖歸棹，替卻凌煙像。

　　故人小駐平戎帳，白羽腰間氣何壯！我老漁樵君將相，小槽紅酒，晚香丹荔，記取蠻江上。

　　　　　　　　　　　　　　——陸游〈青玉案・與朱景參會北嶺〉

第四卷　白羽腰間氣何壯

「西風挾雨聲翻浪,恰洗盡,黃茅瘴。」流沙漫天,舞盡蒼茫。秋風、疾雨,洗盡眼前彌漫的瘴氣,那窗外卻是誰的期待在輕舞飛揚?落紅滿地,散落下亙古的心傷,眼前模糊著的又是誰的影子依然在風雨中飄搖?擱淺的回憶裡仍藏有她寫不完的青春故事,淚水潮漲的時候,他仍倔強地為已經遠去的她許下一片溫柔,蕙仙啊蕙仙,妳可知,哪怕跌落痴情的深淵,我也會心甘情願地為妳永遠都做著那執迷不醒的夢?

漆黑的天望不到究竟是從哪裡開始飄落下這滂沱大雨,路邊的大樹被狂風吹得亂顫,泥濘的積水彷彿要吞滅整座城池,記憶中似乎從來沒看過如此大的暴雨,是不是,再這麼下下去,就連他的思念也要被洗刷一空?冰冷的雨水敲打在臉上,很痛,但滿懷悲傷的他卻只能緊緊抱住自己,一個人孤獨地走在平日香火旺盛的佛寺,在慈悲的佛像前,一任雨滴和淚水混合的苦澀瞬間擊垮他早已脆弱的靈魂。

懷著深深的寂寞,他站在人跡罕至的轉角處朝向虛空茫然地招手,不見她的微笑,也不見她的蹤影,放眼望去,只有進山燒香還願的善男信女偶爾從身畔擦肩而過,一個個,都帶著冷漠的神情和冰涼的氣息。淚,無休無止地落著,腳下湍急的水流把他迅速拉進黑暗的遠方,越是動情地走著,越是感到無比的孤獨與困惑。尷尬的風識趣地吹打著憔悴的臉龐,使他無力睜開那雙無助的眼,而腳下的水卻是越積越多,以至漸漸漫過膝蓋,但他的心卻在低低地念叨,若是就這樣靜靜地躺下,遠方的她是否會對他生出一點點的憐惜之情?

「老慣人間齊得喪,千巖高臥,五湖歸棹,替卻凌煙像。」歷經世事滄桑,三十四歲的他已將得失榮辱看得平淡,只想與她歸棹五湖、高臥千巖,何曾豔羨凌煙閣中那些輔佐唐太宗建功立業的功臣良將?

風雨中,彷彿遠處的風又揚起她的長髮,那是他十指無法觸及的溫柔。

第十六章　丹荔晚香

世事總是難料，在人生的每一個十字路口，花開花謝，不知道滄桑了多少的憂傷，而他從來沒有把她遺忘，為什麼，只是不經意的一個轉身，竟然把她遺失在溫情歲月的角落裡？忘記了曾經等過多少個春夏、經過多少個朝夕，只記得每個日落黃昏的地平線上，總有一個人的影子對映在夕陽的餘暉裡，淚眼矇矓中一直都在找尋那個角落裡曾經的故人，而那個影子背後站著的便是歷盡艱辛的他。蕙仙啊蕙仙，如果妳還在那個角落裡獨自哀傷，請記得有一個人一直站在原地等待妳的歸來，不管時間犯了怎樣的錯，記憶的沉澱總也抹不去曾經的美好，在平凡的歲月中，妳給的過去，依然是我最好的陪伴！

「故人小駐平戎帳，白羽腰間氣何壯！」她不在了，大宋朝的半壁江山亦已淪喪於北方的女真之手。雖然主張和議、賣國求榮的權相秦檜已於紹興二十五年死去，但那端坐朝堂之上的宋高宗仍是一味委曲求全，只把杭州當汴州，毫無半點恢復故日河山的意圖。宋徽宗、鄭皇后、宋欽宗、朱皇后，乃至高宗元配邢后均已崩於遙遠的窮山惡水間，唯一得以生還回歸南方的只有高宗的生母韋太后，卻也是歷經千辛萬苦、受盡欺凌。大宋的子民憤怒了，大宋的臣僚憤怒了，岳飛、張俊、韓世忠、劉光第，個個勇猛，誓要殺盡賊敵。可惜，岳飛被殺了，張俊、韓世忠被罷職了，以後的以後，朝堂之上還有誰會替大宋皇朝收復淪喪的土地？

憶往昔，唐太宗李世民駐守軍中營帳，腰間掛著白羽箭，一箭貫穿敵軍首領單雄信的槍刃，氣勢是何等的雄壯。而今，良將被殺、忠臣被貶，眼看淮北之地喪失殆盡，空有滿腹才華，卻無法替國家分擔憂愁，心中的失意自是無法言表。其實，他並非不想建功立業，讀了那麼多的詩書，甚至為博取功名忍痛與自己最愛的女子離異，然而數十年的寒窗苦讀、萬般的刻骨忍情，換來的就是人到中年的無所事事嗎？他已經三十四歲了，在從山陰取道溫州前往寧德的任職途中，他就發現自己華髮叢生，如果一味

第四卷　白羽腰間氣何壯

蹉跎下去，他又該拿什麼去見九泉之下的蕙仙？黃泉路上，如果蕙仙問他有沒有後悔過當初的選擇，他又該如何作答？

是的，他後悔。從忍痛答應母親唐氏休棄唐琬的那一刻起，他一直都活在深深的自責與無盡的悔意中。仰天問月，如果上天還肯再給他一次抉擇的機會，他一定會選擇蕙仙而放棄所有的功名。然而這一切又有什麼意義？他終是與她錯失，她亦再走不回他的世界，從此後，他終生要面對的都只是一個山河破碎的家國，還有那不知影蹤的她。

「我老漁樵君將相，小槽紅酒，晚香丹荔，記取蠻江上。」茫茫凡塵，相逢之人何其多，相知相守更何易？今生與她偶然的邂逅，是否就是彼此淪落在風中等待了千年的結果？回首，鑑湖畔的每一次擦肩與回望，還有那等待了千年的相思，都在這一刻如決堤的黃河一發不可收，而他的淚水早已是風雨交加的字尾。是否，她就是那在夢中，於紅塵的渡口，幾度回首望向他的青澀女子，只一凝眸，便帶著來生的誓言，剎那融入他痴情的世界，不再讓他有機會逃遁？

歲月在紅塵中留下了斑駁的記憶，走過了悠長的光陰，只留下一顆對她永遠赤誠的心。回首往事，總有一些跌宕起伏的經歷，總有一些陶醉在舊日時光裡的幸福，難以忘懷，留在深深的記憶裡。當時，聽一曲〈長相思〉，寫一闋〈釵頭鳳〉，縱是千年相思淚一朝盡，也不枉在人世的輪迴裡，與她偶遇的半生緣。或許，經年後，陪他共遊北山的同僚朱景參已經出將入相，像李世民和凌煙閣裡繪像的二十四功臣一樣建功立業，可他只願與她攜手前行，哪怕老於漁樵的生涯，仍是無怨無悔。

是的，只要有她相伴左右，他願意一生淡泊。從此後，他會任由小槽釀製的紅酒、晚熟的香荔枝，伴她春夏秋冬、一年四季地逍遙在蠻江上，更要用他溫情脈脈的呢喃，溫暖她疲憊的心田。然，千年之後的我卻看

第十六章　丹荔晚香

見，鴛鴦溪畔，他的悲傷仍在流轉，還是掩不住那些斑駁的流年，而那一紙隔世深情亦依然只凝固在一方夢裡風景的深處。我知道，陸游與唐琬，終是話已說盡、情已割捨，愛已不在、後會無期。

第四卷　白羽腰間氣何壯

第五卷
見事遲來四十年

　　插腳紅塵已是顛,更求平地上青天。新來有個生涯別,買斷煙波不用錢。

　　沽酒市,採菱船,醉聽風雨擁蓑眠。三山老子真堪笑,見事遲來四十年。

—— 陸游〈鷓鴣天〉

第十七章　吳山殘照

萬里車書盍會同，
江南豈有別疆封？
提兵百萬西湖上，
立刻吳山第一峰。

—— 完顏亮〈題西湖圖〉

狼煙的盡頭，詩詞的尾端，才子佳人的流連處，此刻，正蘸著飽滿的時光，淺淺地掠過歷史的煙塵，緩緩斜入青灰黛瓦的廊簷，一直延伸到那曾經的人間天堂——西湖。

風起來了，寒梅輕綻，疏影橫斜，暗香浮動。放眼望去，每一塊殘碑，每一段朽木，每一截斷壁，都浸在血色殘陽中。千年前，歌女遺留的體香、駿馬踢起的塵土、乳燕眷戀過的痕跡、瓷器破裂後的碎片、酒榭流轉的一絲殘香，都於我眼底默默沉寂在一堆堆荒蕪的雜草叢中。

西湖的美麗，在於三秋的桂子、十里的荷塘；在於湖岸的楊柳、清香的薰爐；在於曼妙的舞姿，還有那濃妝淡抹的歌女。穿過時空的隧道，她們婀娜的腳步撩起陣陣輕塵，從此，無數個朝代的詩人都在這裡徜徉、徘徊，也曾風光過，也曾失落過，也曾歡喜過，也曾悲傷過。很多人在她們流轉的秋波中不想走了，意志漸消、銳氣頻減，西湖便成了他們生命的廢墟，亦成了他們生命的終極。於是，西湖開始在孤山的寒梅下凝聚成一種氣韻，一種氣勢，在飄逸中禁錮，在禁錮中飄逸，湖面蕩漾著的不僅僅是

第十七章　吳山殘照

一泓清水，更是一湖思想和激情。

南渡的高宗不想回去了，主和的大臣不想回去了，有了「山外青山樓外樓」的絢麗世界，又哪裡管得了「只把杭州當汴州」的無奈？他們在歌女唱響的最後一曲輓歌聲中跌宕、沉淪、消退，卻不知道北方的金主完顏亮早就把覬覦的眼光對準了杭州，對準了西湖。因為北宋大文人柳永描寫杭州風光的一闋〈望海潮〉詞，使完顏亮心潮澎湃；因為聽說宋高宗寵幸的劉貴妃有絕世殊容，完顏亮更是心癢難熬。為了奪得江山，為了霸占美人，他開始了一番密謀，很快便決意南下與南宋一決雌雄。

東南形勝，三吳都會，錢塘自古繁華。煙柳畫橋，風簾翠幕，參差十萬人家。雲樹繞堤沙，怒濤捲霜雪，天塹無涯。市列珠璣，戶盈羅綺，競豪奢。

重湖疊巘獻清嘉，有三秋桂子，十里荷花。羌管弄晴，菱歌泛夜，嬉嬉釣叟蓮娃。千騎擁高牙，乘醉聽簫鼓，吟賞煙霞，異日圖將好景，歸去鳳池誇。

──柳永〈望海潮〉

誠然，杭州是美的，西湖是美的，柳永的詞是美的，劉貴妃也是美的。金主完顏亮在看到畫師呈上的西湖圖時終於按捺不住，下令將其製成屏風置於寢宮，並畫上自己立刻於吳山絕頂的像，且在圖上揮毫題詩一首，以表明自己揮鞭南下、直取臨安的志向：

萬里車書盡會同，
江南豈有別疆封？
提兵百萬西湖上，
立刻吳山第一峰。

──完顏亮〈題西湖圖〉

第五卷　見事遲來四十年

綺麗繁華，不過一夢；是非恩怨，過眼雲煙。一灣婉約的湖水，載著那些曾經的傳奇緩緩向東流去，帶走的是時間的匆匆，留下的是歲月的雋永。細雨瀝瀝裡，悵立西湖岸邊的我，看清風中柳條曼妙地舒展身姿，品一曲委婉的洞簫，任心的軌跡沿著夢的方向延伸，竟不知青煙繚繞、碧樹映襯處，如畫的江山究竟演繹出多少紅塵迷濛，又埋葬了多少斷腸客的往事。

恍惚裡，我彷彿聽到歌女們千年前唱響的那曲輓歌，心，莫名的憂傷、疼痛。往事已矣，如今，那些早已歸入歷史的舊事只能在那緩緩的流水，以及曾經的歌榭樓臺中去回味、尋找。

多少文人騷客，曾在這錦繡花開的西湖畔，盡情揮毫，抒寫心事；多少英雄豪傑，曾在這暖風中，望斷江山，空懷煩惱；多少絕代紅顏，曾在這些迷濛的場景中，倚窗獨立，心事深埋？我不知道，我只是在潮溼的空氣裡嗅到了濃豔的氣息，看到了古樸的風塵，又遠遠地望見了那個在崎嶇山路上蹣跚而來的陸務觀。是的，他來了，就在完顏亮積極籌劃南侵大計的時候，他，輕輕走向了福州，走向了臨安，走向了處於暴風驟雨中的南宋朝廷。

西元1159年，由於福建路提點刑獄公事樊茂實的舉薦，在寧德縣任職一年後的陸游調任福州決曹。又一年後，在時任左丞相的湯思退保舉下，陸游又調赴臨安，擔任敕定所刪定官，高高興興地離開福州北上。這一次，他是從水路走的，由溫州登陸，再經過括蒼、東陽北上，其有詩為證：

羈遊那復恨，奇觀有南溟。

浪蹴半空白，天梁無盡青。

吐吞交日月，澒洞戰雷霆。

醉後吹橫笛，魚龍亦出聽。

—— 陸游〈海中醉題，時雷雨初霽，天水相接也〉

第十七章　吳山殘照

樽酒如江綠，春愁抵草長。

但令閒一日，便擬醉千觴。

柳弱風禁絮，花殘雨漬香。

客遊還役役，心賞竟茫茫。

───陸游〈至永嘉〉

福州正月把離杯，

已見酴醾壓架開。

吳地春寒花漸晚，

北歸一路摘香來。

───陸游〈東陽觀酴醾〉

可以說，這次調職臨安，陸游的心情是輕鬆愉悅的。在敕令所供職的一年時間內，他主要負責編纂法令，地位並不顯要，官階也不高，但卻由此結識了很多志同道合的朋友，其中包括比他小一歲，日後成為南宋宰相的周必大。敕令所的工作雖不重要，但生活非常安寧，長此下去，陸游或許便會在閒逛西湖、與朋友喝花酒、做江西派詩中消磨一生。可是，時時刻刻盯著南宋朝廷的金人政權絲毫沒有放棄侵吞南方的野心。紹興三十一年（1161年），隨著完顏亮南下親征的消息不斷傳來，南宋君臣不由得心驚肉跳，而已於七月十二日調任大理司直的陸游更是無法不為國家的安危憂心忡忡，自是寢食難安，再也沒了任何遊湖賞景和言詩作賦的興致。

金人對南方的覬覦由來已久。紹興二十六年（1156年），暴君金廢帝完顏亮遷都燕京，同時積極準備重建汴州。宋人的東京汴梁，經過靖康之役已被破壞殆盡，後金人改稱其為南京，並作為日後發動南侵的基地。當時，南宋和金國之間相隔只是一條淮水，南北通使，不斷往來，因此金國準備作戰的消息，從紹興二十八年（1158年）起已經傳到南方，但宋高宗

第五卷　見事遲來四十年

還是不相信，直到紹興二十九年（1159年）年底才從金國派出的賀正旦使施宜生嘴裡得到了證實。

紹興三十一年五月是宋高宗的生辰，金國又派出賀生辰使高景山、王全前來祝賀，並替完顏亮傳話，說兩國向來以淮水為界，因私渡甚多無從杜絕，容易引起糾紛，主張以長江、漢水為界，好在其間土地貧瘠、人口不多，所有戶籍儘可歸南宋，金國所要的只是土地。完顏亮還提出要出巡南京，希望南宋朝廷屆時派一位大臣和皇帝身邊的一兩位親信同來商量和議，金國要南宋割讓長江以北的土地，且要派遣大臣到汴梁議和，最後，更是出兵威脅。為了震懾住宋高宗，王全甚至在金鑾殿上破口謾罵，並稱趙恆早已死在北方。趙恆是高宗的兄長欽宗，三十四年前被金人俘虜北上，高宗一直以為他還活著，現在從王全口裡得到他的死訊，痛不可當，不禁當殿嚎啕大哭，隨即起身回宮，匆匆結束了這次不愉快的會見。

戰爭，因為金國統治者的決心南侵而無法避免，高宗迫不得已，只好同意主戰的右丞相陳康伯的意見，決心與金人抗戰到底。自紹興十一年（1141年），高宗聽信權相秦檜之言，殺岳飛，罷張俊、韓世忠等抗金名將，與女真諦結合約換取暫時的休兵後，至今已過去了整整二十個年頭，當年能打能拼的宿將，不是死了就是老了，於是只好任命吳璘為四川制置使、成閔為荊襄制置使、劉錡為江淮制置使，形成三足鼎立之勢，但主要力量還是集中在老將劉錡鎮守的淮南、江東、浙西一帶。劉錡是與岳飛齊名的大將，在紹興十年（1140年）曾以四萬兵力在順昌大破金兀朮的十萬大軍，因此有著極高的威望。

紹興三十一年九月，完顏亮率軍南下，一邊分遣軍隊進攻川陝和荊襄兩路，一邊親率六十萬大軍直逼淮水清河口，與劉錡的軍隊進行了激烈的戰鬥。雙方你來我往，互有勝負，但由於南宋朝廷已經腐朽到無可挽救的

第十七章　吳山殘照

地步，竟然在十一月間讓完顏亮領著大軍直撲揚州而來，老將劉錡雖馭兵有術，但畢竟寡不敵眾，在與金人正面遭逢打了一個勝仗後，便全軍退到鎮江，實際上已形成南北劃江而守的形勢。不過，在淪陷區內，愛國群眾組織的一支支義兵隊伍有效地拖住了金人南下的步伐。由均州知州武矩帶領的一支民兵隊伍在鄧州等地與金兵苦苦作戰，十二月，相繼收復嵩州、長水縣、永寧縣、壽安縣，最終擊破西京洛陽。雖然這次勝利只是奇襲，沒能鞏固下來，但發揮了鼓舞人心的作用。消息傳到臨安，一直在幕後參與光復活動的陸游還特地作詩以表達內心的喜悅之情：

白髮將軍亦壯哉，西京昨夜捷書來。

胡兒敢作千年計，天意寧知一日回。

列聖仁恩深雨露，中興赦令疾風雷。

懸知寒食朝陵使，驛路梨花處處開。

—— 陸游〈聞武均州報已復西京〉

與此同時，金人內部矛盾逐漸突顯。留在遼東的金國貴族們早就對完顏亮心生不滿，遂擁戴完顏雍為帝，迅速引起金國政權內部混亂。完顏亮腹背受敵，決定破釜沉舟，留在瓜州渡積極準備渡江南下，並限定軍隊三日之內全部渡過長江，企圖以迅雷不及掩耳之勢擊敗南宋，化解他在北方的危機。然而，人算不如天算，金軍中忽然發生叛亂，完顏亮尚來不及南渡就被浙西兵馬都統制完顏元宜等砍傷，最後用繩勒死，以大氅裹屍而焚，卒年四十。完顏亮有生之年，既未能染指臨安，更未能目睹劉貴妃之絕世芳華。完顏亮一死，完顏雍迅速進入燕京，將政權牢牢控制在手中，南宋的大將成閔、李顯忠等人也相繼趁亂收復兩淮州郡，宋金雙方仍以淮水為界，各自的疆域和完顏亮南侵以前完全一樣。

紹興三十二年（1162年）春，南宋局勢已回覆原先的安定。二月，在

第五卷　見事遲來四十年

與完顏亮作戰過程中保全了南宋主力的老將劉錡在臨安都亭驛嘔血而死。陸游悲痛之餘，為這位功勳卓著卻未能被高宗信任的老將寫下了〈劉太尉輓歌辭〉，充分肯定了他的功績：

堅壁臨江日，人疑制敵疏。

安知百萬虜，銳盡浹旬餘。

智出常情表，功如定計初。

云何媚公者，不置篋中書？

——陸游〈劉太尉輓歌辭〉

劉錡一死，主和派與主戰派大臣之間又開始了激烈的明爭暗鬥。紹興三十一年冬，劉錡退至鎮江後，宋高宗於無奈之下，只好起用了他一直懷有戒心的老將張浚，命其判建康府兼行宮留守。這位久受貶斥的老臣，在風濤中從湖南趕往江東抗敵，及至金兵北退。一般士人都希望由張浚出任江淮宣撫使，擔當追擊的重任，可在高宗和張浚之間久已存在主和與主戰的矛盾，而張浚又為眾望所歸，更引起高宗猜忌，寧可將江淮宣撫使之位交給親信楊存中，也不肯交給張浚，由此一來，朝廷上主和的聲音又漸漸淹沒了主戰的聲音，收復失地又成為一紙空談。

此時的陸游調任樞密院編修官。樞密院是南宋的軍事領導機構，編修官名義上擔負編纂的職務，實際上是擔任祕書工作。恰恰就在這個時候，仍然堅持主和政策的宋高宗不顧民眾的心願，草擬了楊存中任江淮宣撫使的詔書，引起了給事中金安節、起居舍人兼中書舍人劉珙的不滿，在主戰派的丞相陳康伯的授意下，他們行使了自己的否決權，把高宗的詔書給退了回去。高宗看到眼前形勢不同以往，遂決意將皇位讓給年屆三十六歲的皇太子趙眘，並於同年六月宣布退位，自己與吳皇后退居德壽宮，稱太上皇。趙眘即位，是為孝宗，於次年改年號為隆興。

第十七章　吳山殘照

孝宗趙昚本非高宗親子，他的父親趙子偁是宋太祖趙匡胤之後，在徽宗時期，只是一位遠房的宗室，官至嘉興縣縣丞。東京陷落時，皇室近親都被金人擄至北方，所以建炎三年，高宗的獨子趙旉死後，便收養孝宗為子，繼而立為太子。孝宗在民間長大，對於中原的淪陷感到極為沉痛，因此關心武事，有收復失地的意圖，同時他對文學也很感興趣，一天他和周必大聊天，問起當今詩人誰能比得上唐代的李白，周必大說唯有陸游，從此後，陸游便有了「小李白」的雅號。

紹興三十二年十月，透過權知樞密事史浩和同知樞密院事黃祖舜的共同舉薦，孝宗特賜陸游進士出身。這年冬天，宋金雙方仍在淮河兩岸對峙，金國的內部矛盾經過一年的整肅已趨於穩定，金世宗完顏雍一方面加強了統治，穩固了自己的政權；一方面又在河南屯集十萬大軍，對南宋進行軍事威脅，強迫宋廷割讓唐、鄧、海、泗、商等地。面對金人的囂張氣焰和朝廷內部主和派投降賣敵的情勢，陸游揮灑豪情，寫下著名的〈上殿札子〉，請求孝宗振肅綱紀。朝廷因此下令在泗、豪、廬三州和盱眙駐紮軍隊，阻擋金兵南下，主戰派的頭又逐漸抬了起來。

隆興元年（1163年）正月，已決意與金人一戰的宋孝宗釋出了任命陳康伯為左丞相、史浩為右丞相兼樞密使、張浚為樞密使兼江淮都督的詔書。東南一帶的軍權完全交與老將張浚，對金人形成強大的威懾力。要收復失地，必須爭取外援，陳康伯的計畫是和西夏取得聯繫，牽制金人的右翼。正月二十一日，中書省和樞密院的大臣在中書省集合，定策以後，召陸游起草給西夏的國書。當時的西夏亦時常受到金人的壓迫，對於聯宋抗金的提議原則上是歡迎的，但在宋國的實力還沒有充分表現出來之前，西夏不會給南宋以具體的協助，更何況這次由陸游起草、陳康伯等重臣具名的國書直呼西夏皇帝為國主，沒給西夏以平等地位，從當時的情勢來看，自然是不會得到任何響應的。

第五卷　見事遲來四十年

　　同年二月，中書省、樞密院二府為了利用群眾力量與金人形成對峙，遂主張鼓勵北方人民發動起義，計劃讓起義軍在唐、鄧、海、泗州以北建立若干的節度政權，並由南宋朝廷賦予他們軍權、財權和司法權，而對南宋朝廷，他們每年只需承擔一次朝覲的義務，沒有任何其他的負擔，甚至這點象徵的負擔也可以委託他人代行，實際上就是獨立國了。主意拿定，二府便又招來陸游起草〈蠟彈省札〉，呼籲處於金人統治下的北方人民拿起武器反抗金人。但實際上這只是二府的紙上談兵，一切都只是建立在空中樓閣的虛幻之中，這些獨立小王國因為沒有中央集權帶領，相互間亦不可能取得良好的合作，更談不上統一指揮，這些小王國的建立只是為金人提供了各個擊破的機會。

　　三月，孝宗下詔修太上皇帝聖政。這是一種類似於實錄的記載，因太上皇還活著，所以不稱實錄而稱聖政，陸游因其出色的才華，被調至聖政所任職。在這裡，他結識了比他小一歲的著名詩人范成大。淳熙二年（1175年），范成大任四川制置使時，陸游亦曾出任他的幕僚。調至聖政所修太上皇聖政不久，陸游就因為言及孝宗近臣曾覿之私，引起孝宗不滿，於五月間被改任鎮江府通判。懷著不滿的情緒，陸游沒有直接前往鎮江赴任，而是回到了故鄉山陰，次年二月才到任。

　　在陸游返鄉期間，張浚不顧左右丞相陳康伯、史浩的反對，毅然上書請求用兵北伐，得到孝宗支持，遂發兵六萬，號稱二十萬，浩浩蕩蕩渡淮直上，於五月十四日進圍宿州，一鼓作氣拿下，取得了首次勝利，但由於帶兵的將領不和，這場準備得並不充分的戰爭僅僅持續了十天便以失敗告終，宋兵死傷無數，丟失的軍資器械更是不可計數。

　　這一來，南宋朝廷內部的主和派勢力又抬起了頭，他們在太上皇的支持下，於八月間與金人進行和議，打算割讓唐、鄧、海、泗四州，並向金

主稱姪,以換取暫時的和平。經過反覆磋商,到十一月間,和議內容已基本確定,孝宗便將和議經過向太上皇陳述,沒想到太上皇聽了後顯得相當高興,居然還說自己有一體己的禮物要送給金主。消息很快散布了出去,已經兵敗退回揚州的張浚再也坐不住了,立即派兒子張栻入奏,認為四州絕不可輕棄。孝宗聽了張浚父子的一番陳情,又開始動搖起來,遂吩咐侍從臺諫集議。

這時候,陳康伯、史浩已經雙雙罷相,孝宗再次起用主和派的湯思退為左丞相,並發表了張浚為右丞相的任命,同時又下令川、陝、荊、襄作好戰爭的準備,但不得先事妄舉。因為孝宗的主戰傾向,南宋與金國的戰爭隨時都有可能爆發,湯思退為阻止用兵,指斥主戰的臺諫,認為他們大言誤國以邀美名,並抬出太上皇壓制孝宗,遭到孝宗當面訓斥。湯思退一計未成,又慫恿心腹大臣向孝宗進言,奏稱兵少糧乏、器械未備,戰爭委實沒有把握,這一下,孝宗作戰的意志很快又動搖了,始終徘徊在主戰主和之間,經與朝臣反覆討論,也沒得出一個最終的決策。

第五卷　見事遲來四十年

第十八章　秋風鐵騎

懶向沙頭醉二瓶，喚君同賞小窗明，夕陽吹角最關情。

忙日苦多閒日少，新愁常續舊愁生，客中無伴怕群行。

—— 陸游〈浣溪沙·和無咎韻〉

宋孝宗隆興二年（1164 年）二月，在山陰休整了半年有餘後，心灰意懶的陸游終於在妻子宛今的勸說下，踏上了前往鎮江任職的路途。初至鎮江，孝宗就於三月一日下詔張浚巡視江淮，陸游亦得以與往來於建康、揚州等地的張浚接觸。對這位初到任的鎮江通判，身為陸家世交的張浚待其顧遇甚厚，而幕府中重要慕僚陳俊卿、馮方等人下榻通判衙門時，亦與其情篤甚好，「無日不相從」，每天談及的話題多為收復失地、光復河山，雖然他們這段時期的交往當時並沒留下什麼詩詞作為佐證，但從二十二年後陸游的〈書憤〉詩中，仍可略窺一斑：

早歲那知世事艱，

中原北望氣如山。

樓船夜雪瓜州渡，

鐵馬秋風大散關。

—— 陸游〈書憤〉

愜意的日子很快過去了。四月六日張浚奉詔還朝，十四日宋孝宗便下詔罷江淮都督府，僅僅過了十日，四月二十四日，宋孝宗又頒旨罷免了張浚的右丞相。張浚的罷免，自然是太上皇和湯思退合作的結果，實際上只

第十八章　秋風鐵騎

是紹興十一年故事的重演。那一年，若不殺岳飛，和議便無法達成，宋高宗和秦檜合作，完成了那一次的勾當；而這一次，又要和金人簽訂合約，不罷免主戰的張浚，和議又如何能成？

張浚被罷職後，江淮都督府中的幕僚也都星散了。首先遭到彈劾罷黜的便是在鎮江與陸游情同手足、無話不談的馮方與查籥，其間陸游亦有詩作表現了他這段時間極度沉悶的心緒：

臺省諸公日造朝，放慵別駕媿逍遙。
州如斗大真無事，日抵年長未易消。
午坐焚香常寂寂，晨興署字亦寥寥。
時平更喜戈船靜，閒看城邊帶雨潮。

——陸游〈逍遙〉

日復一日，月復一月。想起被貶的知交故友，陸游心痛難忍。八月，張浚在還家途中病逝的消息由前往鎮江探訪他的江淮都督府幕僚王景文傳來，陸游更是悲痛莫名。想起南宋又失去了一個依仗，陸游亦唯有和著熱淚在送王景文歸去的渡口寫下一首感懷詩，既痛悼老驥伏櫪的張浚，亦痛悼這看不清前景的國家：

張公遂如此，海內共悲辛。
逆虜猶遺種，皇天奪老臣。
深知萬言策，不愧九原人。
風雨津亭暮，辭君淚滿巾。

——陸游〈送王景文〉

王景文走了，陸游的心境愈趨苦悶，不久，他繼承張浚的遺志，向朝廷進〈上二府論都邑札子〉，提出建都建康的主張。南宋朝廷因主和派已

第五卷　見事遲來四十年

占據上風,這道札子傳到臨安後自然是石沉大海,他的愁苦也就更增進了一層。這年閏十一月,先前在臨安結識的大詩人許昌韓元吉前往鎮江探母,順道前來探訪,二人在鎮江盤桓了兩月有餘,因有好友的開導,陸游的心緒才逐漸平緩下來。

一年前,陸游接到調任鎮江通判的詔書,悲憤之下返回故里山陰,韓元吉曾在臨安作詩為他送行:

前年邊馬飲江水,烽火瓜州一水間。
正使樓船多戰士,要須京峴作重關。
平戎得路可橫槊,佐郡經時應賜環。
把酒賦詩甘露寺,眼中那更有金山。

—— 韓元吉〈送陸務觀得倅鎮江還越〉

一年後,二人於鎮江重逢,陸游亦寫有〈浣溪沙〉詞一闋,用清新委婉的筆調抒寫了二人深厚的情誼,亦表達了他無力報國的孤寂心情:

懶向沙頭醉二瓶,喚君同賞小窗明,夕陽吹角最關情。
忙日苦多閒日少,新愁常續舊愁生,客中無伴怕群行。

—— 陸游〈浣溪沙·和無咎韻〉

「懶向沙頭醉玉瓶,喚君同賞小窗明,夕陽吹角最關情。」浮生太短,戰爭頻仍,這些都不是他所能決定的,但他卻選擇了承受。那些獨行的日子,那雙握著未知的手,寂寞得猶如參加一場別人的晚宴,無論開始或是結束,都與自己無關。

無咎,你可知,金兵的囂張和殘酷讓我生出死亡一般的恐懼?邊境上,疲弱的將士相繼倒下,他們終將化作纍纍白骨淹沒在那廣袤的大地。我不敢看他們的眼,但從沒有想過放棄,就算灰飛煙滅,我也要緊握著手

第十八章　秋風鐵騎

中的奏摺死去，因為那奏摺上，是我給朝廷抵禦外虜的建議。

可是，孝宗始終在主和、主戰間搖擺不定，當劉錡和張浚這些主戰的大臣先後撒手西去後，太上皇竭力求和的思想又在整個朝堂上形成了一股不可逆轉的力量。該如何？該如何？還能如何！他愣愣盯著對面正襟危坐的韓無咎，唯有和著淚水勸他陪自己一起喝酒。已經很久很久沒有痛痛快快地大醉一場了，有些心事他總放不開，對他有知遇之恩的左丞相湯思退對國事的態度更讓他覺得力不從心，這時候除了飲酒，他還能做些什麼呢？

黃昏又至，帳外的營角吹得嗚咽作響，可那又有什麼用？大宋的半壁江山都已淪喪金人之手，而今就連唐、鄧、商、泗諸州也要拱手讓給金人，朝廷徵再多的兵駐守又能如何？只不過是木偶般的擺設罷了！舉起酒盞，他一邊大口大口地喝著，一邊淚眼模糊地望向沉默不語的韓無咎。突地想起小時候，曾和一個人爭奪母親送給他的海螺的往事。那是一隻很大的海螺，把耳朵貼上去，便可以聽到海潮般的聲音，鋪天蓋地卻又隱隱約約。而今，那人早已不在，只留他孤身一人守在寂寂的江畔，便是吹響那夢中的海螺又能如何？他輕輕嘆著，無咎啊無咎，你可知，那個離我而去的人就是我的表妹，亦是我的前妻唐琬？多少年了，她究竟走了多少年了？他痛苦地低下頭掰著手指輕輕數著，一年，兩年，五年，八年，十年……怎麼，她走了已有十個年頭了嗎？

清風徐徐，朗朗的夜空下，陸游又想起了唐琬，他的蕙仙。舉頭，那窗外相偎相依的明月星子，是否也在低語呢喃：願此生相依，夜夜流光月皎潔？原來他還是無法將她忘記，原來那年那月的純真與愛戀，並不曾因歲月的流逝而在時光隧道裡淹沒，即使生命終結了，真愛亦永存，就像今晚的月夜，如水般清澈純美，淡淡的清輝，照在他淡淡的心上。

第五卷　見事遲來四十年

　　問君何事輕別離,一年月能幾團圓?相聚的時間總是很短很短,分離的時日卻是很長很長。在寂靜的夜裡,只有他還倚在窗前,亮著一盞小燈,獨望蒼穹,那一彎月也因相思而瘦,折彎了的思念掛在夜空,寂寂灑著清輝。碎了的愛情,宛若冰的稜角,始終刺痛著、冰凍著那顆清清的純純的心,而他自始至終都無力改變什麼。他知道,愛情是這樣,友情也不能例外,短暫的相聚之後便是長久的分離,他和韓無咎的他鄉聚首亦終要面對長久的別離,但他什麼也不說,只是淡淡望著對面同樣靜坐不語的韓無咎,痛而不言、笑而不語。

　　「忙日苦多閒日少,新愁常續舊愁生,客中無伴怕群行。」明月無言灑清輝,初心誰見照青苔?淡淡地,心底湧現了無盡的唏噓,他實實在在地感受到大好的光陰似箭般流逝而去,四十二歲的自己已經有些老了。

　　她走了,國事亦艱辛,在鎮江的日子裡,自是忙碌的日子多清閒的日子少,然而依舊是舊愁未去,新愁又來。無咎啊無咎,我與她一別竟成永久的天涯陌路,流年裡,她就像美麗的花兒,依然綻放在我的心尖上,一年又一年,而我卻只能隱忍著無言的痛,默默承受所有的苦。

　　她去後,曾經如花的心事都成為風中逝去的諾言,如今身邊的故交也一個個離他遠去,客中無伴的他最怕與人成群結伴地行走在大街小巷,卻又無法排遣內心的悲憤,唯有默默勸慰自己,努力忘記一切,學那天上的雲兒隨風而逝,化雨莫成愁,只灑落清歡,而後又悠遊在天上。可是無咎也要走了,也要離他而去,就像當初蕙仙默然而去,不留一點點迴旋的餘地,以後的以後,他又要孤身一人流連在這寂寂的江畔,舉杯獨愁,默默流淚了。

　　是啊,怎能不讓他悲傷欲泣?愛情會讓他疼痛,友情亦讓他傷感。此去經年,何年何月,他才能再與無咎相望而坐、一醉方休?夜漸漸深了,窗

第十八章　秋風鐵騎

外下起了淅瀝小雨,是否雨下大了,無咎暫時就不用走了?其實,他很怕無咎就此離開,此刻他的身邊已經沒有多少朋友了,無咎走後,他還能在這異鄉苦撐多久呢?

清晨,破曉時那一記狠狠的鐘聲猛然敲醒睡夢中流連忘返的他。夢,又是夢!睜眼,起身,身旁的無咎仍然醉酒未醒,寂靜的晨光裡,唯餘孤獨的他,悄然想著自己的心思。輕輕擊打著額頭,靜靜冥想,昨夜的夢裡究竟有多少纏綿的故事帶他回到她的身旁?為什麼耳畔還迴旋著她無可奈何的憂傷淺唱?為什麼記憶中只殘留下這麼一點點恐懼的失落?

多少個日日夜夜裡,他都做著同樣的夢,夢中獨自一人站在瓢潑大雨裡,跑遍陌生城池的每個角落找尋她的蹤跡。那時那刻,時間彷彿停留在了某個靜止不變的瞬間,每一次都是哭著叫著她的名字與她擦肩而過,卻忘記涕淚四流時,自己已然醒來。這一切,九泉之下的她能知道嗎?陪他醉看人生的韓元吉又能知道嗎?那不過是一個華麗易碎的夢罷了,夢醒之後,他依然只能獨自抱著自己的影子哭泣!

流年似水,逝去的昨天總是在最不經意間留給他一記最深最痛的傷,可是,這傷痕中究竟是誰欠下了誰一世的情?獨自蜷縮在悲傷的笑靨裡,臉上還殘留著她走之後那未乾的淚痕。輕輕踱到窗前,窗外不知何時已飄落絲絲飛揚的鵝毛大雪,看著雪花敲打著枯黃的樹葉在風中自由搖擺,聽著遠處不時傳來的孩子們雪中堆雪人嬉鬧的笑聲,心,剎那間如刀絞般疼痛。

蕙仙已隨清風去,空餘他悲傷的笑靨在這一幕雪霧中變得淒涼冷清。回頭,望著仍在熟睡中的韓無咎,他輕輕地笑,心卻隨著唐琬模糊的身影漸行漸遠。眼看著冬天就要過去,春天就要來了,可他還會等到生命裡的第二個春天嗎?默然,輕笑,原本無意觸碰她的溫柔,卻又被夢幻中的她

第五卷　見事遲來四十年

溫柔地俘獲,遠處風景依然,記憶卻已滄海桑田,蕩然無存的生死契約只在靈魂經過處留下一聲哀怨的嘆息,她的離開,早已變成他今生最大的守候。

或許,人生就像一出美豔絕倫的歌舞,有些故事短暫得讓他來不及回味,有些夢想荒蕪得讓他等不到春天,還有些人匆忙得讓他來不及熟悉。然而,當相守的日子裡與她不期而遇,攜手依然是那樣的浪漫,那樣的曼妙。只是,他還要再等多久,他心中思念的蕙仙才會回來,才會穿越冥河、走過奈何橋,再次走到他的身邊,在睏意綿延的午後為他泡上一杯清爽怡然的茶,輕輕依偎在他懷裡聽他敘說那段沒有她的光陰裡溜走的故事?

或許,她再也不會回來;或許,她一直都守在他身邊;或許,只要肯等,她終將回來;或許,見與不見,都已成惘然……可是,在這淒冷的拂曉裡,他仍然將她深深淺淺地想起,想起她鬢間插著的那支金光燦燦的鳳頭釵,想起她題在沈園牆上的那闋〈釵頭鳳〉,想起鑑湖畔、蘭亭邊、三山下、清荷小苑裡,與她牽手度過的一個個花前月下、纏綿悱惻的日子。他還記得,去年夏天回山陰時曾特地去沈園緬懷憑弔過她的芳蹤,在他踏進芳草萋萋的園內時,一抹斜陽正好將斷壁殘垣的影子拉得長長的,而她寫下的那些字跡卻在光影的反射中顯得更加冷冷清清、寂寥滄桑。

他已看不到她的身影,聽不到她的聲音,但那支見證了他們婚姻的鳳頭釵卻始終縈繞在他腦海中揮之不去。鳳頭釵啊鳳頭釵,它不僅見證了他們相愛時的兩心相依、兩情相悅,更見證了他們分手後的各自寂寞、各自飄零。分開後,他們一個違心地嫁了,一個違心地娶了,本以為煙消雲散、彼此兩忘,沒想到十年後的重逢卻又替他們揭開了另一場悲劇的序幕。淚眼相看,「春如舊,人空瘦」,剪不斷理還亂的憂鬱,化作兩闋溫柔繾綣的〈釵頭鳳〉,銘記了那段過往的愛情,跨越了時空,終年在春風秋

第十八章　秋風鐵騎

雨裡哀哀地唱。此去經年，他亦漸漸明白，沈園其實就是「一懷愁緒，幾年離索」的斷腸地，就是不能永成眷屬的有情人「山盟雖在，錦書難託」的傷心處，就是寫滿了「錯錯錯」、「莫莫莫」的愛情墓碑。然而，他還是想去，還是要去，只要他還活著，他就要去那裡走一走、看一看，哪怕痛徹心腑，哪怕肝腸寸斷。

雪，越下越大。迷濛中，他彷彿聽到遙遠的沈園上空飄遊浮縷縷樂聲，那是蕙仙在傷心橋畔彈琴，曲調哀怨而又憂鬱。她又在想自己了嗎？可自己什麼時候才能回歸故里，再去她的墳上為她添一抔新土？蕙仙啊蕙仙，妳還記得否，曾經，那個春暖花開的日子裡，妳牽著我的手，邁過高高的門檻，笑語如珠地走進那雅致的沈園中？

那時的妳，是那麼的嬌俏，那麼的活潑，那麼的機靈，那麼的快樂，那麼的無憂無慮；那時的妳，拉著我的手在沈園的牆邊栽下株株新柳，臉上寫著一如既往的羞澀與靦腆；那時的妳，喜歡春天的燕子、夏天的蝴蝶、秋天的蜻蜓以及冬天覓食的鳥兒站在枝頭歡快地吟唱；那時的妳，喜歡在清涼的早晨、薄暮的黃昏，坐在「斷雲」石上，在隨風而擺的垂柳下為我撫琴一曲、低吟輕唱……

可是，妳知不知道，那時的我，是多麼喜歡跟妳一起在竹林裡追逐嬉戲；是多麼喜歡看妳倒映在池塘裡的婀娜身影；是多麼喜歡看妳在園子裡和婢女們歡快地蕩著鞦韆，待香汗滲出時輕解羅衫的嫵媚；又是多麼喜歡聽花叢中傳來的你的清脆的笑聲？而今，妳不在了，我卻只能在柳絮飄飛的沈園裡，在不老的紅塵迷戀中，在這大雪飛揚的世界裡靜靜感受有妳的氣息，只是妳真的還在嗎，我的蕙仙？

無咎，快起床吧！轉身，他從飄渺的思緒裡重新回到淒涼的現實世界中，伸過手，輕輕拍打著睡眼惺忪的韓元吉。無咎，快起來看雪吧！窗外

第五卷　見事遲來四十年

已是白茫茫一片，銀裝素裹得比去年豐滿多了。只是，這場大雪會讓你即將遠去的腳步稍稍駐留嗎？蕙仙已經走了，父親陸寬也早於紹興十八年仙逝，張浚幕府中結識的朋友馮方與查籥已被貶斥放逐，臨安的摯交周必大、范成大亦不在身邊，你若走了，我身邊是真的再也沒有半個朋友了啊！

然而韓元吉還是走了，走在那個飄雪後的季節。韓元吉走的時候已至次年初春，宋孝宗在一片辭舊迎新的爆竹聲中改元乾道。守在孤寂的鎮江城頭，陸游仍在懷念故人，仍在思慕他的愛人，仍在時刻冥想他的沈園和她的鳳頭釵，仍然執著地守候在一場沒有結果的等待裡，直到這年夏天，他等來朝廷頒布的調任隆興府通判的詔書，匆匆離開鎮江、踏上南去的征途，也未嘗停歇他的等待。

第十九章　煙波渺渺

　　插腳紅塵已是顛，更求平地上青天。新來有個生涯別，買斷煙波不用錢。

　　沽酒市，採菱船，醉聽風雨擁蓑眠。三山老子真堪笑，見事遲來四十年。

—— 陸游〈鷓鴣天〉

　　宋孝宗乾道元年（1163年）夏，孤身一人的陸游自鎮江踏上了遠去隆興府的征途。隆興府是江西南昌的別稱，陸游這次調任雖然官職還和以前一樣，但因為南昌離戰爭前線更加遙遠，實際上可以看作是一次貶斥，接到詔令後，陸游心境自是失落到極點。

　　可即使這樣，高居朝堂之上的主和派還是沒放過他，他們認定陸游是調唆張浚用兵的激進帳子，應給予適當的懲戒。於是，乾道二年（1164年）初，御史對陸游提出彈劾，以「交結臺諫，鼓唱是非，力說張浚用兵」的名義為他定下罪狀，最後號職了事。三月，陸游帶著憤懣的心情從南昌出發，經臨川取道還鄉，於五月底抵達山陰，開始著手營建位於鑑湖畔的三山住宅，已做好終老鄉下的心理準備。

　　八年了。從三十四歲始任職寧德縣主簿，到四十二歲初在隆興府通判任上遭朝臣彈劾，丟官棄祿，由南昌回歸山陰故里，已經整整走過了八個年頭。這八年裡，高宗退位了，孝宗登基了，南宋和金國發生了多次軍事摩擦，大臣們亦分為主和與主戰兩派，雙方在朝堂內外進行了無數次激烈交鋒。儘管有劉錡、張浚等誓死與金人決一死戰的老將紛紛站出來為國請

第五卷 見事遲來四十年

命,但因為有太上皇在背後支持主和派,主戰派終究敗下陣來,南宋朝廷還是未能光復大宋故土,老百姓的日子仍是得過且過,作為命官的陸游也不能例外。罷了,罷了!或許,無官一身輕倒是樁好事,至少他可以在山陰老宅重溫兒女繞膝的天倫之樂,亦可以時常去沈園憑弔唐琬,又有什麼不好的呢?

蕙仙,我又回來了。放眼碧波萬頃的鑑湖,四十二歲的陸游自是心潮澎湃、思緒萬千。八年了,他按照母親唐氏的意願步上仕途之路,卻始終未能光宗耀祖,最後還被黜職回裡,這是不是意味著當初對蕙仙的放手是大錯特錯呢?是的,儘管他不願意說出口,但心裡卻是透亮的,放開她,是他今生最大的過錯。可是,紅塵萬里,歸來的遊子又要去哪裡再覓她往日的芳蹤?

細雨中的鑑湖拖著淡淡的水霧,在夕陽的影子裡潺潺流淌。古老的碼頭如同一首古老的情歌在風中輕輕鳴唱。船兒搖搖晃晃,在湖中輕搖慢晃地蕩著,輕輕託著船上的人兒,怕水的姑娘捏痛了情郎,那一朵一朵的心事開在一雙雙柔美的手上,於是,幸福的快感瞬間綻滿一汪碧綠的心湖,在嬌痴兒女的心中搖搖晃晃,好似被詩人輕輕敲出的一段一段細碎聲響,漫過一波波欣賞的目光,把人帶進一個神祕而又美不勝收的神奇世界。

放眼望去,被柔潤細雨打溼的鳥聲,一珠一珠落進湖裡,那一波一波的漣漪,在鑑湖的心中,一叢一叢地綻放。一對木槳,敲開一朵一朵的浪花,他坐在船頭,看船兒犁開一壟一壟的詩行,在碧綠的湖水中一首一首地朗誦,看湖岸的垂柳窈窕多情的身影,搖醉無數驚羨的目光,在鑑湖柔嫩的肌膚上,抹上一道道清麗的流痕,心中有著說不出的愜意。可是,這樣的美景,蕙仙怕是再也看不到了吧?淋著鑑湖的柔雨,掐一把雨絲,揣在心上,翻開過往的故事,默默想著她、念著她,惆悵又一次深深攫住了

第十九章　煙波渺渺

他那顆早已破碎了的心。

總是在最不經意時，思念最深，可她不在，這滿目的絢爛他又該向誰人訴起？該歡喜時總是惆悵起無名，他不知道，是不是人生的每一次綻放都會像湖面上激起的漣漪瞬間便即凋零，更不知道，是不是世間的所有明媚最後都會在眼底淪落成殤。花落時，總是寂靜無語，把相思隱藏在最深的落寞裡；而愛著的時候，總有快樂舒展在眉眼、幸福蔓延在心間。只是，當光陰把一切都席捲而去時，所有的美好，所有的纏綿，所有的歡喜，也都變作了舊時的遠夢，再也找尋不見。

一個人獨酌的日子裡，綿軟的情意，漸漸淡了、遠了，只有無休無止的思念，依舊糾結在薄涼的時光裡，終成為眼底破碎的印記。那些風吹過的地方，那些被暖風縈繞的日子，都被時光慢慢融化了，而她依舊是他心裡最深的珍重。回首之時，昨日的清曲猶在耳畔迴響，緩緩流入心底，可是如今，花非花，夢亦非夢，昔日溫暖早已泛黃，只落得滿地傷痕，伴著他滿腔惆悵離情，在歲月裡飄緲、沉澱。

如果離情不是用來訴說的，那麼心裡滿漾的這一片幽思又有誰人能解？猶記那年春暖花開時，有一場盛大的煙火在她和他之間絢爛地綻放，而今，光陰如煙般散去不復返，才看清，那些悲歡離合，彷彿在遇見的最初，早成定數。凝眸，明媚的夏天，在他憂鬱的目光中用萬種風情的姿態宣告著一個注定的結局，那些早就斑駁了的誓言，亦在雞毛蒜皮的瑣事中，散落成一地的碎片，而他只看見，兩顆心的距離，被時空拉得越來越遠，每走一步都是不盡的苦楚與難耐的苦澀。

繁華落盡了，生命漸成空虛，一個人緩緩走到人生的中途，卻發現，所有的承諾與夢想都再也無法繼續，只餘亙古的蒼茫在前方等著他。他知道，他和她終是帶著難以逆轉的隔閡，帶著難以追索的茫然，帶著痛徹心

第五卷　見事遲來四十年

腑的悲慟，分別把原來的自己狠狠地隱藏了起來，隱藏在彼此都找尋不見的角落，互相折磨著對方，卻又無法給自己一個解脫的破口，所以今後的路上，亦注定了痛苦悲傷永不落寂。然，當初那一句句疏離決絕、充滿涼意的狠話，是不是只為了讓那個故事匆匆散場，讓她不再受到更多的傷害？抬頭，頭頂的天空，依舊鋪滿金澄澄的燦爛陽光，依舊是那麼的藍，那麼的空闊，卻不意，想著她，憶著她，只是一個轉身的瞬間，映入他眼底的這明媚鮮活的一切，卻又都變成了無盡的荒涼與悽楚。

　　歲月無聲，光陰無情，愛情總是太奢侈。那些美好年華裡的柔情相待，那些散落在風中的誓言，於他而言，或許都只是虛無的錦上花，在日復一日的顛沛流離中，逐漸凋謝了芳華，再也無法明亮他的眼神。看千帆過盡，他已無力背負這沉重的情傷，恰一如蝴蝶拼盡了全身的氣力依然飛不過滄海，但他還是執著著不肯選擇放棄，還是在期待與她相見的機緣。怎麼可以不再見了呢？無論紅塵曾碾壓過多少芳夢，也不管離散的那一瞬這一生的情緣早就斷帛裂錦，再也留不住、握不緊，他也要與命運繼續抗衡。

　　柔柔的細雨輕輕淋開他潮溼的心扉，枕著她憔悴的容顏，淚眼模糊裡，才恍然明白，原來這世上有一種愛，叫做情到深處無怨尤。猶記得，那些乾癟了的年月裡，無論他讓她受盡多少委屈，歷經多少滄桑，而她總是因為深愛，不恨、不怨、不悔地依舊愛他，即使天地之大，也無處可以容得下那份愛情，卻仍然深深愛，哪怕愛的那個人不是最好、不是最美，甚至不曾以誠相待，但在真正的愛情面前，她從來沒有計較，從來都是無怨無悔。

　　往事依稀，只換得他無限悵惘。置身於熾熱無比的夏日，掌心卻是異常冰冷。盛夏的夜晚，鑑湖兩岸顯得格外寂靜，也許大地在沉睡之後便忘記了所有，而他的靈魂則在子夜時分默默飄蕩，一如既往地等待著太陽從

第十九章　煙波渺渺

地平線升起，等待著她的出現。望著朦朧空寂的天空，看鉛華如洗的月色緩緩穿過點點微光的雲層，落入眼裡的卻是一片不盡的黑暗，於是，終於開始明白，逝去的歲月是無論如何也打撈不起曾經歡笑的容顏了，而昔日最真、最純的依戀，也就這樣隨著時光一同慢慢老去，最後被悄無聲息地埋在光陰的隧道裡，乃至徹底的湮滅，而這一切，他不會看得見，她亦觸碰不到。

　　倚著歲月的年輪，他倚在小舟上輕輕嘆息。相知是緣，相離亦是緣，怎奈緣似海深，也敵不過現實的炎涼。風吹著記憶，花含著淚滴，雨迎著淺笑，月凝結一地的霜華，是怎樣的疲憊才會讓兩顆相守的心不再相依，是怎樣的無奈才會讓那份濃濃的情轉眼成為過去，又是怎樣的隱忍才會動搖曾許下的不離不棄？

　　還記得，那些年，一路相扶著走過春夏秋冬，看逝去的落葉在半空中飛舞，他總會張開雙手，為她，輕輕握住春的溫暖，攤開夏的浪漫，放飛秋的淒涼，擁抱冬的暖陽，而她亦總是笑靨如花，用心把他珍藏。就這樣，他傾其所有，心甘情願地用心用情為她守候，日復一日、年復一年地攜手徜徉在愛的軌道上，或是歡笑，或是沉默，或是兩兩相望，或是幸福熱擁，總不忘踩著紅塵中最薄最淡的一縷陽光隨風飄揚，然後，讓那份濃濃的愛在彼此的心底沉澱，千百回之後，又任其歸根於靈魂深處，再也分不清哪個是她哪個是他。然，當初轉身離去的那一瞬，薄涼的究竟是這似水年華，還是絕情的自己？

　　不曾想過，在這個如水的夜晚，憶起往事，竟還是這般心疼。夜，每每都是那麼寂靜徹涼；風，每每都是那麼寒涼刺骨，而習慣沉默的他總是蜷縮於黑夜的一隅，時常低吟著離別時的誓言。終究是愛過了，心鎖了，人去了，情飛了，而那些殘留在記憶裡的點點滴滴亦終在剎那間化成紛揚

第五卷　見事遲來四十年

的菸灰，於他眼底，沿著來時的路徑，飄落了整個湖面。只是，煙終究是要散的，而這愛到極致的痛，卻吞噬著他每個夜晚的念想，更藉著月光的清輝，默無一言地在盈盈淚光裡勾勒出她淡淡的輪廓，嘴角那抹會意的輕笑，只一個回眸，便又詮釋了所有記憶的留存。原來，從未忘記過她的音容笑貌，而那些不曾相聚的日日夜夜亦只不過是沉澱了相思，撫平了悸動。

回眸，五月未央，情的斷點最終在萬般的無奈之中謝下最美的帷幕，說是最美，怕是有人不知，其實卻是最強烈的痛。月夜下，淚水穿透風涼，在記憶中剪下一段溫馨浪漫的時光，只任他放逐想念的思緒，騰空內心積澱的所有，致使過去的過去都被擋在盛夏之前，心裡卻更加清楚，他已不是她的誰，她亦不是他的誰，因此，也不想再去改變什麼。

轉身，湖上漁火只剩下幽深的黑暗，又是一個沉靜的午夜。仰望浩瀚的長空，一份無處傾訴的情感，正攜著蠢蠢欲動的不安瞬間侵襲全身。夢裡，那首溫馨的歌，那句熟悉的問候，那聲踏實的回應，總能讓心靈撫摸從未有過的柔軟，而他，卻早已找不到她的方向，看不到她駐足的回眸。再回首，古老的鐘聲倏忽響起，又是一個無眠的凌晨，西下的月光淋淋灑灑地落滿漆黑的船艙，伸手觸摸白色艙壁上的影子，卻只有凌亂不堪的髮絲與永不消沉的落寞，在有意似無意地放縱著凝結的淚水。嘆息聲聲裡，嘗試著用心擱淺世間所有的繁華，只惦記一段關於愛的歲月，只願夢中與她共醉，卻不知，風輕雲淡的昨日早已隨著頭頂那些漸行漸遠的光痕褪去了曾經溫暖的色彩，再也沒有了誓言的牽絆，沒有了永恆的束縛，更沒有了細語呢喃的纏綿，這大千世界，唯餘亙古的蒼白與滄桑，伴著寂靜流年，和他孤寂的心，疼痛著路過一個又一個有他沒她的春秋。

緊鎖的眉梢輕輕彈去遮住眼簾的濃雲，拖著疲憊不堪的身子，他倚窗

第十九章　煙波渺渺

而立,卻不敢再睜開雙眼面對這一望無際的黑暗。頷首聆聽風吹過的聲音,眼淚滑落面龐的剎那,他心悲涼,卻是親手葬送了所有多情的往事。風漸起,心花綻放,想著她的容顏,念著她的嬌羞,淒涼的晨景瞬間擾亂冰涼的血液,本是沒有溫度的指尖,冷不妨觸及不懂疼痛的船舷,只聞得一陣思念成殤的血腥,漸漸瀰漫在毫無生機的天幕中。此時此刻,耳邊再也聽不到關於她的點點滴滴,或許是封鎖,或許是隔絕,或許是逃避,然,卻又阻擋不了他無可救藥地想她念她,紊亂的心緒始終難平。

原以為,不見的時候不會心痛,不聽的時候不會心寒,於是,便習慣穿梭在黑夜中尋找著一個與她無關,與他無關,與情無關的空間,輕輕擱淺屬於他們的童話,讓那些所謂的浮華,所謂的真實,所謂的幸福與快樂,所謂的平淡與安然,都在時光逆轉的瞬間,消逝得蕩然無存。然而,他根本就做不到不去想她,更無法讓跌宕的心緒平復下來,也找不到讓自己從容而去的理由,悲傷裡,亦終於明白,自己就像一隻斷翅的蝴蝶,永遠飛不過滄海,永遠無法接近花叢裡的她,心便徹底荒涼。

驀然回首,過去都已成風景,那些由真心所融、真情所致的美好,就像空中飄浮的雲朵,飄渺而遙遠。細碎的時光雕刻著被指尖磨平的歲月,站在海角之外,他知道,屬於他們相愛的見證已在流年裡悄然散去,他和她,終是相愛於海角,相望於天涯,而天涯之後,卻是隻能漠然相忘。滾滾紅塵裡,他不再是她要等的歸人,她亦只是他途經的過客。曲終人散,再也無法回頭,唯有浸在對她的思念裡唱響一曲離歌,為故事畫上句號。蕙仙啊蕙仙,請原諒,我做不到與妳相忘於江湖,只因愛得太過銘心,愛得太過刻骨,只因相忘說得太過輕巧,而記憶不允許我塗抹,從此後,就請妳為我駐留一方清土,讓我在詩詞歌賦裡再為妳守候一片痴情的天空吧!

第五卷　見事遲來四十年

　　插腳紅塵已是顛，更求平地上青天。新來有個生涯別，買斷煙波不用錢。

　　沽酒市，採菱船，醉聽風雨擁蓑眠。三山老子真堪笑，見事遲來四十年。

——陸游〈鷓鴣天〉

　　她去後，一曲終散，歌不成歌，調不成調。她的蹤跡依舊不明，歲月依舊如風飄逝，情到深處，卻只留傷心爬上他的眼角。幾度風雨，總是瀟瀟惹無眠，這愁中的滋味，誰人能解，誰人能忍？再見的是往事，再不見的卻是舊人，每一次夜半夢中的碎語，都有她抽泣聲聲的應和，只是那笙歌婉轉，為什麼又總是在醒來時被臨摹成了訣別的悼詞？究竟，是誰割碎了誰的痴心，又是誰埋葬了誰的青春？

　　真愛難覓，斷章瞬息成殘簡，而他仍借情託月，盼望她還能乘風歸來，與他共賦一曲〈長相思〉，像從前那樣，含笑對語，用兩顆痴了的心篤定此生。於是，他依然等著、望著、守著、盼著，日復一日，年復一年，額邊的鬢髮從黑變白，輕快的步伐日漸緩慢，卻仍固執地守在每個寂靜的午夜，用筆墨落下的文字紀念她曾經來過。

　　還記得嗎，蕙仙？那一年，那一月，那一夜，我們手牽著手走在清荷小苑的堤上，妳說將來不管發生什麼，妳我都會不離不棄的嗎？那夜的風，很輕；那夜的雨，很柔；那夜的回憶，更多的是幸福；那夜的風景，是年華中最美的畫卷。而這一切，只因，那一夜始終有著妳的相依相伴。可我卻沒能履行自己的諾言，沒能實踐許妳的一世安然，沒能與妳共舞一曲天荒地老，以後的以後，我該拿什麼回報妳那份至死不渝的深情？

　　淚眼朦朧裡依然記得，每當燈火未央時，他總會藉著搖曳的香花，收集她獨有的氣息，那隨輕風飄來，滿屋子都瀰漫著的馨香餘味，每一次都

第十九章　煙波渺渺

薰醉了他的身心。她說,那是愛的味道;她說,那是相思的引子;她說,那是心靈默契的相約;她說,那是期盼的信物。於是,他便真的相信,想念是幸福的。

悲不自勝裡,他依然記得,每個日落黃昏時,她總是喜歡披一身白衣,素顏淺笑,手中握著給他的墨香信箋,站在荷塘小徑上等他回來,眼裡深情盡露,而他總會含著笑意輕語:「相信我,我一定會來的。一定。」

惆悵孤寂裡,依然記得,他衣袂翩翩匆匆趕來,在湖畔石上,攬過她的雙肩,相對而坐,無限好的夕陽餘暉正好落在她的額上,將她映襯得更加嫵媚動人。他回眸望去,她卻牽起他的手,細語呢喃:「執子之手,與子偕老。」他顫了顫身子,如此的山盟海誓,她卻許他一世的期限,心中甚喜,也不枉他夜夜為她受盡相思之苦。

轉眼,流年無影,又是一年夏末,而今的她是否還記得當年夜空下相偎著許下的承諾?風,終是吹散了記憶,那些纏綿悱惻的情話,那些長相依長相伴的昨日,還有那些刻骨銘心的點點滴滴,都彷彿漫天飛舞的塵埃,飛去無蹤,到最後,只落得眼眶潮溼,只落得天各一方,只落得空等無人,只落得百花凋零,無論裝飾得多麼耀眼,無論點綴得多麼繁華,鑑湖上處處殘留下來的,亦只是他眼底收之不盡的殤。

「插腳紅塵已是顛,更求平地上青天。」彼岸花開,紅塵已顛。看思念撩起的往事,在手心裡翩然起舞,內心深處積澱的憂傷,轉瞬便在眼前掀起片片狂潮。拈一朵粉色的蓮花,踏水而來,素手遮面,遙望無期的彼岸,昨日的種種又伴著聲聲的嘆息不期而來。凝眸,遠山寂寞,空闊無影,有的只是斷人腸的相思,喚一聲青煙,但求向她捎一封信,告訴她,他將會一直守在這裡,等她來親赴那場曾經的約定。從此,不許諾永遠,不承諾天長地久,不在乎天南地北,只在碧波蕩漾的鑑湖裡,踏著夏天柔

第五卷　見事遲來四十年

軟輕快的腳步，緩緩走近她，共她徜徉在純潔的蓮花中，感受由遠而近的幸福。

「新來有個生涯別，買斷煙波不用錢。」芳香依舊，想念依舊，那些逝去的日子，在風中飄起花瓣的紛飛，從指尖緩緩逝去，轉眼間，便是塵埃落定。流光溢彩的時光，來不及做任何準備，便讓曾經或悲或喜的心情在綿延的日子裡落下帷幕，留下的卻是無盡的落寞與惆悵。其實，即使時間從來都改變不了什麼，他也無怨無悔，因為他要的只是一份淡淡的回望，卻決非永久的遺忘。望著東方緩緩升起的紅日，在回憶裡輕輕刻下她的名字，依舊感懷歲月的恩賜，儘管時光總是更迭匆匆，卻還是讓他與她在夢中傾心相遇了一次又一次，哪怕隔著萬水千山的距離，亦未曾失去彼此的溫暖，心剎那間便變得透亮起來。

罷官歸里的遭遇讓他看清了朝廷的腐朽，更看透了官場的黑暗。既如此，便是縱情山水、放浪形骸又有何不可？鑑湖水悠悠、三山雲飄飄，荷香十里、桂子三秋，若能與她日夜泛舟其上，該是何等的愜意風流？這裡的湖光山色可以盡收眼底，卻不用花費一文去買，如此優哉遊哉的好日子還能去哪裡找尋？一切的一切都是蕙仙帶給他的，儘管她不在了，卻依然用她的寸草芳心引領著他回到這山也青青水也青青的綺麗世界，若是他還不懂得珍惜，又如何對得起她九泉之下的一片好意？

駐立船頭，展一季的顧盼，千年的情緣，依舊隔著紅塵滾滾的滄桑，溫暖著他那顆受傷的心。回首處，燈火闌珊，卻見幽影照殘燈，還是不見她翩翩的身影，失落又頓時漲滿他的心頭。遊走在喧囂的紅塵之中，思緒或是浮想聯翩，或是茫無邊際，或是了無一物，或是波濤洶湧，而孤單飄蕩的靈魂更像是一隻修練了千年的白狐，日日獨守空靈、夜夜獨舞蒼穹，可他知道，無論時光相隔多久，無論容顏如何變換，無論歲月如何推移，

第十九章　煙波渺渺

心的空間永遠都會為她獨留一方清土，情的世界永遠都會為她定格最美的畫卷，任他用靈動的筆尖描繪出最最真實的一幕，供他回味，供他相思，供他尋找每一個幸福的瞬間。

「沽酒市，採菱船，醉聽風雨擁蓑眠。」雲影淡淡，人影無蹤，愛過的痕跡，就像被風吹過的夏日，於瞬間遺失了記憶，那些思念成海、繁衍生花的美好遠遠停留在最初的路口，她若不來，它便不走。放眼望去，這泓清麗的湖水，早已攝取了他們的曾經，儘管荒涼悽清，他卻樂在其中。

想她了，就到湖岸的酒市中沽酒，喝得醉眼矇矓，再把她深深淺淺地憶起，在孤單疲憊裡，相擁相偎著憐惜彼此的憂傷，溫暖眸中的清淚，儘管痛徹心腑，卻是痛並快樂著；想她了，就泛舟湖上，隨採菱的女子把那吳儂軟語的俚歌盡情高歌，任淚流盡、任咽無聲，看她站在天光之外，隨他痴想，隨他獨奏，隨他伴舞，隨他唸著她的名字，與月共眠，儘管痛斷肝腸，卻也溫柔繾綣……

想她了，就披上綠蓑衣，住在有她的回憶城堡裡，一天一天的想念，一天一天的沉醉，一天一天的黏起支離破碎的殘缺片段，在相思的這端，為她輕調素琴，記錄下所有流逝的情節，墨寫昔日故情，一段接著一段，任不曾遠去的愛意在心間悄悄蔓延；想她了，就斜倚窗下醉聽風雨，任沉默的手指，撫著相思的湖筆，為她碾盡一池墨香，用清碧如玉的流水為她作詞，柔和著夜風，舞著一脈清香，讓曾經的、所有的纏綿悱惻都流淌在一個又一個靜謐的夜晚，美好著她昨天的溫婉，溫暖著他今朝的哀傷。

「三山老子真堪笑，見事遲來四十年。」夜深人靜，還是輾轉無眠。原以為，他的執手與她的相攜，會永遠為彼此唱著不離不棄的旋律。誰都不曾預料到，一切終不過只是南柯夢一場，昨日的戀戀不捨，今日的山水相隔，他留也不是，走也不是，等也不是，斷也不是，唯有雙手捧著她送他

第五卷　見事遲來四十年

的絹帕，站在懸崖邊緣，望著她遠去的身影痴痴傻傻地笑，將一切阻礙都撕成碎片，只盼來世與她再聚。

　　淚流盡，咽無聲。湖上風雨傾盆，浸透了滿紙相思，閒愁淡淡，卻有誰來為他撐一把油紙傘，風乾那塵煙裡的滄桑？似水柔情，千纏萬繞，仍然抵不過她溫暖的問候，那段素色年華裡的彼此相許，究竟是為誰顛覆了此生的漂泊，那雙眸中的一泓溫柔又是為誰埋下了心甘情願的蠱毒？愛過滄桑，心若明鏡般玲瓏剔透，若不是塵埃落定，何處沾染沙土飛揚？

　　抬頭，月滿西樓，他在銀河之東，她在銀河之西，彼岸滿是思念，滿是等待，只是鵲橋上沒有照亮他方向的燈盞，只能以一支素筆，畫一顆玲瓏心，以一份真情，與她溫暖相伴。然而，她可明白，他在三山下、鑑湖畔，築起一幢古色古香的宅子，只是為了等候她的到來？蕙仙啊蕙仙，我如此乖張的舉止，是不是讓妳覺得很好笑很幼稚？四十二歲的人了，到今天才參透世事、看破紅塵，是不是太晚太晚？如果，如果能夠早一點明白，妳是否還會離我而去，帶著滿眼的幽怨，帶著一身的疲憊，悠然遠去？

　　蕙仙，妳走了，卻無法帶走我深深的思念。我知道，是我對不起妳，欠妳的情這輩子已無法償還，那麼，就讓我在這三山鑑湖的湖光山色裡，偎著清荷小苑，用我的真心畫下妳的容顏，換取妳來生來世的傾城溫柔吧！如果可以，我願意灑著一路的花香，將記憶化成花瓣，飛舞在漫天的柳絮中，以明媚的微笑，送走昔日的憂傷，讓絕望的心回到追逐的原點，為妳，等候下一個璀璨的晴天。

第二十章　亂世重逢

> 莫笑農家臘酒渾，豐年留客足雞豚。
> 山重水複疑無路，柳暗花明又一村。
> 簫鼓追隨春社近，衣冠簡樸古風存。
> 從今若許閒乘月，拄杖無時夜叩門。
>
> ——陸游〈遊山西村〉

　　淒月當空，心事誰知？情種心間，牽念誰懂？三山畔、鑑湖邊，他時常試著忘卻所有的紅塵紛擾，只讓愛與戀在心底交織成一幅柔情纏綿的畫卷，然而，翹首期盼，卻又是花不語，淚先流。

　　時光如沙漏，在指尖悄然滑落，綿綿的雨絲在三月的天空下肆意蔓延，一段安靜的時光踏過紛擾的從前，卻有誰能夠迎著記憶夜夜拂拭那書案上的塵埃？雨滴聲在窗外敲響夜的獨白，像極了那一曲曾經最愛的歌，唱著唱著便開始落淚，知否那滿天的雨絲又是誰人的珠淚垂？

　　風吹過歲月流逝的痕跡，落花和流水在思念的季節外苦苦尋覓那些遺失的纏綿。落花尋找著春天，流水尋找著百川，而他在尋找著她。人生中能夠遇見她是一種千載難逢的美麗，但美麗的記憶和碰觸的疼痛，在生命中卻又是如此的刻骨銘心！落花葬儘可以重生在爛漫的三月，流水縱是百轉千迴終要融入海的懷抱，而他呢？從今後，只能遠遠遙望著她，忘了前行，唯讓孤獨的身影，尋找願意傾聽的靈魂和耳朵，任寂寞的心靈，在孤傲中尋找萬丈紅塵中遺失的那分純淨與空靈。緣裡緣外，眉鎖幾許清愁，

第五卷　見事遲來四十年

　　心繫幾重相思，千年一夢，夢迴關山，遙遠的承諾晃動指尖的游移，此時此刻，只想借一紙翰墨悄然問她，知不知道，他守候的心，早已為她薄涼了幾個輪迴？

　　想她，淚眼模糊裡，花開一段熾熱的繁華，蝶舞一場無悔的送葬；念她，痴心懷想裡，花香落盡春生的泥土，蝶逝在愛的塵埃。在心底輕輕念她的名字，逝去的光陰在指尖悄然浮現，那曾經燦爛的遇見，不知編織了多少美麗的夢想，而今，一把油紙傘撐過光陰一段，傘下的世界，卻是遮不住想她的容顏，思念的季節，唯有煙雨珠簾，流連在他瘦了的目光裡，倏忽溼了從前、稠了心尖。

　　千帆過盡，韶華不再，他的等待模糊了歲月，她給的情緣蒼老了容顏。秋去春來，往事知多少，卻有斑駁的記憶早已在天空下鮮明成點點落寂。嘆，身在紅塵，終是逃脫不了絲絲縷縷纏繞不斷的情結，既如此，那就等待來生來世再與她在三山下、鑑湖上共守一生吧！

　　是的，他一直在等待，一直在守候。日日夜夜，安靜地看著時光在指縫間悄然而亂，安靜地在風花雪月的變幻中守著葉落花開秋去春來，安靜地坐在窗前悵望煙雨瀰漫雨落珠殘，不問聚散，只思量她歸去來兮的方向。凝眸，雨溼了青石板小巷，一個習慣了等待的人，等來了飛霞落滿天，等來了煙雨苦徘徊，等來了煙花易冷，等來了青絲染霜，也等來了天涯望斷的句點。然而最後的最後，千年流放的時光裡，他和她的彼岸始終無舟可渡，淚雨綢繆裡，等待終成了他筆下殘缺不全的斷章，來不及回眸，已然錯落今生。

　　時間輪轉著過去和現在，光陰鑑證著一去不回頭的從前，如果生命中有過一場無悔的怦然心動、流連忘返的痴心等待，這算不算是一種心碎的幸福？這樣的問題在心中問了千遍萬遍，答案卻落成苦苦不解的牽絆，是

第二十章　亂世重逢

否,這份絲絲縷縷糾纏不清的情懷,還有那曾經的繁華綺麗,卻是她眼中最深的哀傷?

回眸,雨絲纖長,在暮色中紛亂。傷心裡,遙望雨簾一片,不知她的窗前是否也珠雨不斷?回來吧,蕙仙!只要妳肯回來,今生今世,我一定會讓妳成為世間最美麗、最幸福的女子,不再讓妳傷心!只要妳肯回來,以後的以後,我一定會以文字為起點,陸續將筆下的斷章打結成一串串美麗的心符,讓心聲化成愛的旋律,穿過空間,飛越妳的耳畔,撫平妳憂傷的眉,不再讓妳難過!

回來吧,蕙仙!妳可知,當妳轉身離去,我便陷入一種無邊的寂寞?失去了妳的注視,我的世界早已成荒蕪一片寸草不生的戈壁灘,沒了生機,沒了主題,沒了有序的開始,只能無限焦灼地等待著妳的關注,哪怕是無言以對的沉默,也足以打開我最愚鈍的心智;妳可知,當妳轉身離去,我時常喜歡浸在思念的悲傷中,用筆尖一點一點地勾勒出心的形狀,然後以旁觀者的姿態慢慢看著它是如何為妳牽腸掛肚,如何為妳膽顫心驚的?

失去了妳的回望,我的世界只剩下彼此歡笑時殘留的碎片,風乍起時,寂寞瞬間便可以穿透記憶,而我所有的隱忍都只能凝結成想妳的淚滴,緩緩滑落在手心,卻找不到一絲絲的欣慰。可是,妳在哪裡?妳在那個我看不到的世界裡,是否也像我如此這般,在每個日出日落的光影裡,把我深深、深深地想起?

請妳回來吧,蕙仙!只要妳肯回來,我願意為妳奉獻出一切,哪怕是我的鮮血與生命,哪怕為妳上刀山下火海,哪怕粉身碎骨、萬劫不復。只是,心的溫度只有那麼多,給妳我的所有,恐怕也不夠融化妳那顆早已冰冷了的心,如若將我的心畫下來,在時光中永恆,那麼,愛的情深意濃也將永恆,妳是否會有那麼一點點的心動?

第五卷　見事遲來四十年

　　蕙仙，請妳不要再責罰我了，現在，就請妳轉過身，轉過身來，讓我看到妳的嬌顏，好不好？哪怕是冷漠，哪怕是嘲諷，哪怕是責怪，哪怕是不屑，哪怕是憤怒，哪怕是絕情……我知道，只要妳轉身，便能用柔情撫平我的憂傷和孤單；只要妳轉身，便不會眼睜睜讓我一人面對這冰冷的世界；只要妳轉身，妳便會在我的千行熱淚中放棄離開的決定；只要妳轉身，便會原諒我所有的不對和當初的決絕。蕙仙，我知道妳是善良的，我只要妳一個溫暖的轉身，好嗎？

　　蕙仙啊蕙仙，妳可知，所有的情節，只要妳在，便有了下文？只要妳在，我的天空才會出現往日絢麗的色彩；只要妳在，我才可以心無旁騖地在黑暗的官場裡拚盡全力為大宋的光復貢獻自己的光和熱，可妳為什麼還是不肯轉過身來呢？妳是否已經忘卻了當初對我的嬌寵，是否已經真的不再在意我內心的傷痕？妳知不知道，當妳選擇了轉身而去時，我的心有多痛，難道，妳非要用這種冷漠的方式來懲罰我當初對妳的決絕嗎？

　　那一年，那一月，那一夜，妳轉身離去，可曾看到我留戀的失望，又可曾看到我將傷口裸露在空氣裡，讓無盡的痛充斥在沒有妳的光陰裡吞噬著我亦已破碎的心？我那麼做都是不得已的，放開妳的手，我每日每夜、每時每刻，都在用痛在自己最深的傷口裡的痛折磨自己的心，任其無限蔓延，而這一切妳又明白嗎？

　　回來吧！回來看一看湖光山色的山陰城，看一看風光旖旎的三山，看一看碧波蕩漾的鑑湖，看一看十里飄香的清荷小苑，看一看我為守候妳而築起的三山別墅，看一看妳曾經心心繫念的人，好嗎？如若妳原諒，我會用傾城的溫暖呵護妳柔軟受傷的心；如若妳許可，我將陪妳共度剩下的餘生，從此相隨相融，不再分離，只為妳一人唱響癡情的辭章，永遠，永遠。

第二十章　亂世重逢

可是，她還是沒有回來。他迷失在了對她的想念裡，輕愁纏身時，忘了時間會改變一切，繼續沉醉在三山畔、鑑湖邊，駕一葉輕舟，揮淚煙波之上，獨行，只為了白雲深處那令他念念不忘的她，還有那綺麗的迷人風景。她不在了，他醉倒在三山、鑑湖的湖光山色裡，開始了放浪形骸的生活，終日流連於山清水秀的世界，看採蓮的女子輕挽裙角，滑入池塘，輕抬十指，低頭、凝眉，品農家臘酒的醇香、雞豚的豐美，讓額間的一抹憂愁，都隨著妙齡村姑的一聲淺笑，靜靜落於柳暗花明處，為她寫下一筆湖水戀沙的欣賞。

還能為她做些什麼？或許，躺在幽靜的山山水水裡為她寫詩，才是對她最深的紀念。於是，一首生動別緻的〈遊山西村〉，便在宋孝宗乾道三年（1167年）春，和著她醉入藕花深處的甜淡笑靨，如行雲流水，漫過他的額頭，於他生花的妙筆下躍然而出：

莫笑農家臘酒渾，豐年留客足雞豚。
山重水複疑無路，柳暗花明又一村。
簫鼓追隨春社近，衣冠簡樸古風存。
從今若許閒乘月，拄杖無時夜叩門。

──陸游〈遊山西村〉

「莫笑農家臘酒渾，豐年留客足雞豚。」蕙仙，妳不在了，可知我時常泛舟湖上，一趟一趟來往於那柳蔭深處的山西村？那裡有著熱情好客的農家人，每次去時，他們都會拿出自家於臘月釀造的美酒和肥美的雞豚招待我，總是讓我感受到一種久違的親切與欣慰。雖然國破山河碎，但因為老天護佑，山西村百姓的日子還是過得豐足甜美的，唯一美中不足的就是妳不在了，如果妳在，又怎會感受不到他們的善良與好客呢？

又是一個雨後初晴的日子。霧靄迷濛，湖上還殘留著點滴細雨，輕輕

第五卷　見事遲來四十年

漾在碧波上,散開圈圈漣漪,煞是好看。推開窗,站在三山別墅窗前眺望遠方的湖面,回看天際初晴之虹,彷彿浸在水中悠悠地搖晃,這樣的美景,是否該是天上才有?不知不覺中,昨日所有的悲痛和愁苦都已在這良辰美景中漸行漸遠,舒展眉頭、輕展笑容,任掌心握住她今生的經年,他又歡快地踏上了前往山西村的小徑,欲去找尋她丟失在深山裡永遠不變的溫暖。

「山重水複疑無路,柳暗花明又一村。」那場停了的雨溼了眼眸,也洗去了塵世的浮躁。陽春三月,靜謐瀰漫,那些跌宕的時光、不堪的記憶、繁華過後的平淡,所有的所有,都因為等待而蛻變成一個不朽的誓言,驀然回首,一切似乎都已經成為一場風輕雲淡。

小溪涓涓流淌著,蝴蝶在路邊的花叢中飛舞。小鳥站在枝頭歡唱,不經意的鳴叫,劃開他心上早已僵硬的疤痕,一些泛黃的記憶即刻傾瀉而出,隨風,趟過深深淺淺的水痕,落入眼前花紅柳綠的世外桃源。又是一季之末,萬千繁華中,惆悵更讓他流連,相思更讓他心醉,踟躕在曲折的山路上,遙望彼岸憂傷的她,一路追尋,一路守候,如高山流水般知音相惜的感嘆,瞬間超越了凡塵俗世的功名利祿,讓他看透了人間的虛名浮利。

他輕輕地嘆,原來,遺忘不了的繾綣都潛藏在眼角的細紋裡,每次雨過天晴,舒展的細紋便會牽引傷痕微微地痛。每一次等她,他都會用煙一般迷離的眼神、水一般柔軟的心語,期待她深邃的眸光,點燃他花白的髮;每一次等她,他都會用精緻的詩韻、不散的心音,期待她飄飛的素衣,張揚他的笑容;每一次等她,他都會用筆尖在紙箋上記錄一次,任柔情繞指而過,當篇篇斷章組合成風乾的灰色記憶時,再讓燃起的火花焚燒一切,重新再來。這感覺也許更讓他思念,這離愁也許更讓他難以忘懷,

第二十章　亂世重逢

可他還是希望能在山西村村口邂逅一臉緋紅的她，讓他再一次感受她美麗的綻放。

穿過一重重山，淌過一道道水，記憶裡的山西村卻還遙不可及。正疑惑無路可行間，放眼望去，卻見柳色濃綠、花色明麗，一個別緻的江南小村便這樣，以驚豔的姿態突然闖入他迷亂了的眼簾。是山西村！他難以抑制內心的激動，抬起雙腿飛一般地朝村內跑了過去。到了到了，蕙仙，妳看到了沒有？這就是我在夢裡跟妳無數次提起的山西村！妳看，這絲絲垂柳多麼妖嬈；妳看，這盛放的百花多麼嬌豔，真正是「山重水複疑無路，柳暗花明又一村」哪！

「簫鼓追隨春社近，衣冠簡樸古風存。」瞧，村裡的人個個布衣素冠出現在村口的廣場上，妳吹著簫、我擊著鼓，好不熱鬧！他們是在做什麼？噢，我知道了，原來是春社已近，他們正忙著舉行各種祭祀的慶祝活動呢！遠在天涯海角的妳能看到這一幕喜慶的景象嗎？

水聲潺潺，笙歌依稀。想她，卻是不奢望圓滿的結局。自她去後，一個世界早已變成了另一個世界，曾經的寸寸芳華，倏忽染遍煙涼。時光早已掠取了他青蔥的顏容，愛情也一樣在書頁間凋落了豔麗，淺淡的字色裡，她還會翻動起那些個為他收藏的春天嗎？往事留下他溫婉的笑容，覆蓋的灰塵早已死去，青春、前塵、愛恨、冷風，都在山西村村民古樸的風俗中，守著他一堆雜亂的文字無從憶起，卻又從不曾忘記。

歲月的冰層，封著一些無法收拾的甜蜜和傷痛，於是，這個春天他只用嗅覺鑑別陽光的純度，任那顆孤寂的心滑過塵世的炎涼，在陰暗的角落裡細數傷痕，傾失了她所有的玲瓏，亦帶來他揮之不去的惦念。又一季水月如夢，一朵不帶雨的雲，淺淺飄過額頭，彷彿她水靈的眸子，穿過清涼的溪流，緩緩淌到他的心裡，然而，儘管如此，卻還是擋不住他飛舞的憂

第五卷　見事遲來四十年

傷,於是,只能悲傷著在寂寞砧音四起時駐足聆聽她的心音,不敢驚動她最初的笑容,愣是把心低到塵埃裡,開出絢爛的花朵,每次回首,想她,依然。

「從今若許閒乘月,拄杖無時夜叩門。」他的目光被她牽引走了。遠處的櫻花,落滿一樹的蝴蝶,他一直期待會出現奇蹟的渡口,卻有誰能陪他共等那開往彼岸的客船?夕陽已落,許多黃昏時的故事又開始冉冉升起,心房不可遏止地被記憶點亮,對她的思念更加深沉,也更加鮮明。閉上眼睛,忽地聽見雲朵譁然消瘦的聲響,而那片曾經為他駐足過的煙雲,正在輕輕拂來的風中散落下一地的橘黃。

遠處的風景被村民的簫鼓聲隱沒,近處的風景在他的視線內逐漸朦朧。霞光漸滅,幾隻飛鳥銜著一天的故事,向著家的方向疾飛。煙雨霏霏,點點暈開骨子裡的寂寞,雨中,再也不見她狂奔而來的身影,萬千痴纏終無力,才明白,手上的油紙傘再也撐不出曾經的過往。

月掩素心,寂寞徘徊。繁華過後已經年,茫然四顧之際,彷彿跌入一幅水墨渲染的世界,眼前的一切,無非是水月鏡花,如夢似幻,亦清晰亦朦朧。恍惚中,她素顏淡淡,依舊在他老去的章節裡行走,而他卻把她看得更加真切。她依然旁若無人地攬鏡自顧,蹙眉淺傷,一點暮春入眼,卻困惑那一季繁華的陌上花開,在春的深處,究竟為誰吐著點點馨香。

想她,念她,閒看風清月白,淡對水雲飄緲,問花開花落幾番夢,只道是緣起緣滅應有時。他努力省悟著生命裡的一些必然,望向夜空的視線逐漸由模糊變得清晰。或許,用盡緘默的方式,曾經色澤鮮亮的夢,在風中,也終是逐漸蒼白了初衷,一個人的城裡,淡了愛的癲狂,所能握緊的,亦唯有一痕淺淺的憂傷罷了!

歡盡夜,別經年,聚少離多奈何天?看斗轉星移,塵世輪迴,千年的

第二十章　亂世重逢

　　回眸，千年的相遇，再經千年的等待，終未能換回短暫的擁有，那流雲般湧動的蔥蘢，亦終被攥成掌心的汗漬，黏溼了眼眸，亂了等她的心情。嘆，天涯咫尺，書香未盡，他的思念依然蘸著筆墨的餘溫，在窗臺上落遍愛的餘音裊裊，而曾經朝夕相對的痴纏，亦依稀在半夢半醒的惦念中輕輕浮起，只是，這未央的三月裡，誰能再解心結，讓停留在午夜時分的思緒堵住紛亂的出口，只為愛，找一個不再離開的理由？

　　夜風陣陣，夜雨瀟瀟，何處言心殤？她不在了，他的筆下再也無法綻放豔麗的花朵，儘管很努力，素箋上塗抹出的，依然只是一片墨色煙雨。蕙仙啊蕙仙，如果妳肯回來，如果妳肯許我不離不棄的諾言，從今後，我都會牽著妳的手，乘著如水的月光閒遊，把我們遺落了的浪漫與美好通通找回來，哪怕拄著枴杖，迎風敲開一戶一戶山西村村民的柴門，引來他們一片責罵，我也心甘情願。

　　是的，只要妳快樂、妳幸福，我願意為妳付出所有，更何況山西村的村民又是那麼的好客，他們又怎麼捨得責罵相愛如許的妳我呢？他們一定會拿出最最醇香的美酒和最最豐美的食物招待我們的，只是，我的蕙仙，妳到底在哪？若妳流連在下一個路口，請一定在轉角處等我，這次，我一定會傾盡所有的等待給妳一世情緣，讓愛情的枝頭結滿七彩的呢喃，在妳依戀的眉眼裡，為妳燃亮一盞溫暖的燈。

第五卷　見事遲來四十年

第六卷
坐悲新霜點鬢鬚

倚錦瑟，擊玉壺，吳中狂士遊成都。
成都海棠十萬株，繁華盛麗天下無。
青絲金絡白雪駒，日斜馳遣迎名姝。
燕脂褪盡見玉膚，綠鬟半脫嬌不梳。
吳綾便面對客書，斜行小草密復疏。
墨君秀潤瘦不枯，風枝雨葉筆筆殊。
月浸羅襪清夜徂，滿身花影醉索扶。
東來此歡墮空虛，坐悲新霜點鬢鬚。

——陸游〈成都行〉

第二十一章　流雲散盡

　　鳩雨催成新綠，燕泥收盡殘紅，春光還與美人同。論心空眷眷，分袂卻匆匆。

　　只道真情易寫，那知怨句難工，水流雲散各西東。半廊花院月，一帽柳橋風。

—— 陸游〈臨江仙・離果州作〉

　　天空微藍，流雲舒捲，陌上，辛夷花開。沿著陸游八百年前踏過的足跡，從紹興，到杭州，一路風塵僕僕，我又來到他西下成都時短暫停留過的南充小城。那時候，南充有個好聽的名字 —— 果州，水果的果，只這一點便足以清芬我所有的念想，抹去我周身的疲憊。

　　晴和的陽光涉過所有或浮華或滄桑的韻腳，雪一樣落滿安靜且柔軟的窗臺。遠處，是一片綺麗絢爛的繁花，在馨綠的枝頭，輕曳粉白淺紫的嫵媚，只一眼，便醉了世間所有的風塵。歲月的風，長長地吹來，有濃郁醇厚的暗香攜著一簾繽紛纖柔的花語，從簷底輕潛而過，恰如那遠古的驚鴻一瞥，微微照影來，自是美得不可方物。

　　那，便是明淨似雪、嬌豔欲滴，極具浪漫詩情的春日辛夷。滿樹繁葩密綴，堆錦簇繡的花朵，巧笑倩兮，曼妙飄盈地氤氳而來，像是被誰信筆涅開的一紙畫墨，將那份淺紫淡紅的風韻以及暮春的疏淡和流麗渲染到了極致，只輕輕地一點，便有玲瓏剔透的花瓣攜著一指沁沁的餘香，在似水流年裡舞起傾城的歡喜。

第二十一章　流雲散盡

「綠堤春草合，王孫自留玩。況有辛夷花，色與芙蓉亂。」安坐於暮春的掌心，捧一盞剔透清潤的西湖龍井，耳畔，有淡若輕痕的音樂，正漫過四季裡最明媚的心緒，隨風飄搖。看著這輕紗般飄然若語的朵白，品著這形象香氣襲人的綠茶，輕輕走進書盈錦袖的辛夷深處，恰是芳菲四月最愜意、最浪漫的事。

透過歲月繁盛的花語，我彷彿看見那位溫婉寧靜的女子，正飽蘸詩心雨韻的清麗，在最深的紅塵裡，為千年之前的他——陸務觀，落下最纖秀、最飄盈的一筆。清淺的時光水一樣地流淌過來，緩緩涉過他們最初相識爾後相知的印記，那麼多文字與心靈的交會，便宛如一朵嫻靜清雅的辛夷，在這盈盈的淺勾深描中漸漸變得溫情脈脈。

回眸裡，城市的喧囂和暮春的溫涼逐漸淡去，而雲衣霞縷的辛夷花便化作那個典雅莊重的女子，袖一縷風花雪月的柔暖，來去隨風，筆走飛絮，是那麼遠，又是那麼近。

白駒過隙，時光如塵。有些人，注定是生命這一程中最美好的遇見，爾後，相看兩不厭，就像春天的辛夷，和那個詩意飄盈、古典靜美的女子，帶著斐然超脫的才情，從詩經的那頭飄然而來，溫暖的微笑與墨寫的芳菲，足以醉了整個戀戀風塵。而她，活在陸游心尖的唐琬，恰是那朵盈紫飄逸的辛夷，無論光陰如何輾轉、時事如何變遷，總能獨守心靈的一隅，在他千年的守候裡傾心演繹屬於自己的優雅和完美。

起初與她邂逅，緣於她那闋應和他的傷心〈釵頭鳳〉。相識的偶然，看似不經意的散漫，卻又是那麼合情合理。茫茫人海，塵緣如風，一紙相隔，遠了山水和時空，於是，所有的山高水遠，都在我眼底結作筆尖的微瀾，只想用幾行筆墨在今日裡書寫她昨日的溫婉與明媚。千年之後，除了彼此傾心相交的文字，我和她還能夠同在南國的天空下，細數每一個雲開

第六卷　坐悲新霜點鬢鬚

月落的晨昏,共話心事夢痕,想來,該是何等的幸運!

窗下,翻開他暗香清淺的花箋,一筆筆流麗清雅的水墨直沁入心。她去後,此去經年,一方小小的角落,一段深深淺淺的心痕,終成他魂羽的棲息地;而她,卻攜著辛夷花的一抹淡淡緋色,在異鄉的世界裡,望著他凝眉淺笑,美麗柔婉得彷彿一段迢遙的清夢,總是那樣清新入眼,惹人憐愛。她親切的眉眼,盈盈似水,纖柔的指尖,空靈飄逸,怎麼看怎麼嬌媚,怎麼看怎麼典雅,回首之際,染花香滿手,彷彿隨時都在醞釀一場深沉而又內斂的文字盛筵,要邀一路風塵的他,還有千年之後的我,在這個詩意流連的江湖,一笑相逢。

窗外,疏影橫斜,辛夷爛漫,綠漪翩躚。捧一束姹紫嫣紅的花枝,在柔柔的光線下,細細品味她那顆玲瓏剔透的詩心,以及那份刻骨銘心的深情,微微悸動的溫暖和感動便訇然綻開在清韻如水的時光印記裡,總是讓人猝不及防。那些纏綿悱惻的文字,早已唏噓了一代又一代的多情兒女,而今,更是看疼了我的雙眼,即便是在燈下小憩或是在月下獨飲之際,也總會不由自主地輕輕吟誦起她的相思,只一句,便潮溼了我淋漓的思緒。

想必,那些久遠的歲月裡,哪怕是無端錦瑟的指尖絮語或是隨心而至的感悟,在她的筆端亦能花開嫣然,傾盡那一抹紫色的情懷,只是,那時的他又讀懂了幾分?我不知道她滿身的書卷氣和高貴的氣質,要經過多少詩書禮樂的潤浸,方能成就吟風詠月的情懷,更不知道她要承受多大的壓力和委屈,才能有勇氣面對一個再也沒了他的世界,卻依然能夠用多情的文字抒懷人生,只任無痕的暗香依依飄過她思念的心房,也許,唯有三山畔、鑑湖邊那方山清水秀和人傑地靈的水土,方能孕育出如她一般心靜若夢、寵辱不驚的淡泊平和吧?

她是追隨陸游的蹤影,才來到這座西南小城的嗎?從山陰,到夔州,

第二十一章　流雲散盡

再到果州，何止千里迢迢，到底是怎樣的情懷才讓她一路尾隨至此，又是怎樣的承諾才讓她做到獨步煙雨紅塵，細品清風明月，爾後素手寫心？是的，是愛，是對他生死相依、永遠不變的愛。曾經，他為她留駐三山別墅整整四個年頭，只為撫慰她九泉下的孤單，只為舒展她生前緊蹙的眉頭，然而她又能為他做些什麼？

從乾道二年（1166年）到乾道六年（1170年），他日夜縱情於山水之間，放浪形骸，儼然一閒雲野鶴，可又有誰能明白他內心深藏的苦呢？她知道，他不是一個甘心平庸的男子，儘管身在山陰，但他的心無時無刻不在關注著朝廷與金人的動向，每有風吹草動，便能從他緊鎖的眉頭看出他深藏的憂鬱與惆悵。是的，他是一個想要建功立業的偉男子，從小，他就想成為高祖陸軫和祖父陸佃那樣對國家、對社稷有用的人，總把他困在這局促的三山下、鑑湖畔，又如何對得起他對她的這片痴情呢？

想要他好，就該讓他放手一搏，去更廣闊的天地大展拳腳，豈能由著他的性子為自己荒廢了功名、蹉跎了人生？況且他和宛今已誕有數子，家裡數十口人全靠他從前攢下的積蓄度日，而罷官後他早已沒了俸祿，眼看著陸家的經濟狀況一天比一天拮据，她又如何能看著他繼續消沉下去？幸好，乾道四年，他在張浚幕府結識的以禮部侍郎職參贊軍事的陳俊卿榮升位極人臣的右丞相，在這位昔日友人的幫助和鼓勵下，他終於決定放棄隱居生活。

乾道五年（1169年）十二月六日，陸游的通判夔州軍府事發表，因為久病，不堪遠行，所以一直拖宕到乾道六年閏五月十八日，才從山陰啟程，經臨安趕赴夔州。還是做通判，由鎮江而南昌，由南昌而夔州，官職依然，路卻是越走越遠，離他心中念念不忘的蕙仙也是越來越遠，到底是該走，還是留呢？走，他放不下葬在山陰的她；不走，一家老小都指望著他微薄的俸祿過活，雖然賢惠的宛今對他從沒有半句怨言，但已四十六歲

第六卷　坐悲新霜點鬢鬚

的他又怎能全然沉浸在自己的情結裡不顧家人的感受呢？

還是走吧！蕙仙已經託夢給他了，她說，她不喜歡看到他現在意志消沉的樣子，她希望他建功立業，希望他繼承先輩的遺志，希望他完成婆母唐氏畢生的心願，那樣的話，她才能含笑九泉，了無牽掛。多麼善良的女子啊！她心裡想到的永遠是別人而不是她自己，可是，他走後，會有誰人再去她芳草萋萋的墳頭祭掃，又會有誰人再把她深深淺淺地想起？或許，她要的並不是一個終日伴她花前月下的他，而是一個可以為國家為朝廷分擔憂愁的大丈夫，那麼，還是走吧！只要心還留在她這裡，又有什麼放不開的？

放眼望去，夏風，正用它的風情撩撥著遠山的魅影，流雲，正用它的窈窕舒捲著五月的溫潤，平靜的湖面，正用它的清媚漾動著夏夜的柔婉和輕盈，那粼粼的微波，瞬息搖碎飄萍的光影，恍惚中，但見她在水一方，又為他唱起一首送別的歌。還是〈長相思〉，她最拿手的曲目。

在她恬淡的歌聲裡，翠綠的漣漪是楊柳貼波舞出的柔美，黛青色的蓮葉，掣一縷袖底輕風，掠過湖面，疊層層清荷微漪，頓時醉了他的心尖，溼了他的眼眸。伸手，臨風握住那一隻碎光的流螢，睫毛微揚的瞬間，有醉人的芳華，輕曳灼灼的盛夏，在他眼底輕舞飛揚，而滿目蔥鬱的湖光，正攜著她滿身的馨香，從山水的倒影裡緩緩升起，就連頭頂熹微的星子也向著西樓漸漸靠近，更有耀目的青春年華，把一朵月光在她顧盼生輝的眸子裡種滿千年之前的守望。

回眸，月影婆娑一座城池，煙色搖落泛黃的水墨，卻是誰在他眼前，蕩一葉輕舟，從高古幽遠的琴音裡，波瀾不驚地走過？湖平水闊，有女子婉轉如玉，徜徉在他的目光裡，然，明月樓中，又是誰彈撥起千古風雲，任那繁華錦瑟與曠遠的簫聲，斜臥二十四橋，輾轉流落至今？

拈一指流雲，拂落塵世萬年的倦憊，將素衣清顏的月華，灑向湖心那

第二十一章　流雲散盡

座扼守的城池,他以聽風聆雨的姿勢,靜候末世的紅顏,撐一柄油紙傘,在曠世的月光下,將一段美麗而古老的傳說傾情演繹。我走了,蕙仙。抬頭,凝望碧波萬頃的鑑湖水面,他的心微微疼痛起來,蕙仙啊蕙仙,我一定會回來看妳的,無論前方的路是花團錦簇,還是荊棘叢生,哪怕千辛萬苦,哪怕阻隔重重,我也不會把妳一人丟棄在這裡。

帶著紛繁複雜的心境,他再次踏上了遠去的征途,然而,他的心卻是不依又不捨,他真的害怕就此與她訣別,再也不能走進有她的世界,再也感受不到她的存在,夢不到她娉婷翩躚的身影了。然而她夢裡的囑託他亦不敢忘,於是,這一次的出仕,便多了幾分矛盾,幾分猶豫,幾分徬徨。

> 病夫喜山澤,抗志自年少。
> 有時緣龜飢,妄出丐鶴料。
> 亦嘗廁朝紳,退懦每自笑。
> 正如怯酒人,雖愛不敢釂。
> 一從南昌免,五歲嗟不調。
> 朝廷每哀矜,幕府誤辟召。
> 終然斂孤跡,萬里遊絕徼。
> 民風雜莫傜,封域近無詔。
> 淒涼黃魔宮,峭絕白帝廟。
> 又嘗聞此邦,野陋可嘲誚。
> 通衢舞竹枝,譙門對山燒。
> 浮生一夢耳,何者可慶弔?
> 但愁瘦矍矍,把鏡羞自照。
>
> ——陸游〈將赴官夔府書懷〉

第六卷　坐悲新霜點鬢鬚

　　他終是拖著瘦弱的身軀去了夔州，她亦藉著一朵白雲隨他飄然而去。其實，身處不同世界的他又怎會全然體會她的心意？當那抹沁人心脾的蔚藍穿越流雲，在五月的天空輾轉流連的時候，千年的琴弦，亦自她的指尖穿風而出，抹著一份藍色的心情，催開彼岸的煙火，只為與他共享盛世的精采和感動。務觀，你可知，萬世的輪迴中，我都會以亙古不變的姿態，靜候你溫潤如玉的微笑，自彼岸悄然綻開？又可知，當如雪的年華從藍色的等待中緩緩跌落，我願在曠世的月光下，以夢為馬，共你淺酌低吟、醉舞流年？

　　然而，她對他的期待還是落空了，炎涼的世態始終未曾給他建功立業的機會。雖然夔州的長官對他很是器重，多次提名推薦，但作為一名閒官，在夔州任職的一年多時間內，他始終心情鬱悶，日子過得無聊而孤寂，除做了幾篇無關緊要的文章，參加過一次試院的閱卷工作外，唯一能讓他找到精神寄託的事便是不停地做詩了。是的，無法建功立業，無法完成母親的心願和家族成員對他的希冀，以及蕙仙夢裡的囑託，他只能守在她給他的那一幕澄澈靜遠的蔚藍裡，以頎長俊逸的風姿，掣筆御風，在這片文字的天空裡瀟灑來去，笑傲江湖，於字裡行間，寫下一個又一個不老的傳說。然而，這麼做除了徒增煩惱，又能為他帶來什麼呢？

夢裡都忘困晚途，

縱橫草疏論遷都。

不知盡挽銀河水，

洗得平生習氣無。

——陸游〈記夢〉

朝衣無色如霜葉，將奈雲安別駕何！

鐘鼎山林俱不遂，聲名官職兩無多。

第二十一章　流雲散盡

低昂未免聞雞舞，慷慨猶能擊築歌。

頭白伴人書紙尾，只思歸去弄煙波。

——陸游〈自詠〉

「夢裡都忘困晚途，縱橫草疏論遷都。」他心裡還在想著遷都的事，還在掛念著光復河山，可殘酷的現實又不得不讓他放棄這樣的想法，「只思歸去弄煙波」。她自然明白，他並不是真想就此放棄，他對朝廷，對孝宗皇帝，對大臣們還是心存希冀，然而，究竟何時何地他才能實現心中的萬千抱負呢？

務觀，你知不知道，其實，我並不在意你的官做得有多大、你能為朝廷貢獻多少力量，我只是希望你每一天都活得快快樂樂的，希望你每一天綻開的微笑都是發自內心的，可為什麼你的眉頭總是緊鎖不展呢？如果可以，在流光飛舞的季節，我願採一縷藍色的溫柔，在最深的紅塵裡，為你握筆而歌；如果可以，當那份愛的心情躍動著連綿波湧而來時，我願意為你掣一杯緣分的清酒，在這個凝煙滴翠的時節，為你送上最深、最真的祝福。只要你快樂，只要你幸福，我願意為你付出所有，哪怕風雨飄搖裡，也要與你相守一生。

終於，她盼來了他眉頭舒展的一天。宋孝宗乾道八年（1172年）初，經新任宰相虞允文的提名，主持西北軍民事務的四川宣撫使王炎招請陸游參加宣撫使司的工作，陸游的官銜是「左丞議郎、四川宣撫使司幹辦公事、兼檢法官」。那時，四川宣撫使司剛從廣元遷往南鄭，他從夔州調任南鄭是從後方調到前方，給了他身臨前線的機會。從當時的政治情勢來看，自然是一個光榮的任命，因此也給予他極大的鼓舞，心境自非往日可比。

乾道八年春，陸游從夔州出發，經三折鋪、梁山縣、鄰山縣、廣安等地，一路行至果州，因欣喜於果州的綺麗風光，這才放緩腳步，稍作停留，並作詩數首，聊寄心懷：

第六卷　坐悲新霜點鬢鬚

驛前官路堠纍纍,嘆息何時送我歸?
池館鶯花春漸老,窗扉燈火夜相依。
孤鸞怯舞愁窺鏡,老馬貪行強受鞿。
到處風塵常撲面,豈唯京洛化人衣。

—— 陸游〈果州驛〉

留落猶能領物華,名園又作醉生涯。
何妨海內功名士,共賞人間富貴花。
石衛尉家錦步障,移在樊家園館中。
醉到花殘呼馬去,聊將俠氣壓春風。

—— 陸游〈留樊亭三日
王覺民檢詳日攜酒來飲海棠下比去花亦衰矣二首〉

　　她欣喜於他的欣喜,她驚豔於他的驚豔;她快樂著他的快樂,她明媚著他的明媚。站立辛夷花下,遙想閒時煮一壺詩意、靜時展一卷水墨,指尖遍染韶光的她,千年之後的我亦愉悅著他們的愉悅,空中的一抹蔚藍,頓時醉了彼此的流年,澀了彼此的指尖。

　　陌上花開,萋萋芳草碧連天;流年匆匆,人間有味是清歡。花香四溢、薰風欲醉的時候,我彷彿看見那個眉目散淡、清雅高潔的她,正枕著滿席花紅絮柳,斜坐臥榻之上輕鬆笑說從容。慵懶而明媚的陽光落滿她淺紫的裙襬,紅塵煙雨,被她平和素樸的心境浸潤得澄澈而純淨,很難讓人把她和那個歷盡滄桑的女子連繫起來。那樣柔軟而溫暖的畫面,不禁惹我遐思萬千,猜,即便外面的世界還是風霜雪雨、荊棘叢生,相信她也能在炎涼的世態中,只醉心於指尖那一抹芳華,只為他攏一季傾心的想念,偎著彼此安靜素淡的文字默默取暖。

第二十一章　流雲散盡

　　我知道，唐琬是喜歡陸游的詩陸游的詞的，儘管不是為她所做，她亦喜歡得眉開眼笑，喜歡得心生陽光。而他，亦不會因為生活疏淡，錯過她的經過，錯過她的懷想，錯過她的思念，錯過她的嬌痴，錯過她逸墨流香的花期。當那抹流光溢彩、紫衣翩袂的風情，落入他散亂且迷茫的深瞳，身處果州的他驀然驚覺，又是奼紫嫣紅的人間芳菲三月天，驚喜中連忙推開那扇久閉的塵窗，讓那些柔婉清靈、沉香素淡的海棠花，宛若秦時明月的一卷清詞，一點點喚醒他內心深處的想念。

　　心依舊還在為她徘徊流連，幾世的情懷，幾世的緣分，至今念念不忘。蒼白的手，不動聲色地抹平穹宇背後的迷茫，生命在遠去的時光中沉澱下永恆的風景和色澤，許多故事就這樣毫無徵兆地突然走失，似乎整個世界只剩下他平靜的目光在遠遠凝望漫過亙古悠悠而來的古道西風。微潤清冷的幽香，涉過如煙的歲月，在陳舊陰暗的雨巷裡，灑下一地的相思，任他潮溼的目光在回眸的瞬間定格，而那些借秦賦唐詩雕刻的時光，亦在流逝的歲月裡日益泛黃，只怕輕輕一拈，便要抖個粉碎。

　　素箋上，飽蘸雨水和歷史的文字，色重如墨，他該穿越幾世的輪迴，才能還她昔日的風采，又該怎樣讓時空回溯，重現那一低頭的溫柔和美麗？再回首，塵煙深處，唯有那一朵朵胭脂清淚，在塵埃裡默寫著千年的憂傷和傳奇，而那一縷香魂舊夢，卻在眼底化作了綿密的煙雨，緩緩逝去，依稀裡，他又無可救藥地想起了那個遙遠的她。

　　一份緣帶來揮之不去的惦念，一次遇見傾失了所有的玲瓏。如果愛情可以重塑，許多情節他都會加倍珍惜。蕙仙啊蕙仙，請妳務必相信，無論我在，還是不在，無論我來，還是不來，妳我之間的那份情意，都會像那朵泊窗的辛夷，臨風握住剎那芳華，為彼此內心微湧的情愫淹留，一任時空轉換，只微笑著暖。

第六卷　坐悲新霜點鬢鬚

  鳩雨催成新綠，燕泥收盡殘紅。春光還與美人同，論心空眷眷，分袂卻匆匆。

  只道真情易寫，那知怨句難工？水流雲散各西東，半廊花院月，一帽柳橋風。

──陸游〈臨江仙‧離果州作〉

  離開果州繼續北上的時候，因貪戀果州的絕美風光，更因留戀她的絕世芳華，他用月光一樣的深邃，默默審視那些翠綠或是蒼涼的思緒，曳動指尖如花的寂寞，在寧靜悠遠的時光中打撈滄桑清瘦的文字，更以一種千古不變的默契，讓真心真情幻化成一紙墨痕，任幾度浮沉的煙雲，在她透澈的眼神中流轉成一闋〈臨江仙‧離果州作〉。

  「鳩雨催成新綠，燕泥收盡殘紅。」初到果州，斑鳩呼喚聲中的雨水，把芳草、樹林，都催成一片耀眼的新綠；離開果州時，燕子卻在雨後，把滿地落英的殘紅和著春泥都銜盡了。綠肥紅褪，一來一往，卻不知他心中的蕙仙看到此情此景，又會作何感想？

  微涼幽冷的氣息，涉過飄搖不定的歲月，在他洞穿世事的目光中流連，再回首，許多故事和情節，都在鳩雨落紅後散落了，一些來不及續寫的美麗和傳奇，亦在掀捲的煙雲墨雨裡化作了滾滾浮生裡那道凝神佇立的剪影。蕙仙啊，究竟，是什麼使妳我失散於紅塵路上，然後又彼此華麗的轉身？

  站在春天必經的路口，倚著斑斕瑰麗的血色黃昏，筆端清瘦憂傷的文字，正一點點穿透滄海曦月，把一場聲勢浩大的流年，流轉成她指尖落寞的琴音，而他的思緒，卻伴著每一次潮漲潮落，被輾轉而去的青鳥銜進山西村的雲層，縱使掀開高古幽遠的畫卷，也漚不開曾經的水墨江南。

  「春光還與美人同，論心空眷眷，分袂卻匆匆。」歲月來了又去，她的身影如同眼前遠去的春光，已經模糊不清，只任他陷在守望的崖前，讓一

第二十一章　流雲散盡

顆晶瑩如琉璃的淚滴被呼嘯而過的年輪碾碎，那麼多夢裡夢外的記憶和思念，終於被她，擱淺。

相聚的時候，彼此間無限眷戀；分別的時候，卻又是如此匆匆，甚至來不及說一聲相惜在天涯。別了，果州；別了，蕙仙。所有的劇情都在他的轉身裡悄然落幕，只餘時光鏤刻下的蒼白和冰冷，他和她已然跋涉於各自的山水之外。惆悵裡，暗綠的青苔爬滿她斑駁交錯的容顏，而他，依然停駐在萬劫不復的天涯這端，等她，歸來。

「只道真情易寫，那知怨句難工？」綿密的雨絲，踏著細碎的足音，飛過三月的流雲，把一簾織錦的幽夢，掛上季節的窗臺；如瀑的柔柳，曳動一束懷春的綠影，在四月撩撥的溫軟裡，迎風而舞，寂靜的枝頭，寫滿滴翠的春韻。然而，他卻沒有心思再把這顯眼的風光一看再看了。

心訴於字，字訴於心。他在素墨洇開的宣紙上，一筆一筆，落下流麗清雅的時光印記，只道真情易寫，卻不知怨句更難工。驛館的窗外，暗香輕潛的辛夷花，一樹一樹，漫過素年錦時的水墨和初夏的風情，隱隱綽綽中，彷彿又聽到她風鈴般清悅的笑語，正在水韻飄渺的鑑湖畔，一聲聲，訴著漁舟唱晚、十里荷香的靜美，而他，卻已是枕上夢魂驚，依然守在那份藍色的心情裡，醉書流年。

「水流雲散各西東，半廊花院月，一帽柳橋風。」時光荏苒，歲月無邊；淡墨疏筆，且對風吟。水流去了，雲亦散了，從此後，相思斷魂各西東，注定要與她相隔在遙遠的天際，只是，心情煩悶時可否還能牽著她多情的手，一起去海邊拾貝，共看潮漲潮落？

迷濛裡，是誰把一抹杏色，塗滿江南的綠鬢，又是誰嫋娜娉婷的身姿，若水盈盈，把一柄描金的摺扇，畫滿桃花，讓輕風落滿芳菲，遙寄他隔世的紅塵？恍惚中，是誰凌波逐浪，把一葉輕舟緩緩搖進煙雨夕陽，又

第六卷　坐悲新霜點鬢鬚

　　是誰縱歌溯水，翻捲如花的漣漪，任層巒疊翠的黛山鐫刻進青蔥的眉眼，任浩渺的煙波隱隱送來隔岸空靈的笛音，正迎風踏浪而來？

　　是她，是她，還是她。他看得見，那水洗的粉嫩裡是她一顆琉璃做成的心，而歲月始終隱在那微瀾迭湧的碧水裡，悄悄流轉，不動聲色。她就那樣，踩著水波，在白鷺翩飛的蘭亭畔，為他吟誦起一闋詩詞清韻，任一抹深藏的牽念香染素箋，只等彼岸的煙火點亮季節刹那芳華的美麗，只是，究竟什麼時候，他才能與她把盞共歡，撫平她眉間的那縷憂傷？

　　因為生命裡有個她，花院明月，縱是半廊亦可愛；因為心裡有個她，柳橋輕風，縱是一帽也無嫌。只是，許久不見的蕙仙，可知，我心底的那份誠摯和牽掛，從來都未曾改變？又可知，那一份最深最真的念想，始終，如那一抹天空的蔚藍，映襯著我帶淚的徬徨，在子夜的夢裡，輕撫妳飄香的秀髮？

第二十二章　南山夜月

秋到邊城角聲哀，烽火照高臺。悲歌擊築，憑高酹酒，此興悠哉！
多情誰似南山月，特地暮雲開。灞橋煙柳，曲江池館，應待人來。

—— 陸游〈秋波媚〉

春去了，在一片亂紅飛過中，華麗地轉身、離開，沒有悲哀，沒有留戀，沒有言語。此時無聲勝有聲，也許，那是最好的道別。

夢到了，秦嶺細細的雨絲在空中斜斜地密織著，輕輕落在屋簷、落在古巷，將幾千年的漢中城，一點一點地，緩緩融入雨幕中。

漾舟逗何處？神女漢皋曲。

雪罷冰復開，春潭千丈綠。

輕舟恣來往，探玩無厭足。

波影搖妓釵，沙光逐人目。

傾杯魚鳥醉，聯句鶯花續。

良會難再逢，日入須秉燭。

—— 孟浩然〈初春漢中漾舟〉

孟浩然筆下，那雪後冰開的漢中，如此美豔，卻又透著某種不可名狀的憂傷，隱隱作痛。

古巷深深深幾許，落寞盡頭是滄桑。我躑躅在漢中城腳下，一場急雨後，望雨巷內外，千年的寂寞正穿越亙古的時光漂流至今，兀自展現。千百

第六卷　坐悲新霜點鬢鬚

年前,那新建的庭院、新刷的紅牆,還散發著油墨清香的書房,似乎只在一念間,便埋藏了時光匆匆。回眸裡,雨塌了那暗紅的院牆,風蝕了那精緻的庭園,卻不知,那書房中的書生何在,清新的墨香何在,書聲琅琅又何在?

「風欲起而商羊舞,天將雨而石燕飛」。煙雨傾覆了漢中,也傾覆了古往今來無數詩人敏感的心。漢中,如從梁山的岩層裡飛出的乳燕,帶著遠古的夢想,似乎與生俱來的性情便是柔美,讓人難以抗拒。

多少個風花雪月的日子裡,詩人們徘徊在南湖岸邊歌詠漢中,愛了漢中煙雨茫茫後的一輪夕陽斜掛在山風的靜徹,愛了漢中深深長巷的寧靜致遠,愛了漢中稻穀翻飛流金的波,愛了漢中餘音繚繞的樵歌,愛了漢中亭臺樓閣浮綠海,愛了漢中虹橋畫廊披霞暉。置身其中,恍若畫中之人、夢中之影,此時此刻,我仍舊枕著陸游千年前的夢左顧右盼,卻想不出眼下還有什麼,會比這風雨洗刷後的漢中城更加柔美,更加芬芳。

「宛轉窺庭月,風清作伴來」。漢中,因有了無數文人墨客的過往,於是便成全了她多愁善感的瀲灩,「桂香飄不歇,此趣誰能猜?」道不完的憂鬱,說不盡的纏綿悱惻,卻是人比黃花瘦。

「桐葉晨飄蛩夜語,旅思秋光,黯黯長安路。」輕輕吟誦著他遠去的舊詞,放眼望去,忽地發現碧波蕩漾的南湖水面上泛起重重怨意。千年前,南湖畔,他與她執手,卻未偕老,君問歸期是何時,楊柳依依亦不回。曾經山盟海誓,挽起玉手,漫步南湖,相看媚眼傳波,如今,老去的情意纏綿都隨那一縷清風化作了頃頃碧波吧?

默坐堤上,抬手掩淚眼,幽怨穿越千年,至今不休。尋尋覓覓,冷冷清清,悽悽慘慘戚戚,獨自一人,守著窗兒,看窗外梧桐兼著細雨,點點滴滴,到天明。舉起酒杯,三杯兩盞的淡酒,又怎澆熄他心底的愁怨?滿地的落花堆積了他徹夜不眠的滿臉憔悴,又教他如何放得下曾經的過往?

第二十二章　南山夜月

在他醉了的淚眼中，我踏著千年的時光，牽著一縷飄香的晚風，穿梭在斜風細雨的南湖邊，悄然走進漢中的心裡，雖是無話，卻依然抵不住心頭的點滴絮語。抬首，曾經的樓船畫舫、歌舞笙簫，轉瞬間已是繁華盡逝，只遺一汪默然無語的水，還有那一群如浮雲般飄過歷史長空的南湖歌女，在我眼前明明滅滅、來來去去。我看見，她們眼裡流轉的秋波，不是燈火闌珊，不是尋尋覓覓，而是等待，是期盼，等待著一次千年的相遇，期盼著一次千年的回眸。

我知道，她們等待期盼的人自然不會是我，而是那個在宋孝宗乾道八年（1172年）春來到這裡，又於同年冬離開這裡的陸游。那時候的漢中還有個多情旖旎的名字——南鄭，雖然他只在這裡度過不到一年的時光，然而卻在那些輕倩嫵媚的歌女心間留下了不可磨滅的印記。他喜歡她們，喜歡她們的嬌豔，喜歡她們的年輕，喜歡她們的窈窕，喜歡她們的風花雪月；而她們卻是深深熱愛著他、痴痴迷戀著他，為著他英俊的面容，為著他挺拔的身姿，為著他縱橫的才情，為著他一腔報國的熱忱，為著他對唐琬至死不渝的痴愛。

陸游來了，帶給她們陽光般的歡笑和月光般的溫柔。從此，她們活在他的音容笑貌裡，哪怕心似浮萍、身如浮雲；從此，她們嬌媚於他的詩詞文賦裡，哪怕愁如南湖水，哪怕滿腹痴情換來的只是漫漫長夜、孤燈難熬；從此，她們靈動於他的簫管笛音裡，哪怕一曲愁思，令人黯然神傷，在他離去後，只餘落淚的幽怨聲。

然而陸游的心只放得下他的蕙仙，還有一腔報國的至誠。在南鄭，他把更多的時間用在了替四川宣撫使王炎出謀劃策上，並提出「經略中原必自長安始，取長安必自隴右始」的政治見解。南鄭地處秦嶺高處，往下便是通向長安的褒城、駱谷，眼看著長安近在咫尺，卻淪喪金人之手四十七

第六卷　坐悲新霜點鬢鬚

年,怎能不讓他那顆赤子之心疼痛欲裂?好在調任四川宣撫使的王炎是個有抱負的上司,他早已暗中和長安的漢人將吏取得聯繫,隨時準備在敵軍營中策動起義,收復被金人侵略的大宋河山。

然而,自隆興元年始,直到乾道八年,十年來孝宗始終在主和與主戰中搖擺不定,王炎和陸游等前線將臣的策略一直未得到使用,但這一切絲毫沒有影響陸游光復中原的決心,除了替王炎出謀劃策外,他還經常孤身深入前線進行考察,並隨時向上級提出更新的作戰計畫。這在他於南鄭期間和離開南鄭之後的一系列詩作中均有表現:

> 許國雖堅鬢已斑,山南經歲望南山。
> 橫戈上馬嗟心在,穿塹環城笑虜屏。
> 日暮風煙傳隴上,秋高刁斗落雲間。
> 三秦父老應惆悵,不見王師出散關。
>
> ——陸游〈觀長安城圖〉

> 客枕夢遊何處所,
> 梁州西北上危臺。
> 雪雲不隔平安火,
> 一點遙從駱谷來。
>
> ——陸游〈頻夜夢至南鄭小益之間慨然感懷〉

> 南山南畔昔從戎,賓主相期意氣中。
> 渴驥奔時書滿壁,饑鶻鳴處箭凌風。
> 千艘粟漕魚關北,一點烽傳駱谷東。
> 惆悵壯遊成昨夢,戴公亭下伴漁翁。
>
> ——陸游〈懷南鄭舊遊〉

第二十二章　南山夜月

在歌女們娬娜的身影裡、曼妙的歌聲中，不知不覺，往來於前線各地的陸游迎來了他在南鄭的第一個秋天，也是唯一一個秋天。那一夜，四川宣撫使司的幕友們拉著他來到南鄭子城西北角的高興亭，舉杯對月，遙望長安城南的南山，吹拉彈唱、吟詩作賦，好不歡欣。來自長安的好消息不斷傳至南鄭，大家知道，只要這邊發動軍事行動，便可以直搗黃龍，拿下灞橋煙柳的長安城。

那時那刻，每個人的情緒都是高漲的，就連那些歌女也都心曠神怡，彷彿一夜之後她們便可以攜著情郎的手流連於燈紅酒綠的曲江池畔，再現大唐風采。而我，卻站在千年之後的漢中城下，仰望他們的風騷，驚豔於她們的風情，念想如藍。

月落芳塵、紫氣氤氳，水剪清碧、桂子傾城。那一年，七月十六夜的月光照著山谷，照著花下嬋娟，比之十五的滿月，更增添了一股溫婉悽清的味道。是的，她們來了，插著碧玉簪的，穿著藕色薄裙的，吹笛的，擊鼓的，撫琴的，彈琵琶的，全都來了，一陣陣清香，輕讀他的憂傷，頓時醉了他的眉眼。這些歌女彷彿都是為他而生，為此，她們已在南鄭、在梁山、在南湖、在高興亭等了他幾個世紀；為此，她們慵懶梳洗遲，對鏡嘆花顏，窗前凝眸望，過盡千帆皆不是，琵琶聲聲語，只為在他面前清歌一曲，只為在他溫暖的眸光裡存放心語、釋放夢想，付出所有的真心真情。

晚風拂過，歇了的細雨又在眼前開始紛飛。柳色雨中輝，暮夏輕逝，沉睡中的初秋開始在復甦中婉轉吟唱。越過千年時光，回望南湖岸，卻不知水面上究竟飄浮著怎樣的情韻。那些歌女已在湖畔等了他千年，紅燭臺下，撫摸舊物，憶往昔、寄相思，又該是怎樣的寂寥無依？回眸間，我彷彿看到那些身世如浮雲的歌女，看到她們哀怨的眼神，聽到她們悽迷的歌聲，只是花開易落、流水無情，千年的淡出後，也只剩得眼前這一抹不盡

第六卷　坐悲新霜點鬢鬢

的相思，在我心底輕輕淺淺地浮起，又沉下。

緣來如風，緣去似水。那個夜裡，煙雨迷濛中，竹色的樂音幽幽瀰漫，他笑望著那群濃妝淡抹總相宜的歌女，飽蘸一筆濃墨，為她們寫下一闋清新、婉約而又不失陽剛霸氣的〈秋波媚〉，讓心中那份揮之不去的縈縈繞繞，沒有絲毫保留地牽繫於她們婉轉的眉眼之中：

秋到邊城角聲哀，烽火照高臺。悲歌擊築，憑高酹酒，此興悠哉！

多情誰似南山月，特地暮雲開。灞橋煙柳，曲江池館，應待人來。

──陸游〈秋波媚〉

「秋到邊城角聲哀，烽火照高臺。」在秋天的邊城遙望南山，耳聽悲壯的畫角聲，想到淪陷的長安城，怎不令人生哀？放眼望去，平安火又至，然而什麼時候朝廷才能燃起北伐的戰火，收復淪陷的大好河山？美麗的姑娘們啊，南鄭的風光固然旖旎，南湖的水固然瀲灩，又哪裡比得上長安的綺麗風情？又哪裡去找尋紅葉題詩的豔情，哪裡去追尋辛夷花下的爛漫往事？

「悲歌擊築，憑高酹酒，此興悠哉！」風聲裡，是誰輕釦竹弦，又是誰舞弄簫管？是鶯歌，還是燕呢？雨聲裡，是誰悲歌擊築，又是誰憑高酹酒？是幻覺，還是憂思？駐足高興亭，情迷曲江水，對望長安，聽著歌女們如絲如竹的歌聲，他哪裡還有心思憂愁？在她們多情的目光中，他看到了山下的褒城和駱谷，那裡有一條直通長安的大道，只要孝宗皇帝下詔，四川宣撫使下轄的各路兵馬立即會直驅長安，他又怎會不興奮不熱血沸騰不摩拳擦掌呢？

「多情誰似南山月，特地暮雲開。」歌聲裡，漂浮的暮雲不知何時已經散去，遠處，終南山上多情的月亮特地在空中露出圓圓的臉蛋，把眾人遙望中的長安城照耀得如同白畫一般絢美。可是，他們什麼時候才能流連於

第二十二章　南山夜月

柳色青青的昆明湖畔，再聽那多情的歌女於月夜下彈奏一曲〈長相思〉呢？

怕只怕，浮雲一過，槳聲燈影盡煙消，輕掩窗扉，無計苦淹留，歲歲教人老，春春凝窗愁，縈繞在耳邊的也唯有斷腸的思語。或許，把盞長安月下只是一個輕倩的美夢，就像歌女們披著的薄紗，甚至經不起指尖的點戳，然而他還是一如既往地期盼著、等待著，希望終將有一天接到朝廷北伐的聖諭，那樣，所有的期待轉瞬間便會成為實實在在的驚喜。

「灞橋煙柳，曲江池館，應待人來。」長安城內，灞橋的如煙柳色、曲江的池館樓臺，到如今，都該變了模樣吧？它們是否還在靜默中執著地等待著故人的回歸？放眼望去，歌女們迷離的目光通通聚焦到他剛毅的臉上，然而，此時此刻，他那顆孤獨的心又飛回到千山萬水之外的蕙仙身上，如果可以，他一定會帶著蕙仙駐足曲江，情迷灞橋，可是，她在哪裡？他還能再牽著她的手，去他們心心嚮往的地方嗎？

回眸，一捧濁淚灑向悽清的南湖。醉眼看過往雲煙，所有的相思，都隨落雨一起，沉於湖底，終將淹沒在那煙雨紛飛的漢中城下。那時的他還不知道，就在他於高興亭寫下〈秋波媚〉之後，僅僅隔了不到兩個月，九月初九朝廷便下旨將王炎調回臨安樞密院，又於同月十二日頒布了調任左丞相虞允文為四川宣撫使的聖諭。

王炎的內調意味著主和派在朝廷中占據了主導地位，宋孝宗趙昚在他們的左右下亦徹底放棄了戰爭的準備。次年正月二十五日，已調回臨安的王炎被罷免了樞密使的職務，取而代之的則是以觀文殿學士的名義提舉臨安府洞霄宮，成為一個既無實權又無資望的閒官。至此，陸游建功立業的壯志雄心也徹底被澆滅了。

王炎走了，宣撫司的幕僚轉眼星散。與此同時，悲不能禁的陸游卻接到了出任成都府路安撫司參議官的任命，痛定思痛後，只好於乾道八年

第六卷　坐悲新霜點鬢鬚

（1172 年）十一月二日踏上了赴官成都的路途。這一次，他走得比先前任何一次都要不甘，都要不捨，他放不下那些陪他度過春夏秋冬的歌女們，更放不下直搗長安的願望，可是，他不得不走。在途經昭化縣南的葭萌驛時，對著一盞昏黃的油燈，就著窗外紛飛的雪花，提筆寫下一闋〈清商怨·葭萌驛作〉，又將他夢裡的蕙仙深深地憶起：

江頭日暮痛飲，乍雪寒猶凜。山驛淒涼，燈昏人獨寢。

鴛機新寄斷錦，嘆往事不堪重省。夢破南樓，綠雲堆一枕。

——陸游〈清商怨·葭萌驛作〉

「江頭日暮痛飲，乍雪寒猶凜。」天色漸漸暗了，他在漢江邊的葭萌驛館內舉杯痛飲，為前途未卜的大宋朝廷，為他心心繫念的蕙仙。斜光照積雪，愈見其寒，卻不知白雲深處的她知否，他和著絕望的那份痛楚，在這冰天雪地裡卻是未減猶增？

「山驛淒涼，燈昏人獨寢。」古驛孤燈，人獨寢，好不淒涼。時光輾轉，早已物是人非，他不明白自己究竟還在盼著什麼，還在寂寞著誰的寂寞？她遠去了，香消玉殞，不再歸來；朝廷放棄了光復河山的大好時機，忍心將中原大地拱手送到敵人手裡，不思故土。可是，他又能如何？繼續等下去，又會等到怎樣的結果？難道非要為了那不可能兌現的諾言，在淚水與失望裡苦撐千年萬年？

「鴛機新寄斷錦，嘆往事不堪重省。」遠在山陰的妻子宛今又寄來了關切慰問的信箋，卻讓他想起那些個年月裡，與蕙仙一起走過的紅塵往事。流水孤舟終隨春逝遠，佳人凝立意遲疑，回首間，浮雲難掩漢水殤，邇來不思量，見時難掩悲，終是一曲歌舞散，繁華盡煙消，而這淒冷的世界，也只留下南湖歌女的殘夢斷情，伴風相思到天涯。俱往矣，他輕輕地嘆，當日的歡愛，海誓山盟，是何等的深刻，然，回望裡，卻是山長水闊，不

第二十二章　南山夜月

堪重省。

「夢破南樓，綠雲堆一枕。」當年攜手同臥南樓，夢醒時卻見她亂了的鬢髮堆了一枕，瞬間便驚豔了他溫潤的眸子。而今，夢已破，愁如漢江水，溫馨再難尋，平生塞北江南，一曲〈滿江紅〉，只遺鑑湖畔的孤墳，和他一腔悲憤。從今後，悠悠情思，輾轉風塵，空落得嘆往昔、哀今生，難掩落淚情，卻是無法換取與她共度一晌人間風雨。

陸游走了，從南鄭，到成都。千年之後，我亦站在煙雨飄飄的漢中城，帶上他和她的回憶，一腳踩在潤溼的古道上，緊跟上他的步伐，朝著成都的方向，走向「雨後霜前著意紅」的芙蓉世界。

第二十三章　海棠依舊

倚錦瑟，擊玉壺，吳中狂士遊成都。
成都海棠十萬株，繁華盛麗天下無。
青絲金絡白雪駒，日斜馳遣迎名姝。
燕脂褪盡見玉膚，綠鬟半脫嬌不梳。
吳綾便面對客書，斜行小草密復疏。
墨君秀潤瘦不枯，風枝雨葉筆筆殊。
月浸羅襪清夜徂，滿身花影醉索扶。
東來此歡墮空虛，坐悲新霜點鬢鬚。

—— 陸游〈成都行〉

　　荷塘畔，月影斜，寂寥如初，他仍舊裹著一身的惆悵，在落花飛絮的小園香徑間獨自徘徊。回首望去，孤燈高照，清輝入室，我站在芙蓉帳外，默默打量他孤單的身影，微微的笑容有些苦澀。我知道，我與他隔了八百餘年的雲水，但如果心意相通，亦定會與他的詩情畫意邂逅於花團錦簇的成都城下，只一個會意的回眸，便能醉卻眼前無數的清風明月。

　　於是，我與他臨水對望，雖相距千年之遙，風雲變幻早已憔悴了他探望的眼神，但我依然可以從他輕蹙的眉頭輕易找到那份泅渡於紅塵深處的默契，只期許用我淡然的暖意給他一份隔世的安然，撫平他心底積鬱了經年的傷。

　　夜闌珊，燈未央，回眸，煙雲渺渺，波光漣漣，卻是誰在如此清寂的

第二十三章　海棠依舊

　　月色裡，將那滿腹的心事寄託於眼前的悽悽美景，獨自納一份寒涼於心間，合成這千年未有的薄涼？是他，還是他的她？涼風襲來，他的身影清晰且模糊，寫在眼角的失意卻是愈來愈清楚。望向他，仰天一聲長嘆，我明白，是距離，終究還是距離，讓他和她遠遠站在斑駁的時光之外，漸行漸遠。

　　抬頭，星光點綴了一整個天幕，蒼涼的夜還是萬般靜謐，靜得只剩下自己的呼吸聲，忽緩忽急，而他，卻不知在什麼時候已悄無聲息地走了。歲月無痕，記憶也跟著從指尖悄悄溜走，卻嘆轉眼已是中秋，微涼的輕觸下，我不禁伸手緊了緊衣領，只怕那多事之秋，抑或是傷感的季節，又會不期而至。

　　秋風無言，聆聽一份光陰留下的感動，那些曾經滿心歡喜的光影，層層交疊，在我眼底瞬間編織成一幅推心置腹的畫面。不求多少憐惜，不求繁華喧囂，此時此刻，只願踏著輕風，與他共退紅塵，青春年華裡，用筆尖定格他和她詩意生活的歡笑點滴。

　　我知道，當晚霞消退，當星子滿掛，他悠悠的情懷、綿綿的思念，只為一個夢境而等待；我知道，當紅塵淹沒，當緣分散盡，他堅持的等待、堅守的承諾，只為一場相遇而憂傷。無論身在山陰，身在南鄭，還是身在「花重錦官城」的成都，他始終被囚禁在遠去的過往中，從不曾試圖走出記憶，更不曾試圖走出讓人蜷縮的牢籠，每每紅塵漫過，心海中泛起的都是她悠悠唱響的一曲〈長相思〉。

　　山隔著水，水鄰著山。他沉重的步履，在泥濘的蜀道上蹣跚，孤影徘徊，兩岸燈火通明，放眼望去，景物早已不復從前。記憶裡，手牽手雲下漫步的往事，究竟流浪在何方？那些青澀歲月裡留下的悲歡離合，終是蹉跎了大好年華！淚眼模糊裡，終明白，原來古今情愛，不是「錯錯錯」，便是「莫莫莫」；不是「難難難」，便是「瞞瞞瞞」，所謂愛情的掙扎、糾

第六卷　坐悲新霜點鬢鬚

葛,便是在這樣的「錯錯錯」和「難難難」中糾纏而來,那些無望的相思,亦只能流瀉出痛不欲生的距離。俱往矣,千年後,我似乎還能讀懂他當時的心情,或許,他寧願相信世界上還有一種距離,讓他和她能在某段時光裡相遇,也不願物是人非事事休的故事在生命裡繼續上演吧?

瑟瑟秋風裏挾著寒冷從他身邊呼嘯而過。凝望遠處,楓林蕭索,流下殷紅的血淚,含悲不言;河水泛起盈盈淚光,似乎很想大哭一場,於是水面便變得波濤洶湧;晚雲露出悲戚之容,心裡的愁緒重重壓著他,身體再難輕盈;就連群山也跟著靜默,一語不發,蒼茫的夜色中仍然看得見他失神的眼眸無光。

茅室人靜,篷窗燈暗,整晚連江風雨。輾轉不寐,披衣而起,又與一盞青燈對坐在亙古的孤寂中。燈火明明滅滅,屋裡的光線忽亮忽暗,像極了他起伏的心緒。雨敲打窗櫺,聲聲急促,欲尋一處棲身之所,卻不曾料到兜頭撞上的竟是他磅礡的淚水;風破門而入,瞬間占據一室,得意忘形地到處遊走,卻被他濃濃的哀傷禁錮在字裡行間。索性推開窗戶,與那迫不及待衝了進來的雨水撞了個滿懷,然而就在他抬頭揮去雨珠的一剎那,一陣悽婉的歌聲卻隨之悠然飄來:「山有木兮木有枝,心悅君兮君不知」。他恍然,隨即翹首望去,看到的卻是墨一般的夜。

這是他和她在清荷小苑最後一次聚首的別離之歌,時隔多年,他依然記得她當初輕吟淺唱的模樣。三山下、鑑湖畔,她立於船尾,眉如遠山,眼波流轉,未啟朱唇淚已決堤,千般言語只為索取他的挽留。他木然,狠下心來轉身離去,卻換得她歌聲四起。再回首,她於月夜下翩然起舞,長裙曳地,水袖飛舞,雲鬢散落髮與風的糾纏。經年後,那一襲素衣還在雨中不停地旋轉,卻已分不清是從前還是現在,傷心裡,他眼裡已沒了她的身影,取而代之的只是那一場漫天落花娟娟的飄揚。

第二十三章　海棠依舊

倚在門前，望著身前淅淅瀝瀝下個不停的雨，心底一股壓抑不住的苦澀終於湧上雙眼，強忍在爆發的邊緣，思念突地沒了方向，心亦找不到寄託，時間似乎在指間凝固，每一分每一秒都把思緒和著淚水摺疊了再摺疊。

還記得那一年，她一襲素衣白裙，在七月的某天出現，讓他的世界處處歡顏；又是一襲素衣白裙，她在七月的同一天離開，任輕緩的腳步踩碎了流年。在她還未來得及轉身的瞬間，他已先一步逃離她的視線，因為走得太急，以至沒能看到她無聲的眼淚悄悄地滑落。還記得那一天，豔陽高照的天，在晚霞來不及露出面孔時卻換了大雨傾盆，他茫然地佇立在雨下，無言的淚隨著那場雨肆意地落下，卻喊不出一句挽留她的話。他終究還是把她丟了，這一丟，就是無數個天荒地老的日日夜夜！

風聲雨聲裡，她說那時若他沒有離去，她可以當一切絕情的話都是戲言，會守在清荷小苑等他，哪怕一輩子，哪怕生生世世，只為等待他一句溫暖人心的話。只是，她等待的時期，他卻躲在她的背後，任她斷腸在天涯。她的心意，他知道得太晚，懂得亦太晚，當他失魂落魄地走回當初她所站立的那片終日翹首以待的陌上之際，卻看到一株鮮紅的花兒炫目地開了，她說那是她為他傷心落淚的地方，只可惜他始終都未能看到。

迷濛裡，他獨自漫步到那朵花開的地方，冰硬的泥土早已蓋住了往日的希望，再也尋不見她紅色的淚滴，今日，留給他的唯有一顆空空蕩蕩的心，還有他無盡的悔意。她的淚已經乾了，他竭盡全力想要挽回，她卻早已成了別人的妻，無論他怎樣努力，亦只等到一株枯萎的花。她死了，不在了，往昔歡笑的時光，在轉身離開的那一刻，彷彿就已走過了千年，如今落寞的流年，想要珍重地把心交付給她，卻遺憾再也記不清她當時的模樣，於是，只能佝在湖畔輕輕蹲下，撕心裂肺地捶打著那花開的地方，一

第六卷　坐悲新霜點鬢鬚

遍遍數落著自己，閉上眼，在心裡默念著：蕙仙，我又來了，又來了。

也許一切都是宿命的安排，注定他要在思念的路上走過一生，痴情與迷戀、相見與結束，終是逃不脫命運的擺弄，期待一生的愛，亦總是在心痛之後才會到來。緣起緣滅，四季輪迴，自從重門深掩人歸去，已是十八載倏忽過去，曾經寫滿愛情詩章的院落終為清秋鎖，如鉤殘月，亦是無法重溫的舊夢。

就這樣，他執著地蹲在湖畔守候著下一季的花開，沒想到卻等來一場凜冽的冬雪。他再也沒有看到她，沒有等到那株紅花的綻放，於是，再也找不到幸福方向的他終於醉在了成都城那些衣綺羅歌相思的歌女懷裡，只任花的幽香撲面而來，再也不願醒來。

是的，四十九歲的他醉在了那些鶯歌燕舞的歌女懷裡，把對唐琬的滿腔思念和對朝廷的無盡失望都消磨在她們溫香軟玉的眉眼裡。夜已深沉，燈火閃爍，忽地備感思念，和衣而臥卻是難以成眠，漫漫長夜，夢境亦是寒意襲人。

悵望窗下，他輕輕地嘆，她終究還是她，他終究還是他，梁間的春燕依舊在風中徘徊，諾大的世界空餘愁緒與春草同生。恍惚間，卻又看到她含羞低首輕輕走至面前，一頭青絲似瀑布流瀉，在晨曦中閃著奪目的光澤，美得勝似花城芙蓉，點綴著他風中的寂寞，直至開到荼靡。轉身，她又捻起纖纖玉指，在他耳邊吹氣如蘭，低聲吟唱，歌聲幽怨，反反覆覆的只是那麼一句「心悅君兮君不知」，卻讓他嘗盡了心痛的滋味。

曉簷疏雨零，攤開翠羅衾，她的餘溫似還在，上面斑駁的亦依然是她永遠不盡的淚痕。想她，往昔的歡愉與新生的幽怨交相縱橫，心中五味雜陳，疼痛瞬間鋪天蓋地。念她，怕見飛花，怕聽鵑啼，到最後，還是看到了那春山，看到了她的一彎蹙眉，於是，他只能落荒而逃，至水邊臨水而

第二十三章　海棠依舊

寶氣的歌女們，能夠於此生相識相聚，又是何其的幸運？！

「青絲金絡白雪駒，日斜馳遭迎名姝。」總是騎著青絲金絡裝點的白雪駒，穿越時光的間隔，在日落時分馳騁在成都城中，拜訪那些倚門而望的名姝紅顏，在那一片純淨的天空下，共她們揮衣淺笑，任溫暖的氣息瀰漫身心。翩翩起舞的身姿是她們明媚的代言，當碎花落地，長長的袖口迎風而起、淡紫色的妝暈染出她們精緻的輪廓時，天地開始布下一簾幽夢，悄然入心，瞬間便溫柔了他淺淺的憂傷。

「燕脂褪盡見玉膚，綠鬟半脫嬌不梳。」褪盡胭脂，又見玉膚凝；綠鬟半脫，嬌慵懶梳洗。一闋清詞、半箋花香，也難寫盡歌女們的旖旎風情。只是，這樣的意境裡，他又想起了遠處那個明明滅滅的唐琬，回眸裡，一縷青煙，裊裊升起，若不是她暗中的輕撫，他那顆相思的心亦早已淪落天涯，而也正是這一幕，終注定要與她生生世世糾纏，牽牽絆絆到天涯。再回首，那些曾經一起走過的歲月終是在眼底慢慢沉澱下來，伸開手，輕輕抹去那些人生路上沿途風景裡忽明忽暗的光點，心，似乎變得輕鬆了許多。過去的已然過去，而那顆相思的心已將愛滿，又何須再求更多的錦繡浮華？左思右想，他也只是一個凡人，只想要了結一個簡單的心願：願得一人心，白首不相離。只如此，便足矣。

「吳綾便面對客書，斜行小草密復疏。」歌女們總是身著吳綾，一襲便裝，素顏朝天，在他面前潑墨聞書，一行行斜行的小草寫得該緊密時緊密，該稀疏時稀疏，一眼便能看出是歷經多年苦練的。他記得，蕙仙也寫得一手好字，信箋淡淡、筆墨生煙。只是，自從遇見他後，她的梳妝盒邊才多了那些零零散散的斷章，也是因為他，她的窗下才有了那些總也寫不完的憂傷記憶，更是因為他，她無可救藥地愛上了吟詩作賦，無法停止，正如他們初見時的感覺，傾心一次，卻銘記了一生。

第六卷　坐悲新霜點鬢鬚

「墨君秀潤瘦不枯，風枝雨葉筆筆殊。」偎在他身畔淺吟低唱的成都歌女寫得一手如同蕙仙般的清秀好字，風枝雨葉筆筆不同，自是精采紛呈。他問她何時開始喜歡上寫字的？她笑而不語，其實沒有人知道，她是遇見他後，才有了這些興致，只是半箋信筆、半分念想，從不敢讓他知道，也不想讓他知道，只願在他的柔情蜜意裡，悄悄將筆尖停在歲月的尾端，回眸時，頓然詩意成畫。

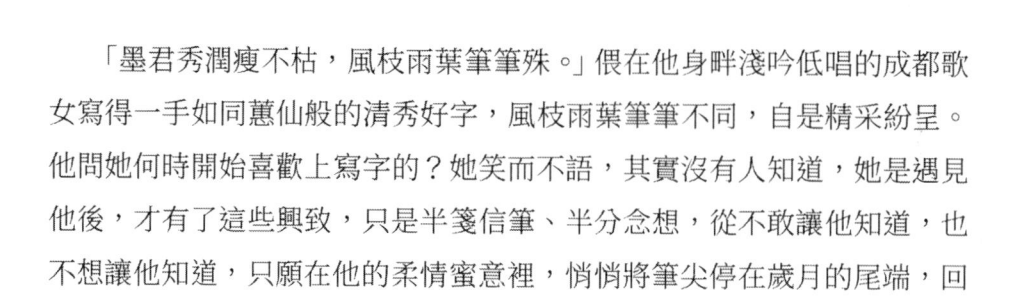

他看得出，她是真心愛著自己的，可是，他又能給她些什麼？他的心眼小得只裝得下他的蕙仙，此去經年後，誰又會為這窈窕痴情的歌女唱響一曲哀婉的歌，惋惜她失落的時光；誰又會為她送一縷清風，驅散她的炎熱；誰又會為她種一粒籽，開出來年的芬芳？是誰？是她，還是他？

「月浸羅襪清夜徂，滿身花影醉索扶。」靜默的時光，在安然的日曆上悄然滑過，無論是面對滿城的流言飛語，或是雙雙憐惜的目光，抑或是醋意飛天的文海，她對他的執著堅定如初，即使知道千年的等待換不回他最初的傾心相對，她亦緣於真愛，繼續無悔付出。

燈火依舊，夜卻闌珊，輾轉成眠對月吟；紅燭薰香，珠淚輕垂，世間難得有心人。知道他就要離去，多情的歌女臨窗而立，捲襲羅襪，語未盡，思先至，碎碎唸唸的絮語像細珠一樣，噼啪而落，在他眼底，瞬間便散了、亂了、倦了。

盈盈秋波，素妝胭脂，柔和的月色舞著一脈清香，流淌在靜謐的拂曉。墨寫昔日故情，只是千年緣，終難圓千年願。滿身花影裡，他再次沉醉在她溫潤的眸光中，任由她含著熱淚將他輕輕扶上錦繡像牙榻。回眸，望向她潸然的眼，又在心底輕輕地嘆，姑娘啊姑娘，我們相遇在錯了的花期，這樣的戀情是無論如何也覓不見最初的芬芳的，我所能給妳的最好答案只能是付之一笑，因為，唯有這樣，才能讓妳不被外人所打擾，不惹閒

第二十三章　海棠依舊

言於室內，安靜地享受童話空城中意外的溫暖。

「東來此歡墮空虛，坐悲新霜點鬢鬚。」從成都輾轉至嘉州，怕不又有幾個月了吧？輕輕打開歌女寄來的錦書，雖然一直在懷中珍藏，卻無法找回往日的歡愉，更無法慰藉孤寂中的片片相思。

望瘦箋幾片、秋波數點，知否究竟痴狂了多少紅顏，撫過多少嬌羞的臉？那姑娘送來的羅帕花箋，嫉妒了此間多少翩翩美少年，只可惜，他已錯過，只怕再也無緣與她相見，從此，無數個日日夜夜裡，亦只能坐悲新霜點鬢鬚罷了。倏忽裡，冷氣突然侵襲，瞬息之間便寒戰了身子，所以又按捺不住地想起了他那個弱不禁風的蕙仙來。在她憂鬱恍惚的眼神裡，秋雨初至，洋洋灑灑，狂風搖曳珠簾，撩起他被放逐許久的想念，那些個與她攜手的風風雨雨，和著風鈴的響動，一一映現在眼前，雖然卑微到塵埃，卻是毫無怨言。

「易求合浦千斛珠，難覓錦江雙鯉魚。」產自合浦的珍珠，即便千斛亦不難得，然而，成都城五光十色的錦江裡，卻是難覓鯉魚的蹤影。都說物以稀為貴，那鯉魚在成都便成了寶，而遠去了的她，不正如那錦江之鯉一樣的珍貴嗎？是的，在他心裡，她便是那無價之寶、罕有之物，又怎不讓他將她珍重？再回首，眼前千帆過盡，伊人仍不隨書至，失落裡，猶記昨夜夢裡，數次飛越茫茫煙水尋她，怎奈西風攔阻，瞬息吹散魂思，又哪裡再共她聽風醉月、賞花踏雪？

第六卷　坐悲新霜點鬢鬚

第二十四章　西陵長恨

> 武王在時教歌舞，那知淚灑西陵土。
> 君已去兮妾獨生，生何樂兮死何苦！
> 亦知從死非君意，偷生自是慚天地。
> 長夜昏昏死實難，孰知妾死心所安。
>
> ——陸游〈銅雀妓〉

　　行走在漫漫人生旅途上，獨行的身影時常在年輪裡周轉，在地平線上的邊緣徘徊，在夜空之下低吟，在廣闊的藍天之外夢幻。很慶幸，在他最美的時候遇見她，於是，他便相信，總有一個人在遠方為他牽腸掛肚，總有一個人在默默地祝福他，總有一個人在南國之川時刻關注著他，總有一個人在錦年之外與他相約天荒地老，靜看朝日晚霞，共賞細水長流，那便是她，他的唐琬。

　　斜倚窗臺，頷首迎風，在靜謐中想像許久未曾想起的她，現在的一切是否安好如初。冬日的陽光透過窗櫺的間隙直射而來，他任琉璃般的光線灑在身上，習慣性地抬頭遠望彼岸，卻發現與往日不同的便是他還在這裡，而那端卻沒了她的影子。低頭哀嘆，滿腹的憂傷瞬間揉碎了日光傾城的溫暖，這一生的諾言啊，該如何守著不離不棄，堅守一世？好想藉著一縷清風，問一聲：親愛的，現在過得可好？不知此時的妳，是否依然把我牽掛？

　　那年那月，她婉約而來，如一株青竹，經歷著季節的滄桑，而後艱難

第二十四章　西陵長恨

地生長，佇立風雨中，留下一季季的青，遇見他時，風霜正飄過她的季節，她卻愛上了他倦怠的容顏，從此，他的世界便多了一抹牽掛的離愁。今日今時，堤岸上垂柳依依，千縷萬縷，他卻像一隻迷途的羔羊，形單影隻地走在荒郊野嶺，在悽悽的晚風中感受著生命的孤獨與脆弱，她偶爾的回眸，更淡定了他多情的失落。

彼岸花開，守著一城相思，她清淺的身影，靜靜地、遠遠地離去。低低的嘆息過後，落在白色素箋上的筆尖突然停止了轉動，卻徬徨窗外的世界陡地又變作了一個淋漓的雨天，而想念的思緒亦在他的眼底變得更加濃烈。這個季節，誰會為他唱響一曲哀婉的歌，讓他看穿生命的憂傷，又有誰會借他一滴清淚，讓他嘗盡人生苦澀的滋味？當時，溪水裡有她蜿蜒過來的倩影，流光波動，月白風清，他試著用青瓷打撈她的柔婉，卻不意，撈來撈去，都是他自己蒼白的面色與幾絲斷根浮藻。

星星執著地在黑夜裡閃爍，他知道，那是為尋找他曾在星空下對她許下的諾言。還記得，他說要做她一世的星星，照亮她一生的明媚，要做她一世的明眸，替她分辨這世間所有的美醜善惡，然而，時過境遷，又有誰能借他一泓清洌的湖水，任其盛開心中那朵枯萎，讓他沉淪的心找到寄託，撫慰他無處安放的流年？

來易來，去易去，匆匆而過的行人，從不曾在彼此的眼底留對方的足痕，而她，恰恰是拎心踏過他的足跡，從不問他離開的緣由，從不明瞭絕望的處境，而這一切都因為懂得，所以心也變得慈悲。年年如日，月月如朝，花亦開，花亦落，回憶從不會隨著時光漸行漸遠，反而是停留在她離開的那一天，永恆依存。

心相念，情相牽，縱然無奈離去，餘音未了，親眼見證血淚相融，他還是無法將她從心底放飛。淚眼相望裡，落花葬了清芬也葬了人心，明月

第六卷　坐悲新霜點鬢鬚

　　冷了清風也冷了愁腸，倚著窗兒，依舊在默默地等待，只是，那開花謝花滿天的淒涼，終還是斷送了他的期盼！揮手，與往事作別，回首間卻是恍如隔世，紅塵深處的那一抹眷戀恰如一池清水，波光瀲灩，而遠去的她並不會知道，當那股溫馨的氣息重新溢滿身心時，愛，便是一曲唱不完的歌，永遠不會終止。

　　縱然涉盡千山萬水，也經風吹雨打，欣慰的是所有的懂得還能讓他找回來時的路，讓情感找回原點，唯一遺憾的，不過是愛過無痕。或許，守望是一種姿態，是一種祝福，是一種安然，更是一道細水長流的風景，所以他寧願站在錦年之外，眺望她的方向，墨守她的一切，也怕因一時興起，斬斷前塵宿緣，從此了卻心中所念；或許，守望是一種靜觀，是一道心坎，是一方城池，更是一扇通向心靈世界的窗口，所以她不必知道他過得如何，不必體會思念的酸澀，不必經歷牽腸掛肚的痛楚，更不必懂得如何愛得傾盡所有。

　　五更的鐘聲，總是驚醒殘夢；雨雪的季節，總是牽動離愁。愛情如三分鐘熱風，吹得如此決絕，喝一碗孟婆湯，又上紅樓，卻已物是人非，獨綻開他最後一季的憂傷。藉著窗外的清風，送去最後的告別，執筆畫上一條透明的界限，他和她就這樣身在紅塵深處的兩端，遠遠相望，不靠近，不相依，不訴離殤。

　　遙遠的地方，漫天飛舞的落花是他的附身，說好不再依賴她，放任心去天涯，許她一世安好，願多年以後彼此再見時還能微笑。於是，他毅然邁著輕快的步伐等待在下一個轉角，向著晴好的日光道聲珍重。只是，他知道他們之間，終是隔著一條無法踰越的河；更知道，他和她不僅隔著空間和時間的距離，更是隔著心與心的距離，飄渺虛無的承諾，又怎能抵得過山水兼程？

第二十四章　西陵長恨

她身上再次上演。

愛了，卻也怕了；痛了，卻也遠離了。心的烙印深深埋在某一個地方，不敢再靠近，不敢再喧譁，所有的真心付出一次就好，他不奢求完美的謝幕，只願，隔著時光、隔著距離、隔著年華，亦能與她默然相守、寂靜喜歡。

心事如蓮，絲絲相扣。相遇，離開，再相遇，如此的場景早已讓心望而卻步。既如此，就忍痛放她離去吧！若是有緣，只求她能靜靜感受到他遠方的牽掛，如此，便好。

可是，他沒想到，她充斥決絕語氣的來信，卻讓他多情的心一下子沉淪到海底。鋪開對白的畫面，痴痴捧著她一箋用怨念做就的新詞，望著眼前指尖下躍動的文字，再也無法靜聽她曾經溫柔繾綣的呢喃心語：

說盟說誓，說情說意，動便春愁滿紙。多應唸得脫空經，是那個先生教底？不茶不飯，不言不語，一味供他憔悴。相思已是不曾閒，又那得功夫咒你？

── 蜀中妓〈鵲橋仙〉

「說盟說誓，說情說意，動便春愁滿紙。」什麼海誓山盟，什麼情深義重，動不動便是滿紙春愁寫依戀的甜言蜜語，卻原來，都是假的，都只是他一個人的虛情假意！自他將她遣出家門後，死了的心，便不再有任何期待，緣來緣去，不過紅塵一夢罷了，又何必還對往事念念不休？天不會老，海不會枯，溪水照樣日日東流，他在或不在，於她，並沒有任何關係，還想著他做什麼？

其實，這些都是她的氣話，怎麼能說不想就不想了呢？愛悠悠、恨悠悠，欲訴還休，半箋花香浸滿一闋清詞，卻換得夢渺渺、人渺渺，再也找尋不見當日的溫柔，就連夢都做不完整，怎不讓人心碎欲裂？

第六卷　坐悲新霜點鬢鬚

「多應念得脫空經,是那個先生教底?」花言巧語她已聽得太多太多,原本以為他和別的男子不同,未曾想,卻仍是一個德性!怨憎會,愛別離,自古便是人生之苦,原以為,紅塵裡,他是最懂她的那個人,可她終究還是錯了,從一開始便錯了!一廂情願的痴戀是錯,執著的追求是錯,所有的愛恨糾結、所有的猜測絕望,到頭來都成了她撕心裂肺的劫難!

陸務觀啊陸務觀啊,歲月難返、昔日難回,從沒料到,轉身之時,你會是如此的決絕,這般的狠毒!是不是,所有的真情都經不起時光的等待?那麼,這世上還有什麼,可以和時光抗衡?罷了罷了,就當我瞎了眼睛看錯了郎,從此後,你再去把那弄虛作假的「脫空經」念個千遍萬遍,看還有沒有哪個女子會像我一樣上你的當受你的騙?哼!你這樣的油嘴滑舌、花言巧語,又到底是哪個先生教會的呢?

「不茶不飯,不言不語,一味供他憔悴。」可知否,遭遣後,我為你不茶、不飯、不言、不語,為伊消得人憔悴,可這一切換來的又是什麼?除了你的無情,你的狠心,你到底還給了我些什麼?

「相思已是不曾閒,又那得功夫咒你?」可她還是一如既往地深深眷戀著他,儘管不能與他相依相伴,仍然在孤寂裡痴痴思念著他。務觀啊務觀,我所有的怨言都因太過愛你,可你到底是真不明白還是裝作糊塗,為什麼到現在都不肯來看我一眼,再聽我為你唱響一曲〈鳳求凰〉?我不是那不懂事的女子,現在的我做什麼都提不起精神,光是沉浸在對你的相思裡已是不曾得閒,又哪裡還會有時間去咒你、罵你?

捧著她用痴戀和著怨氣寫就的一箋相思詞,他終是忍不住涕淚交流。她終究是他的愛啊,為什麼,為什麼他能在她悽絕哀慟的眼神中,決絕地將她遣出府門?難道,是因為他對她愛得不夠,還是因為他和宛今一樣在意著她曾經的身分?不,他知道,愛一個人就要愛她的全部,可為什麼,

第二十四章　西陵長恨

為什麼他會對她如此絕情，難道真的是想放手讓她高飛，要讓她像天上的風箏那樣來去自由地恣意飛翔？

他不知道。他只知道，她曾經不止一次地對他說，在愛情裡他不夠勇敢，所以才會與唐琬失之交臂。莫非，所有的不對，都是因為他的懦弱，因為他始終沒有勇氣跨出那遙可不及的第一步？不，不是的。他不是不夠勇敢，只是因為他知道，遲到的夢，只能永遠是個夢，無論多麼痛苦，無論多麼思念，也只能，抑制住心中那些熾熱的情感，之於卿卿，他又該怎麼做呢？

猶記得，那一日，載著她遠去的船從府前的小溪順流而下，鹹澀的淚水頓時落滿他滄桑的面容。光陰終究散去，他和她到底還是分離了，站在月光之下，懷想那段朝朝暮暮的歲月，留給他的唯有穿心的思念，在心口陣陣發疼。卿卿，我錯了，可是，要怎樣才能讓你回到我溫暖的世界？或許，唯有和著兩行清淚，為她寫詩，才能讓他找回眉眼間丟失了的那份感動吧？

　　武王在時教歌舞，那知淚灑西陵土？
　　君已去兮妾獨生，生何樂兮死何苦！
　　亦知從死非君意，偷生自是慚天地。
　　長夜昏昏死實難，孰知妾死心所安。

　　　　　　　　　　　　　　　——陸游〈銅雀妓〉

「武王在時教歌舞，那知淚灑西陵土。」遙想三國，壯志雄心的魏武帝曹操在鄴城外築起了綺麗浮華的銅雀臺，選入面容姣好的伎人，令她們逢每月初一、十五，便於臺內演奏歌舞，好不風流快活。誰知春宵苦短，轉眼間，曹操棄世。只是，當年風光八面的伎人們又何曾想到今時今日空落得淚灑西陵土的悲慘境地？

265

第六卷　坐悲新霜點鬢鬚

　　卿卿啊卿卿，妳有著銅雀臺伎人一樣的美貌，有著銅雀臺伎人一樣的才情，有著銅雀臺伎人一樣的輕歌曼舞，原本，憑著妳出眾的才貌，即使不入宮為妃，亦當得為世家婦，為何偏偏看上我這樣不上進的半老之人？我是如此這般地傷了妳的心，為何，妳還要把我深深地想起？我未嘗為妳做過什麼，甚至未曾教過妳一支可以流芳千古的歌曲，比之魏武帝對銅雀臺伎人的恩情，我所給予妳的卻是少之又少，既如此，妳還是把我徹底忘懷，去尋找妳應得的那份幸福美滿吧！

　　「君已去兮妾獨生，生何樂兮死何苦！」憶往昔，曹操去世了，銅雀臺內唯餘伴著寂寞而生的伎人，夜以繼日以淚洗面，生亦何樂，死亦何苦！既如此，妳還是走吧，遠遠地離開，或許，會比守著我度過無數個悽清長夜要好得多啊！

　　這段情，終究經不起歲月的磨礪，於是，他只能冷笑著，把彼此的身影放逐在天涯、在陌路，爾後決絕轉身，狠狠地說著訣別，狠狠地說著此生不再相見。除此以外，他不知道還能給她怎樣的幸福！卿卿，妳可知，人世間，有些離別在所難免？時間會讓所有的傷痕癒合，經年以後，若再回首，這些痛楚，必定不會再讓妳的心起一丁點兒的波瀾，而我，也必定只是你人生路途上一段小小的插曲。忘了吧！忘了我！該斷的都斷了吧，該走的都走了吧，苦苦撐下去豈不更痛？

　　「亦知從死非君意，偷生自是慚天地。」當年的銅雀臺伎人情知殉情而死並非君王臨終之意，然而偷生自是愧於天地，魏王不在了，生亦不得、死亦不能，沒有了愛情的日子活得還有什麼滋味？卿卿，妳也是這麼想的嗎？可是，我並不是值得妳用心去愛的那一個人，於我而言，只有妳快樂，我才能安心，到底，妳是明白，還是不曾明白？

　　「長夜昏昏死實難，孰知妾死心所安。」長夜昏昏，從死實難，碧海青

第二十四章　西陵長恨

天，誰人知銅雀臺伎人顆顆誠摯的心？死了，便不會再糾纏於往日的甜蜜回憶裡痛不欲生，便能獲得長長久久的安寧，這和他此刻的心境又有什麼分別？想到被他狠心遣出的卿卿，他的心便痛到極點，雖說只是隔著一溪之遠，彼此都仍在遠遠地默念著對方，可他明白，他們的相守是不可能永恆的。所以，他總是避免提及愛，害怕提及愛，只是靜靜地眺望，默默地祝福，保留心中唯一一份專屬她的念想。

或許，正如她曾經偎在他懷裡所說的那樣，隔著一段距離，相識、相知、相伴、相守，便是細水長流的風景。歲月芳華，總有一些情意，遠了，近了，再遠了，當時卻成了物是人非的哀愁。於是，他唯願和她靜靜站在時光的兩岸，翹首對望，那些如花的年月，悄然銘記一路走來的點點滴滴。

第六卷　坐悲新霜點鬢鬚

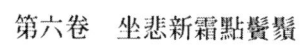

第七卷
燈暗無人說斷腸

採得黃花作枕囊，曲屏深幌閟幽香。
喚回四十三年夢，燈暗無人說斷腸！
少日曾題菊枕詩，囊編殘稿鎖蛛絲。
人間萬事消磨盡，只有清香似舊時！

——陸游〈菊枕二首〉

第七卷　燈暗無人說斷腸

第二十五章　夢鎖海棠

> 為愛名花抵死狂，
>
> 只恐風日損紅芳。
>
> 綠章夜奏通明殿，
>
> 乞借春陰護海棠。
>
> ——陸游〈花時遍遊諸家園之二〉

春暖，人人都等在浣花溪畔守著千樹桃花的綻放，陸游卻獨坐石畔，靜候一株海棠的獨豔。在他眼裡，海棠花，是一隻隻憂鬱的眼睛，彷彿他，恰似她。桃花妖冶，遠觀即可，海棠典雅，不可冷落。二月末的海棠，剛剛著蕾，就開始輕溢淡淡的幽香，如果雨來，思緒即會循香走入幽深的雨巷，聽屋簷下雨落的滴嗒聲，輕如她遠方的低語，溫柔繾綣、纏綿悱惻，獨慰他孤寂情懷，而雨巷外的喧囂，則通通與他無關。

那天，陸游獨自一人，守著一身的寂寞，又去溪畔看那一樹西府海棠，恰遇雨絲綿長，倏忽溼了他空落的眼神，歸來後，那一袖的清香便也入了夢。夢裡，細雨瀟瀟、霧氣暗湧，唐琬一襲素衣飄飛，雲鬢低挽、明眸似水，於朦朧的月色中斜倚海棠樹下，一臉微笑地等待著從遠處雨巷走出撐著油紙傘迎面而來的他。枝梢上，那一抹淺淺的粉，那一抹淡淡的紅，恰似她前世的顏色，瞬間浸透了憂傷。

想起初遇的時節，已是花到荼蘼的暮春。海棠已謝，而她依然結滿海棠的惆悵，提著潔白的裙裾，緩緩朝他走來。她的眼神似曾相識，他躊躇

第二十五章　夢鎖海棠

著,不經意送出一個莞爾的微笑,抿嘴的那一剎,她便猜透了他的性情。想起別離的時節,恰是又一個落英繽紛的春暮。海棠落盡,她也走出了兩個人共同撐起的歡喜,只餘他孤獨的心自此與文字為伴,任由一些脈脈的心事,從滲著哀傷的詩詞文賦裡伸出手,淺淺撫著他幽深的寂寞。

她走後,心痕,很久沒有了顏色,淺淺淡淡地半隱半沒,他佇立的身後,以往的風景已經朦朧,卻是一如既往地捨不得遠走。淚眼模糊中,她往昔裡溫柔的眼神依然是那樣的熟悉,熟悉到讓他止不住地慌亂,再回首,卻只看見粼粼的水波、素潔的月色,在她漸行漸遠的身影裡,為他漾起陣陣無法觸摸到的溫柔。

那一季的春雨很長,心裡始終響著滋潤的聲音,天天雨落,倏忽間便洗淡了心頭斑駁的往事。暮色裡,柔軟的細雨淋過遠古的故事,淋開遠古的心扉,思念在細雨中翻開,又在細雨中合上,永遠在詩人的掌中閃亮。回眸,卻見海棠生長的地方有條清澈見底的小溪,溪水裡,雨落的漣漪一圈一圈地漾開他的輕愁,彼岸,有一些雲朵正試圖泅渡,幾隻鳥兒在雨中隨意唱著愛戀的歌,不經意間卻撩開他心事如雲,抬頭頷首裡,那陰影究竟又網住了誰的痛誰的疼?想她念她,心也雀躍,只是無網飛不起鳥兒的高度,於是,只好把自己鎖在一襟寒煙裡,沉默。

喜歡海棠,喜歡她,但她終究不是海棠,因他錯過了採摘的季節,她亦早已失去了綻放的勇氣,於是,他只能在靜默中等待,等待一樹奇蹟的絢爛,等待她燦爛的歸來,等待她的明眸似水,等待她攜著一縷海棠飄香的光豔照人走向他的淺笑,等待雨過天晴後滋生的華美愛情。

等啊等啊,潮溼的雨天一過,明知海棠還沒有綻放,他便迫不及待地奔向那條流水叮咚的小溪,倚著一樹含露的花蕾,仍然習慣地在眩暈的光影裡,守著一紙素箋,任相思於那些明明滅滅的古曲裡沉沉浮浮。然而,

第七卷　燈暗無人說斷腸

陽光只燦爛了一天，就又變了臉，夜裡風起時，他又枕著她一縷幽香，帶著些許惦念，悠然入夢。他相信老天爺賜給每個人的夜晚，都是用來做夢的，有時候，人需要在夢裡尋找真理，需要在夢裡尋找希望，需要在夢裡尋找甜蜜，更需要在夢裡回到前世，去將那些早已灰飛煙滅了的情，輕輕，拾起。

夢迴前生。忘憂河畔，青青的綠葉經過了破土前的黑暗，他看見身邊仙雲繚繞、香霧裊裊，然後輕輕閉上眼睛，深呼吸，卻聽到心裡有個聲音在對他說：「曼陀羅之葉，憂傷如水，倒掉即空！爾因生於佛國，得佛恩澤，才得以百年成形，千年成仙，萬年成佛，好好珍惜萬年修成佛的機會，切莫再生凡心。」

凝眸，眼前的清雲朵白，遠處的霧靄仙閣，始終都是一種顏色，單一，沒有任何的新意；傾耳，雖然四面不斷地傳來經久不息的頌歌，卻又都只是單調的佛經，唸來唸去，終是唸不去他的煩惱。駐足，腦際掠過種種紅塵舊事，雖然每一世遊歷的結局都是淚盡而死，卻可憐繁華和情愛已然生根，而他依然在佛的光影裡下不了絕塵的心，於是隻能緘默不語，緩緩地轉身。

他知道佛祖對他是慈愛的。佛祖給了他一次次醒悟的機會，默許了他一次次放縱的凡心，只是，他的心早已守在紅塵的盡頭，縱是再過一萬個世紀，他還是一片心繫凡塵的葉，為情而生，終落得情殤而泣、淚盡而死。

忘憂河畔，微風清涼，一抹蒼涼遠至天際。日日夜夜，天總是半陰著，無風也無露，默默的守望裡，他枯了葉尖、瘦了容顏，一天天奄奄無神。再回首，低雲漫捲風塵，面前卻又是誰，一襲霓裳、一抹嫣笑，在他眼前輕舞飛揚？是曼陀羅之花嗎？一千年，他們已經別離得太久太久，一直刻

第二十五章　夢鎖海棠

　　意想將她忘懷，沒想到只輕輕一個注目，便又讓他夢魂難捨，然而片刻的相逢依然無法讓他們聚首，愛到深處，到最後，終只換得一片荒涼久久地搖曳在半空中。

　　夢醒，那雙神采飛揚、寫滿愛的眼睛，早已溶入他的心扉。憂傷裡，一夢隔開千里萬里，日日守望隔世離空的眷戀，沒了青春年少的歲月，終是半生繾綣難盡歡，於是，一縷疼痛的思緒開始在心底燃燒，彼此凝望處，文字越來越瘦，繽紛的期待瞬間枯了清顏。或許，這世間，所有的感情都喜歡戴著面具，華麗的外表下究竟又掩蓋了多少痛不欲生的血淚悲愴？困惑中，他不知是該繼續前行，還是該尋找一條退路，為彼此撐起一片自由的天空，莫非，所謂的前緣故事，都沒有歡快的結尾，只是為了設定一個懸念，給來生一個相遇的理由？

　　躊躇中，向前一步，是冒險；退後一步，是孤獨。他終不知道該如何取捨，該如何共她繼續一場風花雪月的豔事。每天清晨，抑或黃昏，漫步在那多情而又憂傷的小溪畔，總有一抹溫潤的眼神、一場隔空的遇見，隱隱帶來些許意念中的微寒。難道，她真的再也不會歸來了嗎？淚眼朦朧裡，孤寂的海棠花終於開了，沒有過多的驚喜，也沒有過多的欣慰，那一樹淺淺的淡粉似乎只預示著他深藏於心底的憂傷，會一滴滴、一滴滴，滲進他失神的眸裡，而心，也終將飄得更遠，更遠。

　　望向一樹清麗的海棠，他還記得，在他們的世界裡，有過甜蜜，有過陶醉，有過幸福，亦有過無奈，有過感傷，有過痛苦，而因為有了兩心相知的默契，便有了更多的在乎與憐惜，絲毫虛偽不得。她曾經深情地望著他說：「山無陵，江水為竭，冬雷震震，夏雨雪。天地合，乃敢與君絕！」他亦拉著她的手許下重誓：「擬把狂疏圖一醉，對酒當歌，強樂還無味。衣帶漸寬終不悔，為伊消得人憔悴。」然而，他時常的憐惜不夠，卻總是

第七卷　燈暗無人說斷腸

惹她淚潸如雨,瞬間便鏤空了她敏感的心房,任霜痕雕滿她憔悴的面龐。她總是那樣的多愁善感,總是那樣的憂心忡忡,而他卻未曾給予她更多的撫慰與憐憫。經年後,他與她離別,悲哀裡,他只能落寞於灰色的窗前,用矇矓的視線望著她留下的畫像,用指腹輕撫她往昔的笑容,任止不住的疼痛,在心尖揪起一層層皺紋。

夜,沉澱了喧囂,溪畔刮來的風,搖落了一地的粉雨。海棠花下,她的芬夢早已被他渾濁的淚水淹沒,只是她又可曾在夢中憐惜這一份無語的凋零?塵世累,情緣苦,何處風月染濃情?猶記得,往昔裡,她曾說,願陪他到天涯海角;他亦說,願陪她到地老天荒。然,歲月流逝,冬去春來,曾經的喜悅與苦澀、歡笑與淚水、感動與溫暖,終究只在她憂傷的眸裡淪落為縈繞在他心靈深處的守候,一回首,再回首,竟是那麼的遙遠,遙不可及。

花下的文字記錄了幽巷深處的雨落聲聲、悠悠雲夢裡的點點滴滴。情絲三千,繾綣成雲,誰人知花香裡暗藏了風暴,撕裂了風景?離合多變,終是累了心,突然靜下來的夜,終被他滂沱的淚水淹沒,連同心中結出的相思,都在腳下一汪溪流裡黯然漂泊。只是,淚漂紅豆,何處有岸?花香濃郁,隔空的愛戀漸行漸遠,甚至模糊了彼此的容顏,一樹芬芳更是浸泡了他潛藏已久的失落。聽簫聲嗚咽、琴箏纏綿,古曲聲聲,如泣如訴,所有的承諾都隨落紅凋謝成泥,終是習慣了寂寞,習慣了傷的反反覆覆,習慣了被淚水染得斑斑駁駁,然而清風裡的淚花究竟又為誰綻放了那不知停歇的涼涼的痛?

還記得,那一年,他和她,手牽著手走在幽靜的山路上,披著月光、攜著星子,嗅著淡淡花香;還記得,那一月,她坐在鞦韆上,紅著臉兒偷聽他的心跳,腳下,那一池暗香飄渺的荷塘紋絲不動,只映著他們的依

第二十五章　夢鎖海棠

俋，觸目所及之處，唯有池底的石塊、岸邊的垂柳、水中的月影，還有她的絃音、她的呼吸，和著陣陣風聲，在他心頭輕輕掠過；還記得，那一日，陽光明媚，那條望不到盡頭的街，始終有一抹橘色的光伴著他們的前行，折射出道道愛的彩虹；還記得，那一夜，東風婆娑，輕撫伊人的臉，月光下，她明亮的眸裡閃出永恆的依戀，只為他於樹下綻開最美的舞姿。而今，她不在了，夜也暗了，滄桑裡，只餘一縷悲傷的海棠花香，在他心頭輕輕淺淺地升起、落下，升起、再落下，卻沒有人願意為他輕歌曼舞一曲。

　　悵坐一樹花下，聽花開花落的聲音，整個成都城都浸在一片昏暗之中，不知明朝日出的時候，她還會不會像從前那樣和他一起舞在海棠樹下，傾聽一次生命顫動的旋律？風起了，一片片花瓣隨風飄舞，宛若她潔白的裙裾，浮起他黯淡的相思。此時此刻，他多想和她一起坐在船頭，看那柳絮紛飛，看那海棠起舞；多想和她一起踏著滿地落紅，看日出，看日落；多想和她一起在河畔踩著落葉，看水中泛起的漣漪，看天上飄飛的彩雲；多想和她一起坐在清荷小苑裡，看窗外的飄雪，看那枝孤傲的寒梅；多想和她一起閒看春夏秋冬在眼底慢慢輪迴，折斷思念的翅膀，來延續他們的愛……

　　轉眼間，暮春已至，三月的天空依然流瀉著海棠的芬芳。捧著痛極的心，他仍在陌上守著那一樹寂寞的海棠，看它開得如火如荼，心，如癡如醉，而那風裡飛舞的塵，卻似她無聲冰涼的眸光，每一粒都經歷過傷痛與酸楚，瞬間便疼了他的肝、裂了他的腸。再回首，那些日日夜夜付出的相思，轉眼慘淡成雲，靜默裡，結到荼蘼，終至飄遠。海棠花香裡，換來的只是憂傷怦然落地，又一場情劫褪盡了顏色，從此後，只能在泛黃的書頁裡，用李清照的哀婉比對自己的心情，心念處，早是結滿了苦澀。

第七卷　燈暗無人說斷腸

是啊，無論何時何地，縱是隔著千山萬水，他也未曾將她忘懷，哪怕一分，或是一秒。帶著這份至死不渝的情，他走過了青澀的二十歲、成熟的三十歲、雄心壯志的四十歲、心已滄桑的五十歲；走過了風光綺麗的山陰城、湖光山色的臨安城、英雄苦膽的南鄭城，還有這花開似錦的成都城。這些，他都記得，她都知道，千年之後，循著他的足跡一路走來的我，也都清清楚楚，明明白白。

我知道，在嘉州城和淚寫完〈銅雀妓〉後的次年，即宋孝宗淳熙元年（1174 年）二月，他便又調回了蜀州。但他始終放不下他心心繫念的成都，六月間便又回去過一次，爾後又回到蜀州，九月間再次前往成都，到這年十一月又被調往榮州。就這樣，他走馬看花似的走過一座座巴蜀名城，終於在淳熙元年的除夕接到新的詔書，這次，孝宗皇帝任命他為朝奉郎、成都府路安撫司參議官，兼四川制置使司參議官，是為正六品官。新年一過，便於正月初十離開榮州，帶著如花的心情，攜著家眷，一路向著他流連忘返的成都出發。

也就在這一年，即宋孝宗淳熙二年（1175 年）六月，他早年在臨安城結識的摯交──大詩人范成大以四川制置使的身分到了成都。老友在異鄉相聚，自是歡欣無比，加上范成大和他一樣都是詩人，公務之餘，二人自然免不了聚在一起吟詩作賦、飲酒尋歡，日子過得倒也逍遙自在。有了老友的相伴，孤寂中的陸游憂鬱的眉宇間終於浮起了會心的笑意，從此，成都的酒肆歌樓裡便多了他們風花雪月的身影，一首首綺麗驚豔的詩作便隨著那些滿身珠翠的歌女傳到了街巷裡坊，那些清麗的文字更將他們浪漫的生活揮灑得一覽無遺：

天公為我齒頰計，遣飫黃甘與丹荔。

又憐狂眼老更狂，令看廣陵芍藥蜀海棠。

第二十五章　夢鎖海棠

周行萬里逐所樂，天公於我元不薄。
貴人不出長安城，寶帶華纓真汝縛。
樂哉今從石湖公，大度不計聾丞聾。
夜宴新亭海棠底，紅雲倒吸玻璃鍾。
琵琶弦繁腰鼓急，盤鳳舞衫香霧涅。
春醪凸盞燭光搖，素月中天花影立。
遊人如雲環玉帳，詩未落紙先傳唱。
此邦句律方一新，鳳閣舍人今有樣。

—— 陸游〈錦亭〉

曉出錦江邊，長橋柳帶煙。
豪華行樂地，芳潤養花天。
擁路看欹帽，窺門笑墜鞭。
京華歸未得，聊此送流年。

—— 陸游〈曉過萬里橋〉

政為梅花憶兩京，海棠又滿錦官城。
鴉藏高柳陰初密，馬涉清江水未生。
風掠春衫驚小冷，酒潮玉頰見微赬。
殘年飄泊無時了，腸斷樓頭畫角聲。

—— 陸游〈自合江亭涉江至趙園〉

即便如此，滿目的繁華終不能讓他忘記他的蕙仙。她走了，遠去的諾言在孤寂裡獨自翻飛，總是輕飄飄地便能劃開他心底的傷痕。一季季的憂傷，在眼前明明滅滅、盤旋飛舞，總是不經意間便觸痛了心事，絕望裡，他唯有逆著風，在明媚的溪畔，守望那一樹海棠的花開花落，小心翼翼地

第七卷　燈暗無人說斷腸

躲避著一些容易敏感的日子,沉寂在繁華背後,平靜地聆聽風起的聲音。

海棠花開花又落,他卻再也找不回有她的世界。放眼,看那清清淡淡的世界,無關雪月,清詞瘦盡,終是不忍塗抹。淚水漂著憂傷,漫無目的,他攜著一縷哀傷的幽香,走在漸次凋零的海棠花下,只待陽光穿透濃霧,晒去心底的潮溼,再為她痛痛快快地大哭一場,抑或大笑一場。

痛,如煙霧般裊裊升騰,腳下,往事匍匐了一地。一些老去的笑語伴著柳絮花香,在風中隱隱地飄,淡去無蹤,再回首,只留下些許若有若無的痕跡,在他模糊的眼前輕輕地飛揚。轉身,他站在平時不敢企及的高度,聽溪頭鳥兒婉轉鳴唱,卻嘆海棠花開的一季芳菲終會被季節更迭,褪盡它原有的顏色,再也喚不回她溫暖的笑靨。於是,他只能和著一腔相思、一抹淚痕,在海棠樹下來回穿梭,於淳熙二年即將過去的春天裡,為她寫下十首滿是旖旎風情的〈花時遍遊諸家園〉詩,以祭奠他明媚而又憂傷、歡快而又悲哀的情緒:

看花南陌復東阡,曉露初乾日正妍。

走馬碧雞坊裡去,市人喚作海棠顛。

為愛名花抵死狂,只愁風日損紅芳。

綠章夜奏通明殿,乞借春陰護海棠。

翩翩馬上帽簷斜,盡日尋春不到家。

偏愛張園好風景,半天高柳臥溪花。

花陰掃地置清尊,爛醉歸時夜已分。

欲睡未成欹倦枕,輪囷帳底見紅雲。

宣華無樹著啼鶯,唯有摩訶春水生。

故老能言當日事,直將宮錦裹宮城。

第二十五章　夢鎖海棠

枝上猩猩血未曦，尊前紅袖醉成圍。

應須直到三更看，畫燭如椽為發輝。

重葺丹砂品最高，可憐寂寞棄蓬蒿。

會當車載金錢去，買取春歸亦足豪。

絲絲紅萼弄春柔，不似疏梅只慣愁。

常恐夜寒花索寞，錦茵銀燭按涼州。

飛花盡逐五更風，不照先生社酒中。

輸與新來雙燕子，啣泥猶得帶殘紅。

海棠已過不成春，絲竹淒涼鎖暗塵。

眼看燕脂吹作雪，不須零落始愁人。

——陸游〈花時遍遊諸家園十首〉

「為愛名花抵死狂，只愁風日損紅芳。」因愛了那一株名為海棠的名花，即便是死了，他也心甘情願，正如他對蕙仙始終不渝的愛，哪怕粉身碎骨，也是無怨無悔。他心裡發愁的，只是那不解風情的狂風會損了花兒的芳顏，讓它們和蕙仙一樣，離去得是那樣的匆匆，匆匆。

曾經，風雨來臨的時候，因為懦弱，他最先選擇了逃脫，卻放任她經受了重重傷害與磨難。經年之後，再多的悔意也不能找到一個可以原諒自己的藉口。蒼茫的張望裡，所有的言語都在她緊蹙的眉裡成了多餘，一路走到現在，才發現昔日對她許下的山盟海誓，只不過是一句句空心的謊言，再回首，那些眉間的淺笑，亦早在他的無情裡散落了一地。

他知道，不是所有的「對不起」都能換回笑容，不是所有的破碎都能彌補，潸然淚下時，他又該如何才能報答她的痴心相望？深深的悲愴裡，他終於承認自己一開始放手便已錯了，然而眼裡看到的全是浮華的春景，

卻未曾聽到她春盡後唱響的一曲哀慟欲絕的歌。或許，唯有跪在樹下，雙手合十，祈禱那肆虐的風不再輕狂，在豔麗的海棠花下還她以眼淚，才能減輕他一點一滴的罪孽吧？

「綠章夜奏通明殿，乞借春陰護海棠。」驕陽似火，眼看著片片嬌豔的海棠再也經不起風吹日晒，他只能連夜在青藤紙上寫下青詞，於夢裡向身處通明殿內的玉帝啟奏，懇求他多安排些陰涼的日子光臨人間，好庇護這些柔美的花兒，讓它能夠開得更加繁豔、更加長久，不要像他的蕙仙，還未綻放極致的芳華，便已過早地凋謝。

蕙仙，他的蕙仙，她究竟去了哪裡，又會在什麼時候才能回到他身邊，共他看一樹海棠花開的靜美？花開花謝，海棠已隨春風逝，然，她又可知，在這浮華喧囂的背後，無論世事如何染了塵埃，無論滄桑是否換了人間，他筆下隨心隨性的幾行詩文，始終只是為她存放心語、釋放情感的庭園，即便隔著遙遠的時空，那些真誠而豐盈的指間飛絮，依然能打動他一顆珍愛她的相思之心？

俱往矣。她走了，錦官城的春天也過去了。海棠花謝了，來年的這個時候，她是否會和從前一樣，在三山下、鑑湖畔迴轉了風雲，依舊桃紅柳綠、妙語如珠，只為他一次會心的笑？

第二十六章　羯鼓催春

結客追遊亦樂哉！城南城北古池臺。
香生赭汗連錢馬，光溢金船潑雪醅。
難覓長繩縻日住，且憑羯鼓喚花開。
一春政使渾無事，醉到清明得幾回？

──陸游〈芳華樓夜飲之二〉

　　孤燈獨照，夜深無眠；愛似流水，逝去無痕。憑欄凝眸，窗外芳草萋萋掩幽徑，風迴夢轉，卻是寂寥荒蕪鎖空山、一抹飛鴻盡去，獨留他殘心蕭蕭在天涯。無語輕嘆，還是意亂情迷，想她念她，眉間的輕愁悄悄爬上了心頭，微涼的指尖倏忽驚顫了思魂，流光似夢幽，終不料，無言吟對的拂曉來得竟是那般的快，還未來得及讓他收拾悲愴的心情，離別早已在想念之外畫上了句號。

　　窗外，幾片落紅隨溪水飄去，東流逝，不復返，相思亦只剩下一夜的縫隙，不能再。若是時光能懂得，彼此之間尚存一絲情意，哪怕是輕舟之上的餘溫，也能暖了彼此的笑靨，然而，夢醒後，訣別的話終是讓人望而卻步，縱然心有纏綿繾綣的柔情，也敵不過那支離破碎的殘影。

　　唉聲嘆氣裡，淚水瞬間滑過面龐，淡藍色的天空再也找不到對白的溫柔，只餘蒼涼溢滿整個蒼穹。雖歷盡滄桑，他還是想住進她的世界，但那雙模糊的眼睛卻看不到她的內心，於是，便只能關上所有回憶的出口，讓她一心一意地住進他確鑿的文字裡，在詩詞歌賦裡明媚生姿。

第七卷　燈暗無人說斷腸

　　只是，風拂過淚眼的時候，他開始發現，這樣的做法彷彿是錯到了極致，因為再多的不捨與留戀，落在紙箋上，換來的也只是他的自欺欺人。流年無聲，逝去的日子該如何挽回，莫非是轉身後各奔天涯，兩兩相望，抑或兩兩相忘？經年之後，她能清晰地看見靈魂最深的一縷悲愴，而他，只能憑空猜測，或是睹物思人，任那沒用的思念撫平一點一點的心慌意亂。

　　一聲聲無助的嘆息裡，他怎能不知，愛，其實便是懂得？然，每一次心酸的背後卻都是她觸及不到的痛，即便懂得又能如何？！他仍在等她，仍守在一樹落英繽紛的海棠花下默默徘徊，於天際的一端，舉手畫心，一邊想像與她心連心的輪廓相鑲，是何等的幸福，一邊固執地為她種下一個心願，只祈求她來生來世的安好無恙。然而她真的還能回來嗎？他知道，一切的一切，都只是他的一廂情願，無論他付出多少努力，她都無法再走回他的世界，於是，他只能輕抿嘴角，憂傷著抽回懸在半空中的手，依然泅渡在喧囂或是寂寞的紅塵之中，靜候冬的腳步，一任身心兩茫茫。

　　罷了，罷了，即使身有萬般牽掛、心餘千種幻念，又能奈何天？花已謝去，明年會再開，人已離去，永遠回不到從前，月光下的深情凝視，魂牽夢繞的企盼，都被定格在他哀傷的眸光裡，那麼，就讓那些最初的唯美都停留在古老的歲月裡，從此不再蔓延，也不再滋長吧！

　　然而，他還是無可救藥地想她，無法抑制地念她。秋風輕輕吹動髮絲，內心真實的對白越隱越深，隨著離別時光的不斷朝前推移，憂傷的旋律卻是越唱越響，那些被人注目的往事，亦在她飄渺的身影裡漸行漸遠。俱往矣，原來，紫陌紅塵之上，他早已帶著她的疼惜，居於世界之外，一切都顯得淡了、輕了；當秋風攜捲起細雨，迎面而來時，走著走著的他們，便這樣漸漸散了、丟了。

第二十六章　羯鼓催春

再回首，一幕熟悉的畫面突然映入眼簾：她撐著一把印花油紙傘，著一襲素衣白裙，攜一臉明媚的笑靨，為盤腿坐在窗下用功讀書的他送上一紙淡淡的柔情，美得是那樣的清新，那樣的出塵，那樣的惹人心安。他記得，多年前，同樣的風景下，住著同樣的兩個人，守著同樣的一份情，呵護著同一片柔情似水的深愛，難道，這便是愛的回聲？

轉身，於亙古的寂靜中看那晚秋的落葉，在風中獨自飄零，輕輕貼著大地，飛往屬於它固有的方向，才發現當初的離開是他唯一的錯誤。想著她、念著她，微寒的氣息頓時堵在胸口，多年來未曾說出口的心事，都在她漸行漸遠的影子裡和盤托出，可淚眼模糊裡的愁心重重，又有誰人能知、誰人能解？

回眸裡，突然開始懷念花開的季節。紅色的桃花、粉色的海棠、白色的茉莉花，由近而遠，一片一片地，延伸向遠方天空的盡頭。那一年，陽春三月裡，他是一個孤獨行走的孩子，瞪大困惑的雙眼，沿著湖畔那條細細長長的路，嗅著花的芬芳，拋開身後影子遮住的過去，茫然不解地向前走去，頭頂是桃花紛飛的絢爛，手邊是海棠寧靜的幽香，身旁是茉莉花淡淡的溫柔，而她，彷彿一隻穿梭在花海裡的蝴蝶，只望了一眼，便讓他迷失在她輕輕淺淺的笑靨裡，再也找不見自己。

他已經想不起何時見過那樣絢美的花開了，只是依稀記得那片延伸向地平線的燦爛。他像個朝聖的人，虔誠地對著那些花兒們，閉上眼，雙手合十，任微微吹來的風洗滌著自己的靈魂，彷彿聽到它們在笑，笑得是那麼的開心，那麼的無憂無慮，那笑聲如同銀鈴般清新悅耳，更恰似她的溫婉明媚。

童年，是童年！那個稚嫩的他，那個在美麗的月色下駐足的他，還有那個在雨中驚豔花開的她。是的，是他，還有她！恍惚中，淚眼相望，他

第七卷　燈暗無人說斷腸

　　和她，終是手牽著手，守在童年的記憶裡，細數繩上的結，細數每一個過往的白天黑夜，任時光的影子映在牆上，泛起一層淡淡的黃，於湖光山色中等待著再一次花開的回歸。只是，她明滅的身影再次轉瞬即逝，唯餘時間的足印留在斑駁的牆上，鐫刻著童年的印跡，在他憂傷的眼底忽明忽暗，而再一次的轉身，使他更加清楚地明白，他們兩小無猜、青梅竹馬的童年已然被老去的歲月留在了腳下的石階上，永遠都不會回來。

　　那些青澀的年華裡，他是一隻羽翼未豐的小鳥，撲打著翅膀，帶著輕輕的仰望，在天空裡迷失，忘記了春天的花，忘記了夏天的潮，忘記了歸去來兮的路。在時光錯亂的記憶裡，他飛不過滄海，等不到桑田，聽不見泉水叮咚，偏離了航標，心微微地顫抖。這時候，她來了，那隻美麗的蝴蝶來了。她在他眼前安靜地飛，在風中牽著他的手，那雙手，是那樣的溫暖；她在他耳畔低低地語，那聲音，是那樣的輕柔。終於，他亂了的心靜了下來，卻因為對她的眷戀，不願再飛，只想在她恬淡的眸光裡享受一次又一次極致的溫柔。

　　在她快樂的笑聲裡，他也跟著笑了。那笑聲吹開一樹璀璨的花，剎那間便絢美了他的心情。聽，藍天下，風在吹，耳邊是早已忘卻的旋律，吹皺一池春水、吹舞一片芳菲，明媚著他少不更事的憂傷；看，白雲下，陽光暖暖地照，她牽領著他快樂地飛，一抹抹清麗脫塵的笑靨、一份份柔美婉約的心情，為他們帶來了溫暖，帶來了唯美，也帶來了難以掩藏的心潮澎湃。可是，這樣的美好卻是那樣匆匆，來得快，去得也快，只一個轉身，花便落了，他再次迷失在了藍色的天空下，找不見來時的歸路，而早已遠去了的她又可知，經年之後，他從不曾忘記那份藍色的心情裡，浸滿了她的綠鬢如雲、芳香似海；不曾忘記那夢幻般的藍色裡的妙語如珠；不曾忘記彼此相望時引發的那份共鳴；不曾忘記戲言談笑時幸福充盈的瞬間；不曾忘記藍色天空下那份親情之外的關懷和溫暖。

第二十六章　羯鼓催春

　　都過去了，那片藍色的星空下，究竟凝聚了多少浪漫芳華？她的名字始終在他心頭，詩意翩躚著那一抹蔚藍；她的音容始終在他眼底，悄無聲息地流轉光華，只是，他忘不了憂傷，只能枕著她遠去的笑靨，一次次，一次次地，回憶著那些曾經的感動和溫馨，用那份獨有的韻致，斟滿緣分的清酒，期待與她在不知不覺間，醉了流年，忘了流年。

　　抬頭，月色如溪水般在他眼前輕輕流淌，只是，絃斷了、歌斷了，誰人來聽他滿腹相思？佇立傷神裡，又該與誰話敘這飄緲不盡的悽清之情？他太想她了，是的，人老了，思念便愈來愈多，無數個日日夜夜裡，哪怕是在酒肆歌樓倚紅偎翠，還是無法抑制地想她。五十二歲了，究竟，歲月還會賦予他多少年華，讓他在每個孤寂的夜裡，再將她深深淺淺地想起呢？他搖首，心裡一片空落，似乎一下子把什麼都給忘了。

　　然而，千年之後的我卻沒有忘記，那一年的深秋，也就是陸游在溪畔不斷回首往事之際，九月間，他受到了一次來自朝廷的嚴厲處分。原本，因為老友范成大的舉薦，他知嘉州的官職已經獲准了，可遠在臨安的朝官們卻指斥他在攝知嘉州的時候「燕飲頹放」，硬是把他知嘉州的任職給罷免了，取而代之的，卻是一個主管臺州桐柏崇道觀的虛職。

　　在宋朝，官僚罷官以後，指明「主管」或是「提點」某宮某觀，只是給予其一個領取乾俸的名義，實際上是用不著到那座宮觀裡去辦事的，所以他在接到新的任命後便沒有遠赴臺州，而是繼續留在成都，繼續沉醉在歌女們的溫柔鄉裡，繼續在燈紅酒綠的世界裡追憶著他的似水年華。然而，所有的表象並不代表這次罷免對他毫無影響，事實上，他確實受到了打擊，但他無力反抗，更無力改變些什麼，於是，只好沉浸在痛苦裡找尋樂子，用聲色犬馬將他心底的傷深深地掩蓋住了，這從他當時的詩作中便可以一窺端倪：

第七卷　燈暗無人說斷腸

少年曾綴紫宸班，晚落危途九折艱。

罪大初聞收郡印，恩寬俄許領家山。

羈鴻但自思煙渚，病驥寧容著帝閒。

回首舺稜渺何處，從今常寄夢魂間。

──陸游〈蒙恩奉祠桐柏〉

「燕飲頹放」？陸游怎麼也沒想到，自己一片赤誠報國的心，一片建功立業的心，到最後居然換得「燕飲頹放」這四個字？他沉迷於酒色，難道不是因為朝廷在與金人的交鋒中一而再、再而三地委曲求全，將他的心徹底傷後的結果？罷了，罷了！既如此，他且自號放翁罷了，又何必領會他人的叵測用心？天已經涼了，寒蟬的叫聲從野外逐步逼近院宇，官丟了就丟了罷，又有什麼大不了的，不正好可以和范成大等至交故友敞懷痛飲？

策策桐飄已半空，啼螿漸覺近房櫳。

一生不作牛衣泣，萬事從渠馬耳風。

名姓已甘黃紙外，光陰全付綠尊中。

門前剝啄誰相覓，賀我今年號放翁。

睡臉餘痕印枕紋，秋衾微潤覆爐熏。

井桐搖落先霜盡，衣杵淒涼帶月聞。

佛屋紗燈明小像，經奩魚蠹蝕真文。

身如病驥唯思臥，誰許能空萬馬群。

山澤沉冥氣尚豪，鬢絲未遽嘆蕭騷。

已忘海運鯤鵬化，那計風微燕雀高。

萬里客魂迷楚峽，五更歸夢隔胥濤。

故知有酒當勤醉，自古寧聞死可逃？

──陸游〈和范待制秋興三首〉

第二十六章　羯鼓催春

從此，成都城內聲名赫赫的芳華樓便多了他的蹤跡，無論白天，還是黑夜，人們經過芳華樓下時總能聽到那個自號放翁的浙東人發出肆意放浪的笑聲。那些個日子裡，美酒、羯鼓、琵琶、銀燭、香粉、歌舞、少女的倩影、長夜的濫飲，無不成了他生命裡不可或缺的部分。然而，芳烈的醇酒灌下了他愛國的愁腸，只化為一片憂國的涕淚，窈窕的歌女甜醉了他的胸懷，卻無法抹去他心底的憂傷。一次又一次，日復一日、夜復一夜，他哭倒在了芳華樓，沉醉不知歸路，然而他的心卻飛回了夢裡的南鄭，飛回了曾經和他金戈鐵馬、馳騁在前線邊防的同袍們身邊。想起淪落的河山，想起被金人擄至北方的徽、欽二宗，淚水，終於止不住地，滂沱而下：

射虎將軍老不侯，尚能豪縱醉江樓。
笙歌雜沓娛清夜，風露高寒接素秋。
少日壯心輕玉塞，暮年幽夢墮滄洲。
人間清絕沅湘路，常笑靈均作許愁。

——陸游〈芳華樓夜宴〉

丈夫不虛生世間，本意滅虜收河山。
豈知蹭蹬不稱意，八年梁益凋朱顏。
三更撫枕忽大叫，夢中奪得松亭關。
中原機會嗟屢失，明日茵席留餘潸。
益州官樓酒如海，我來解旗論日買。
酒酣博簺為歡娛，信手梟盧喝成採。
牛背爛爛電目光，狂殺自謂元非狂。
故都九廟臣敢忘？祖宗神靈在帝旁。

——陸游〈樓上醉書〉

第七卷　燈暗無人說斷腸

　　哀傷悲憤裡，他終於明瞭，遠在臨安的統治者已經無意與北方的金人決一高下了，那麼，大片淪喪的國土難道就此拱手讓人了不成？可即便如此，他一個被罷免的官員又能如何？無權無勢，還被冠以「燕飲頹放」的罪名，他又能為這個看似繁華、實則滿目瘡痍的國家做些什麼呢？他什麼也做不了，於是，他只能繼續沉湎於芳華樓歌女的溫柔鄉裡，繼續沉迷於燈紅酒綠的世界裡，永遠都不要醒來。

　　天，越過越涼；心愈來愈冷。花謝了，風箏在雲畔流連，飲盡樓中之酒，驀然回首，唯見落葉過無影。悵然輕嘆，又是雁去雁歸時，孤單的他站在芳華樓中等待一隻輕鴻的留戀，卻不知心中究竟牽念著誰，只餘點點輕愁，在眉間。

　　窗外，星星像花兒一樣流蕩，隨風而飛，聽雨聲低吟，碰破腳下溪水，他卻無力去飛。抬頭，看月兒黯然殘缺，看月兒拉成滿弦，看月兒掛在樹梢寂寞，看月兒沉入花溪搖情，他一次又一次流連在星空裡，渴望成為真正的自己，排斥著塵世間的所有矯情。然而就在這個時候，她，那個一見人就笑的少女，不經意間，以靜默花開的姿態，悄然闖進他冷了的心扉，那明媚的笑靨、那銀鈴般的笑語，瞬間便驅散了他心底久久徘徊不去的憂傷，給了他又一個沉醉的理由。

　　陸游和她相識在淳熙四年的春天。她叫小憐，是他為她起的名字。她喜歡他叫她小憐，每次等他來時，她總是守在窗下偷偷回味他喚她名字時的可愛模樣，又哪裡像一個年過五旬的老人呢？他總是習慣於緊緊攥著她那雙纖若柔荑的手放在嘴邊輕輕吻著，總是習慣於輕輕擁著她溫香軟玉的身軀，把嘴湊到她耳邊低低的細語、低低喚她的名字，總是習慣於握著她的右手，在案前鋪開的素箋上教她一筆一畫寫下雋秀清靈的小字，而她亦總是歡喜無限地沉醉於他溫柔的眸光裡，只待他輕輕褪去她的羅衣，將她

第二十六章　羯鼓催春

所有的美麗都展現在他的眼前。他說小憐就是小可憐的意思，她一點也不嗔惱，小可憐怎麼了，只要他喜歡，她願意一生一世都做他的小可憐，誰叫她心甘情願地愛了他許了他呢？

他知道，她本是驛卒之女，只因家境貧寒，才來到這魚龍混雜的芳華樓賣唱養家，難道這樣的遭遇還不可憐嗎？可憐啊可憐，為何這世上如此可憐的遭遇偏偏要降臨到眼前這如花似玉的女子身上？緊握著她的手，他輕輕嘆息，只想用自己微薄的心力為她撐起一片溫暖的天，將她的美麗與清靈永遠留駐在他滄桑的記憶裡，於是，他陪她喝酒、共她沉醉、為她寫詩，用一行行和著憂傷與歡笑的文字，輕輕撫慰著她那顆疲憊而又脆弱的女兒之心：

> 結客追遊亦樂哉！城南城北古池臺。
> 香生赭汗連錢馬，光溢金船撥雪醅。
> 難覓長繩縻日住，且憑羯鼓喚花開。
> 一春政使渾無事，醉到清明得幾回？
> 春風射雉苑城旁，走馬遠來入醉鄉。
> 夜暖酒波搖燭焰，舞回妝粉鑠花光。
> 浮生一笑常難必，此樂它年未易忘。
> 莫作五陵豪俠看，奚奴歸路有詩囊。
>
> ——陸游〈芳華樓夜飲二首〉

「結客追遊亦樂哉！城南城北古池臺。香生赭汗連錢馬，光溢金船撥雪醅。」他的雨季來了，她卻帶給他一份清新的感動。因為有了她，他整天攜著她的手，結客追遊，沉醉於城南城北的古池樓臺邊，不知疲倦，臉上總是溢著無與倫比的歡快之情。說不清，到底有多久沒像現在這麼快活了，但他知道，這一切，都是身邊這個叫做小憐的歌女帶給他的，她不僅

第七卷　燈暗無人說斷腸

驅散了他的憂傷,更明媚了他的笑顏,這樣的女子,又叫他如何不心疼不心生憐愛之意?

從此,連錢馬上,兩兩相偎、暢吐衷情,訴不盡相思;從此,金畫舫裡,輕搖紙扇、把酒對飲,話不盡風流。異鄉的路上,有她做伴,這世間所有的陰霾彷彿一下子都變得通透明亮起來,此時此刻,他只想在她溫柔的懷抱裡做一個永遠不醒的夢,用她的風情萬種,用她的柔情蜜意,彌補他不能忘卻的過往。

「難覓長繩繫日住,且憑羯鼓喚花開。一春政使渾無事,醉到清明得幾回?」如此美好的時光,只想把它握在手中留得更久更久,可惜卻不能覓到繫住日頭的長繩,將這燦爛的日子長長久久地留住,到底,該如何,該如何才能達成他的心願?罷了,罷了,身邊有了這般出色的佳人相依相伴,又何必強求永恆的明媚,且藉著這一襲夜空下的素月,但憑她敲響羯鼓喚那花開,豈不是更加的流光溢彩、美豔動人?

窗外,微風拂柳、細雨微涼,罷了官的他整天無所事事,若不是有她輕歌曼舞的做伴,又怎得這份恬淡寧和的心緒?若不是有她溫柔解人的撫慰,又怎得這醉到清明不知幾時的愜意與開懷?在他眼裡,她就是一朵開到荼蘼的海棠,在她身上,他看不到遺憾,看不到憂傷,看不到惆悵,看不到困惑,取而代之的只是珍惜,只是欣慰,只是感動,只是一份執手相望的深愛,而這一切,都讓他蒼老了的心,日益年輕活躍了起來。

「春風射雉苑城旁,走馬遠來入醉鄉。夜暖酒波搖燭焰,舞回妝粉鑠花光。」草長鶯飛二月天,春風裡,他歡欣鼓舞地攜著她的手,在苑城邊射雉;小橋流水繞孤樓,微雨裡,他喜上眉梢地擁著她的身,騎馬醉倒在白雲深處的荒郊野嶺,而她總是心甘情願地把自己放到最低的位置,為他默默承受著一切,哪怕是外人不解的目光與指責。

第二十六章　羯鼓催春

儘管無名無分,她卻從沒有過一句怨言,無論他要她怎樣,她都會最大限度地滿足他的要求。夜裡,她會在搖曳的燭光裡為他端上一杯剛剛溫過的酒,卻不曾忘記在睡前再為他梳妝打扮,再為他於窗下輕輕舞點一回。她總是那樣的善解人意,總是那樣的知書達理,這樣的女子,若不給她一個名分,又如何對得起她一直以來的默默付出?

「浮生一笑常難必,此樂它年未易忘。莫作五陵豪俠看,奚奴歸路有詩囊。」因為有她,他常年緊蹙的眉頭終於有了舒展的時候;因為有她,他清清楚楚地知道,這樣的歡樂,他年也未必輕易便能忘懷。只是,這樣的歡娛究竟還能持續多久?他不知道,或許,他要的只是今朝有酒今朝醉,又何必非要求得永恆?然而他將拿她如何?是繼續將她當作一個普通的歌女,帶著她泛舟溪上尋歡作樂,還是將她納進門來,成為他名正言順的妾,與他舉案齊眉?

小憐啊小憐,我該拿妳怎麼辦呢?春天就快過去了,妳已在我心裡留下不可磨滅的印記,以後的以後,我又怎能再將妳視同於芳華樓裡那些燈光酒影裡迎來送往的歌女呢?他知道,在她心裡,他就是那行走在五陵間的豪俠逸士,然而他明白,他並不是,也無意成為那樣的俠士,在她溫柔的笑靨裡,他只想成為她名副其實的夫,為她寫詩、聽她唱曲,哪怕只做個日出而作、日落而歸的奴僕,只要有她,他便心滿意足。

第七卷　燈暗無人說斷腸

第二十七章　月照離愁

　　市人莫笑雪矇頭，北陌南阡信腳遊。
　　風遞鐘聲雲外寺，水搖燈影酒家樓。
　　鶴歸遼海逾千歲，楓落吳江又一秋。
　　卻掩船扉耿無寐，半窗落月照清愁。

——陸游〈夜步〉

　　寂夜，輕撫思念的琴弦，悠揚的旋律宛若行雲流水，蕩漾下滿樹花開的深情款款。回首，空氣裡瀰漫著相思的味道，雨滴敲窗似斷還續，點點滴滴，都落在他潮起的心海，悠悠撥響一曲幽婉的心弦，而那些個流連於彼岸的梵唱，不經意間便輕巧地掩蓋了紅塵的悽婉，醉了他冷落的眉眼。

　　心安若水，輕輕一個回眸，便看到歲月的流光裡流淌著千年不變的情愫。悵立窗下，用想念蓄半箋墨痕，任生命的小舟在書海裡迤邐而行，又為她，心甘情願地，攜半卷清詞，漫入紅塵，以一方古硯，輕輕碾磨著塵世的煙雲。

　　看墨花飛揚、紫陌生煙，在莊生的蝴蝶夢裡款款起舞，他把擱淺的往事一一在宣紙下鋪展。畫上，流雲飄過，蒹葭蒼蒼，美豔婀娜的她，掬一捧湖水、拈一縷秋香、擷一朵梨花素雪的容顏、綻一眉芳心暗許的思念，在芳草萋萋的花徑上，懷抱琵琶弦一曲，只為他歌詠婉轉的天籟，只為他編織古韻幽香的夢境，低吟或是輕笑，唯任婉約明媚的律動在旖旎的風情中中迅速縮結成他眼中潔白無瑕的心蓮。

第二十七章　月照離愁

　　放眼望去，她的世界，流水潺潺、心韻悠悠，落花滿庭、暗香盈袖。轉身，卻又見，流水墜滿心思，低眉的瞬間便彈落他片片幻夢。他望著她輕輕淺淺地笑，任一曲思念的水調在空中輕輕地流瀉、靜靜地蔓延，在薄如蟬翼的素箋上浸透，再浸透……朦朧月下，依稀恍惚間，似見她，若隱若現，彷彿水中伊人，充滿著古典的神韻：微微蹙眉，不加胭脂，不施粉黛，不點硃砂，鉛華洗盡也傾城；一襲白衣飄飄，清顏淡淡，只唇齒間留一抹馨香，旖旎芬芳，娉婷波動處，笑靨亦起塵。

　　無法否認，在他眼裡，她就是那踏著唐風宋雨，於靜夜中駕一葉扁舟，在湖上飄搖，穿起魏晉風骨而來的女子，只一個回眸便暈染出一幅美麗清雅的水墨畫卷。無數個日日夜夜，她總在激灩輕波裡低迴、漫溯，卻又在梵音梵唱花落幽徑時，不斷朝著那縷縷清芳氤氳的方向凝望。頷首不語裡，一抹酡紅的笑靨恰似一灣婉約的惆悵，那究竟又是她為誰灑落的點點憂傷？

　　他知道，她離開他的世界已經太久太久。枕著她遠去的容顏，在花箋中擱筆落字，素心又起微瀾，所有的念念不忘，都在一瞬間化作飄緲的思緒在指尖滑落。淚眼朦朧裡，他仍固執地捧著一本詩卷，試圖在唐風宋雨的古韻裡，尋她，尋那一枝出淤泥而不染的蓮，濯濯迎風而綻，蓮步輕移，只為向他靠近，看他墨色的憂愁在風中輕舞飛揚，薰染她層層疊疊的幻夢，抖落一地的相思。

　　他想她。是的，他想她，想了整整八年，痛了整整八年，亦失落了整整八年。可是，為什麼，柔情似水、佳期如夢，卻換不來月老手中一根細細的紅線牽連？自她離開以後，他的世界裡就丟了溫柔，只能等待在這漫長雪山路，聽寒風呼嘯依舊，日復一日、年復一年。小憐，還記得妳曾答應過我不會讓我找不見妳嗎？可妳卻跟隨那南歸的候鳥飛得那麼遠，此

第七卷　燈暗無人說斷腸

妳,我愛的世界便像風箏斷了線,拉不住妳曾許下的諾言……

仰望夜空,朗朗的月色如水,清清地灑在這片孤獨的蒼茫大地。傷心裡,無言獨上西樓,取一支橫笛,又為她奏響一曲愛恨情愁、悲歡痴纏,雖然,伊人不曾在,然而相思又何曾閒呢?每次痛到極點,都會捧出她臨行前留給他的一闋香詞,翻來覆去地看,心情,亦隨著那悲喜不定的文字,時而明媚,時而黯然。

小憐啊小憐,妳可知,我是多麼希望撒一顆美麗的種子在妳手裡,讓它變成一座花園,貼近妳的心溫暖妳的心;是多麼希望妳還像八年前那樣時常伴我左右,對我微笑,對我撒嬌,對我說開心或不開心的話;又是多麼希望妳還能夠陪我一起看藍天下的細長水流,還有那一樹的海棠花開?可是,妳不在了,妳走了,自妳被夫人宛今逐出家門後,直到眼下的這個冬天,我已與妳分別了整整八個年頭,這八個年頭裡,我無時無刻不在想妳念妳,可妳,妳也會像我如此這般,會在每個寂寞孤單的日子裡將我深深地思念起嗎?

無盡的悔意,攜著他兩行渾濁的淚水,輕輕,輕輕地,落在他的手背,心,終是碎在了愛的天涯。在一抹昏黃的月色下,守在千年之後想要洞悉他情感世界的我,彷彿也能看得到他的傷心,他的悔恨,他的絕望,他的無奈,然而錯過了便是錯過,失去了便是失去,再多的傷感也不能挽回曾經的一切,他和她,終是失之交臂,永不能再見。

我知道,她本是成都城裡的驛卒之女,宋孝宗淳熙四年春,陸游和她相識在花紅柳綠的芳華樓內,從此形影不離、情好甚篤,於是,在這一年的暮春,他衝破重重樊籠,不顧世俗的種種偏見,執意將她納進門來,給了她名分。然而,年輕貌美的她始終未曾獲得夫人宛今的真心接納,無論她怎樣委曲求全,怎樣卑躬屈膝,依然無法更改宛今對她的冷落與疏離,

第二十七章　月照離愁

終於，在這一年年末，因為宛今的堅持，她還是步了卿卿的後塵，被毅然決然地逐出了門去。

在婚姻裡，他一如既往地懦弱著。唐琬的被休、卿卿的被逐，直至小憐的被攆，他從來都沒有作過更多的抗爭，哪怕是一絲一毫的掙扎。就這樣，眼睜睜看著小憐被逐出家門，他仍是一言不發，任由她孤身一人走出家門，甚至連一句安慰的話語也不曾說出口來。然而又有誰知，當他轉過身去，不去看她，不去送她之際，心裡的那份疼痛是多麼多麼的刺骨、多麼多麼的傷魂？他並不是不想留她，並不是不愛她了，可是，他已經虧欠宛今太多太多，如果不順著她的心意逐出小憐，他實在不知道還能拿什麼來彌補她這數十年如一日的默默付出？與其留下小憐讓兩個女人都活在痛苦之中，還不如狠下心來放她離去，讓她另尋生路，或許，唯有這樣，她才能找到真正意義上的幸福吧？

他總是這樣安慰著自己，總是這樣說著言不由衷的話欺哄自己。長痛不如短痛，是的，長痛不如短痛，也許，剛剛離開他的她還不能理解他的苦衷，可總有一天她會明白過來的，與其長此以往地和宛今僵持著度過餘生，還不如讓她在外面率性而為地活著，只為她自己而活，難道不好嗎？

他不知道。當初的放手，到底是好，還是不好，當他無法用謊言欺騙自己的時候，總是刻意不讓自己去想，不讓自己再去深究。可是，經年之後，已經回到山陰的他還是在為當初的放手心傷難禁，難道，這一切還不能說明他難以掩藏的悔意嗎？徬徨裡，剪影的時光終將歲月擱淺在淳熙十二年這個落葉紛飛的深秋，眼底，樹梢掛落的殘葉，不知該往哪個方向飄，頷首駐足在這座陌生而又熟悉的城池中，漸漸有股涼意湧入心間。也許，是該跟心底的她來個徹底告別了吧，要不然，秋葉怎會凋零，秋涼怎能心寒？

第七卷　燈暗無人說斷腸

　　帶著淡淡的憂愁，停留在燈紅酒綠的街口，心痛欲裂，此時此刻，是否應該面對著遠方，對她再道一聲珍重，抑或是念一句再見？他輕輕地嘆，或許，再多的藉口，也只是自欺欺人，若是如此，又能告別誰？放眼望去，清晰地看到湖邊行色匆匆的漁人，正穿過層層的阻礙，直奔嚮往的路線，而現在的自己，是多麼多麼的羨慕如此灑脫的人生啊！只可惜，那年那月，相逢遇見相知，誰也無法說出離別的酸澀，唯有兩行清淚，潸然落下。

　　終究，是他的冷漠，彈走身上的塵埃，連同對她的憐惜，一起湮滅在他的世界之外。回首那些歡欣的日子，總是半夜被夢驚醒，額頭上的汗水彷彿連珠般一滴一滴落下，終不知，那些夢中的情景是否真的屬實，但卻能清晰感覺到轉身陌路的無奈和酸楚。

　　坐起深夜，幽藍的光線灼痛了眼眸，想藉著此時的心情寫下幾行遲到了的關於告別的文字，然而，手指停在素箋中間，終如磐石般遷移不動。他知道，飛揚的青春，留不住逝去的容顏，卻依然還在掙扎著、徘徊著，努力試著用所有的方法挽回一切。然而，咫尺天涯的她可知，他並不奢求風花雪月般的浪漫情懷，也不奢望驚天動地般的轟轟烈烈，只想，在他轉身的時候，依然還能看到她當初那抹最真的微笑？

　　秋的涼意，越來越濃，落花，亦在他惆悵的相思裡萎謝了一地。輕輕觸碰白壁牆上斑駁的記憶，那些炙熱的目光一次又一次面對著他，若不是情種心間，又何須隱藏憂傷？再回首，他怎能不知道，真誠是心靈交會的支點，又怎能不知道，越是在乎，心就越是敏感？多少個日日夜夜裡，他也曾用真誠換回真心相對，也曾因為在乎，而在得失間重蹈覆轍，只是，時光遠走，在或不在，終是由不得人。最不忍離別，卻不得不離別，這痛了的心，又有誰懂得？

　　最怕的是，相識已久，深情卻輸給了時間，只能以陌生的身分再現，

第二十七章　月照離愁

只能以陌路的姿勢行走，所以他一直不敢承諾什麼，或是不想承諾什麼。天長地久太過浮華，相依相守太過虛渺，也許，一程山水、一份珍藏，便是他能給她的最好祝福吧？然而，她已遠去，現在的現在，他又能為她做些什麼，溫暖她憂傷的眉、撫平她皺了的心？

彷徨中，他又於風中念起她送他的那一闋別詞，想來，這也只是她留給他唯一的念想和記憶了。捧著那箋發黃的素紙，他在心裡輕輕低喚：小憐啊小憐，感謝紅塵有妳，在那些個日子裡，為我，透支指尖的溫暖，期許歲月靜好的姿態，雖然妳從不曾說，但我依然記得，妳在相思的路口，默默與我相伴。可是，這世間還有太多的心願無法見容於現實的變遷，即使我祈禱過細水長流，也從不曾被人認可，我又要如何才能換取妳一次原諒的回眸？

想著她的容顏，念著她的名字，他蹙起的眉頭卻有了一絲短暫的舒緩。或許，他還是幸福的，經年之後，尚能倚立在離別的風景線上，捧著她一闋香詞，以一顆玲瓏的心，點綴她滿紙墨香的文字，再享受一次聽風醉月、觀雨賞花的曼妙，縱是死亡臨近，又有什麼遺憾呢？

只知眉上愁，不識愁來路。窗外有芭蕉，陣陣黃昏雨。

曉起理殘妝，整頓教愁去。不合畫春山，依舊留愁住。

——陸游妾〈生查子〉

「只知眉上愁，不識愁來路。」暮色四合，獨倚斜闌，將黃昏的美景盡收眼底，抬眼間，她攬鏡自照，只見雙眉緊蹙，眉上生愁，卻又不知愁從何來。

悵望窗下，花臨水岸、樹影交錯，雖心知離別終成定局，仍慶幸在最好的年華裡遇見他，此後，哪怕這世間冷清得只剩下自己的獨舞，她也要在靜默中為他祈禱一方寧靜的天地，融合幸福的歸屬，讓他憂傷的眉眼在

第七卷　燈暗無人說斷腸

她穿越時空的濃情依戀裡找到些許的溫暖、些許的撫慰，不爭豔、不浮華、不唏噓，真真實實、平平淡淡。

「窗外有芭蕉，陣陣黃昏雨。」窗外，芭葉起舞，恰似她一個人的獨白，卻嘆，人生若只如初見，想必，也不會有離別的這一天，然而，於她而言，走或不走都已不再重要，重要的只是經年之後的別後重聚，他是否還能帶著一份坦然與從容，面對她曾經的笑靨如花？

黃昏雨陣陣，愁情更濃。她知道，彈指的年華，容不得她多做停留，於是，只能找出一紙素箋，和著熱淚，將心中萬般相思濃濃塗抹。淚光裡，筆尖落下的濃度越來越深，揮灑出來的字跡卻變得越來越淡，可知，即使不知道他是否真的用心愛過，她依然願意毫無顧忌地為他付出所有？

「曉起理殘妝，整頓教愁去。」時光無眠，又是一個寂寞的拂曉。閒坐窗下，對鏡理殘妝，梳子在她髮間忽左忽右、忽上忽下、起起落落，只為掃去昨夜的不盡愁思。愛如雲煙，既然一切都過去了，又有什麼好埋怨、好難過的呢？放眼望去，沉睡的大地掩蓋了太多隱藏在風背後的辛酸，而她總是以一種淡然的神情，微笑著包容所有的不幸，只留獨自行走在匆匆人生路上的他，細細品味在她之後更多的微妙的心靈相知。

「不合畫春山，依舊留愁住。」相識太久，離別只不過是剎那間，既是如此，就讓這瞬間在心底永恆吧！可是，對鏡細看畫好的蛾眉，那一抹深深淺淺的愁緒不經意間又闖入眼簾。到底是怎麼了，是自己的心還放不下嗎？誠然，花好月圓，總是好的，可是如果愛情只是一段悲傷的旋律，對他，抑或對她，又是一種怎樣的殘忍呢？既然誰也無法更改既定的事實，那就讓她邁開腳步毅然地離去吧，或許，唯有這樣，才能給他一份溫馨，給他一份溫暖，只要他好，她做什麼都是心甘情願，哪怕是遠離他，再也不出現在他的世界裡。

第二十七章　月照離愁

就這樣,她徹底遠離了他的視線,永遠走出了他的故事。就在她把淡淡的傷感留在他心底之際,他又接到了朝廷新的任命,於宋孝宗淳熙五年二月,攜同家眷一起離開了成都,離開了他生活了八年的四川,踏上了東歸臨安的路程。自此,他先後任職提舉福建常平茶鹽公事、提舉江南西路常平茶鹽公事,足跡幾乎踏遍江南的秀麗山川,卻又於淳熙七年(1180年)歲暮再次被言官彈劾而罷官還家,直到淳熙十二年(1185年),到他六十一歲那年都是在故鄉山陰度過的。

然而,這並不能妨礙他對小憐的思念,無論走到哪裡,他都像思念蕙仙一樣,深深地把她想起。小憐,妳可知,寂寞裡,我好想有個人能夠經常對著我微笑;好想有個人能夠在我孤獨無助的時候陪在我身邊;好想有個人能夠知道心疼我,陪我一起看細水長流。那個人不會是宛今,不會是卿卿,不會是蕙仙,而是妳,是妳——一個妳,一顆心,一輩子,妳知道嗎?

如果妳知道,就讓我住進妳心裡去,讓我陪妳看細水長流,好嗎?如果妳知道,就讓我住進妳心裡去,為妳保存一點一滴的幸福,為妳化作今生的細水長流,好嗎?答應我,請妳答應我,小憐,就讓我陪著妳,閒看庭前花開花落、淡看天上雲捲雲舒,好嗎?

她沒有任何的回音,盤旋在他心頭的只有一份深深淺淺的落寞,只有一份明明滅滅的哀傷,還有她那一闋寫滿離情別緒的香詞。那一別,天涯遠去,再也聽不到她的心聲淚痕,或許,今時今日,唯有枕著一曲相思,為她寫下一首清婉的小詩,在文字裡與她道聲珍重,才能換取一夜燈下白頭人的溫馨淡然吧?

市人莫笑雪矇頭,北陌南阡信腳遊。

風遞鐘聲雲外寺,水搖燈影酒家樓。

第七卷　燈暗無人說斷腸

鶴歸遼海逾千歲，楓落吳江又一秋。
卻掩船扉耿無寐，半窗落月照清愁。

—— 陸游〈夜步〉

「市人莫笑雪矇頭，北陌南阡信腳遊。」她不在身邊，生活也變得單調乏味，只能信步遊走，北陌南阡，消磨度日。這樣的日子裡，總會懷著一份藍色的憧憬，繼續向著她夢中的家園緩緩走近，那一抹溫馨的眸光、那一簾氤氳的華彩、那一份濃情滿溢的蔚藍天幕、那一闋闋流淌的墨香清韻，瞬間便在他眼前徐徐鋪展開來。立刻，便被她那份清新雅致、別具特色的心情所吸引，從此，只願俯身在她溫柔纏綿的歌聲裡，汲取那些詩意綿長的古韻清香，安心在她藍色的心情裡，信步徜徉，不再歸來。

「風遞鐘聲雲外寺，水搖燈影酒家樓。」風，輕輕地吹，將悠揚的鐘聲從遠處雲外的寺中攜來；水，輕輕地搖，將迷離的燈影從水畔的酒家樓捎來，一切的一切都美得明媚似花，美得恰到好處，但他的心，卻攜著一股清清淡淡的感傷，只任一抹愁，凝結在曾經的傷口，猶如一朵開敗的花，在風霜來臨時無助的凋零，然而，風過水無痕後，遠方的她還能拯救他的心碎嗎？

「鶴歸遼海逾千歲，楓落吳江又一秋。」月光灑下的清輝，冷冷落入眼簾，那些美麗的誓言，那些溫馨的畫面，猶如昨日重現，歷歷在目。憶著她的笑容，手心突感一陣冰涼，低眉望去，原來有晶瑩的液體順著眼角滑落，滴落掌心。望月思人，濁淚相陪，寒意入侵，卻是咳不出聲，想必世間再也沒有比這更淒悲的事情了吧？

遙想，漢時道人丁令威學道於靈虛山，千年之後化鶴歸遼，卻不知滄海已變桑田，終是難覓舊時物、不見舊時人，為何，為何偏偏不能憐取眼前人，非要在經年之後才真正懂得失去的就永遠不會再回來？轉身，瞅了

第二十七章　月照離愁

瞅身後落滿楓葉的吳江水，卻嘆光陰易逝、芳華不再，又是一年秋落寞，愛情亦如那秋風中的楓葉，總是哀而不傷、美而不豔。

唉！他輕輕地嘆：人生若只如初見，該有多好！她會遇見她的知己，他亦會尋到他的紅顏。只是，一路千帆過盡，遙遙無期，終究逃不過此岸的荒涼孤寂，而她，是否還能記得，三月海棠飄香，他涉水而來，露出一抹淨好的微笑，只為陪她一起看那陌上花開？再回首，往事都隨同飄在指尖的花隨波遠去，他心裡比誰都清楚，這份緣，早已成了碧空裡的一片孤帆，漸行漸遠，那些悽美的愛，即使化作了蝴蝶，終不如雨中黃葉的恬淡。

「卻掩船扉耿無寐，半窗落月照清愁。」午夜空階，開滿寂寞的淚花，心重重地痛，樹影朦朧。信步走上泊在湖岸的漁舟，掩上船扉，卻是輾轉難眠，兜兜轉轉，又捧出她留下的那一闋〈生查子〉。「曉起理殘妝，整頓教愁去裡」，曾經的愁緒，曾經的相思，到如今，只怕徒留廢紙一張，只要輕揚手臂，紙張便會隨著風兒遠遠飄走，任其淪落天涯海角，就像，他們曾經許下的諾言，一同隨著時光，老去。

清冷的月光從半掩的窗戶瀉進，照著他不盡的愁緒。忽地踮起腳尖，探出頭去，想與天空靠得更近一些。其實，只是想離她更近一點，因為明白，無論距離有多麼遙遠，他和她頭頂的這輪月亮從未更改過，此時此刻，他只想藉著同一片天空把他深深的思念由同一片月光傳抵她的心扉，可是，無論他如何努力，依舊只能站在原地，仰望高空，眺望遠方，終無法讓心願變成現實。

痛定思痛後，方明白，前世裡她憐愛的眼神原來並不能持久，那一抹深情續了的，只是他今生的痛。是啊，他和她，一個是站在時光的盡頭翹首相望，一個是站在輪迴的起點眼含深情，儘管中間有著堅定的執著相

第七卷　燈暗無人說斷腸

襯，也奈何不了一句：距離太遠，心無法靠近。於是，只能用沉默代替以往的歡笑，安靜地坐著、看著、聽著，以身退的姿勢默默感受那些關注的眼神。不打擾，不觸動，不道別，也許，這便是最好的方式，於她，於他，於每一個人。

第二十八章　清香未老

採得黃花作枕囊，曲屏深幌閟幽香。
喚回四十三年夢，燈暗無人說斷腸！
少日曾題菊枕詩，囊編殘稿鎖蛛絲。
人間萬事消磨盡，只有清香似舊時！

──陸游〈菊枕二首〉

月亮，從東頭走到西頭；思念，從心裡走到心外。素色的年華裡，他看不見春天的腳步，轉眼間，便是夏末之季，一路獨步匆匆而來，從未有過放棄的念頭，只因她的明媚，讓他在充滿荊棘的歲月中堅守下一份最真的信仰。

身在萬丈紅塵，始終逃脫不了塵世間絲絲纏繞的情結。時光不老，卻有老去的淚滴灑在逝水青春上，顆顆沾溼衣襟，蔓延他經久不衰的思念。或許是脆弱的心靈經不起絲毫善意的謊言，所以，每一次她的用心良苦換來的都是他無休無止的糾纏，就像風從不問將要飄去的方向，她亦從不傾訴內心的苦澀，從相聚到離別，始終無聲無息，而他卻是撕心裂肺了一回又一回。

在他心裡，她從不曾離去，無論他走到哪，只要一個轉身，便能看見她；他亦從不曾放棄，無論她如何欲蓋彌彰，如何隱藏自己，只要她想，他都會在她身旁。遊走在喧囂的世界之外，跌宕起伏的思緒或是浮想聯翩，或是波濤洶湧，可他知道她一定會回來帶他離開，尋找一處世外桃源，擱淺那

第七卷　燈暗無人說斷腸

些是是非非的江湖恩怨,直到老去的那一天,他們還能背靠著背,一起述說天荒地老。

　　輕輕,鋪開一紙潔白的素箋,寫她,畫她,筆端敲下的笙歌,像是一曲扣人心弦的清音,久久縈繞在心間。側耳,聽著遠處傳來的裊裊琴音,卻是一種沉澱許久許久的回應,那可是她對他的戀戀不捨?彈指輕撥間,一面紙扇,在他眼前遮擋了往事裡的印跡,於是,回憶便在這個泡沫般的夏季,若隱若現地在他心頭點點泛起。

　　日光傾城,暈染出花開的嫵媚,他仍然守候在夏末的尾端之上,等待心朝大海的驚喜;天涯孤旅,在窗下生出相思如潮,她依舊立於寂靜的湖畔,放眼觀望漫天的雲捲雲舒,心乍然飛越了千山萬水。只是,午夜的清涼,是否驚動了夢中徬徨的她?想她,他卻只能用滿懷的期許,放縱一個遙遙無期的承諾,任飄蕩的靈魂像一隻修練了千年的白狐,日日在風中獨守空靈、年年在空曠的野上以淚洗面。

　　是的,他一直在等她。他一直在等待一個晴天,等她回來對他述說浪漫的情懷;他一直在等待一個黃昏,等她慢慢靠近,等她牽手陪他看夕陽西落;他一直在等待一個雨後,等她撐著油紙傘給他一片藍天,給他一份藍色的喜悅,給他終生的清歡。一天又一天,一年又一年,看多少滿心的期盼都淪落在無痕的流年中,多少欣喜的夢幻都碎成飄飛的殘葉,而她,依舊笑如繁花、頻頻移步,只為,給他一個不離不棄的承諾,可是,這份承諾他又要等到何時才能在塵世上得到兌現?

　　頷首之際,這個夏末終究還是與幸福擦肩而過,在錯過一個又一個無人懂得的黃昏後,落日泛起的紅點徹底擊碎了他僅存的希望。緣若水,何須阻擋?緣若風,何須緊握?夢裡花開時分,總是他含淚醒來之際,一睜眼,所有的斑駁記憶便荒蕪了他黎明的平靜,只能顫抖著在風中與往事進

第二十八章　清香未老

行夢囈般的對白。顫立窗下，白髮垂肩，心底絮語呢喃的惆悵卻是靜謐無聲，也怕是驚動了花草，破碎了她夢中的容顏。望斜雨在廊前低低地飄飛，心痛若醉裡，他終於明白，這輩子，他的等待怕是沒有盡頭了。

又是一季之秋，蕭條落魄，楓葉懸在半空中，等待隨風一起飄落。連花兒都有歸期，為何，他盼了又盼、望了又望的彼岸還是沒有回音？如若還有一絲心動，哪怕是一點點的安慰，他亦會感天謝地，只是，上天從來都不願給他任何希望！

一路的風景，一路的守候，那亙古的荒蕪與殘破，總是讓人望而卻步。繼而追尋著，卻不知終是誰的等待在路上蒼老了歲月，又是誰的情緣在花開花落的阡陌上模糊了視線？若是過盡千帆之後，他等待的渡口依舊空無人歸，那些住在風塵裡的微沙，又是否會同化了默默守候的韶華？站在千山之外，飄渺的路口，他把思念織成溫柔的錦繡，依然執著地用真情向她招手，想擦去她回眸的淚花，不再讓她那一滴無奈的愛，在慘烈的時光裡漂流。只是，他的蕙仙，她還好嗎？

她就像一朵寂寞孤獨的花，開在無人採擷的冷秋，情在燃燒、媚在腐朽，流出的寂寞，浸泡了他一生的憂愁。然而，她的暗香始終縈繞在他迎接她的碼頭，一縷縷，擊碎他黃昏裡的守候。回來吧，蕙仙！靠岸吧，蕙仙！就讓我用僅剩的虔誠，深深地把妳挽留，好嗎？

月上西樓，殘照黃昏後，何處言殤？他坐在一朵花裡想她，愁染眉峰、淚灑衣袖，哭泣的花亦在顫抖。夜未央，思綿長，在這八月的夜裡，他斟滿一杯月光，喝下半生的徬徨，捫心自問，他和她究竟錯在了哪裡，再回首，卻是他在紅塵，她在月上，本應重疊的心，依然漂泊在銀河兩側。

年華，演繹了愛的情景；時光，蒼老了愛的夢境。光陰荏苒，熟透了的愛情，跨過熱烈的柵欄，卻一頭跌進了矇矓，成了一簾幽夢，而他們的

第七卷　燈暗無人說斷腸

生命，就是一朵花的開放，從春的蔥蘢，走到秋的悲涼，卻從來無人問津，那兩朵嬌媚的花，來年，是否還能開在彼此的心上。他和她，依然守在靜默的歲月裡苦苦等待，他在煎熬的這頭，她在煎熬的那頭。

他不會忘，在青春的路口，她把溫柔繡成一方美麗的絹帕，繫在他的腰間，她說，要繫住他們的愛，讓愛去擁抱地老天荒；他不會忘，在星月纏綿的晚上，他捻著一指玫瑰的芳香，讓矜持了多年的尊嚴，跪在她的身旁，他說，要把他的愛，送給她珍藏，永遠，永遠。然而，她還是走了，徹徹底底、永永遠遠地走出了他的世界，以後的以後，他只能收拾好破碎的心，走出那長滿青苔的回憶，把流淚的心放牧在藍天，去再一次尋找，他那風乾了的舊夢……

三十二年了，她已經走了三十二年，而他已是六十三歲的白首老人。是的，這一年已是宋孝宗淳熙十四年（1187 年），唐琬去世整整三十二年。從淳熙七年末被言官彈劾再度罷官後，他已在山陰度過了五年的閒逸生活，而就在他已經無意仕途之際，又終於在已於淳熙十一年（1184 年）晉升為樞密使的老朋友周必大的幫助下，於淳熙十三年（1186 年）春迎來了人生的曙光。不久，宋孝宗任命他為朝奉大夫、權知嚴州軍州事，正五品的官階。無獨有偶，宋孝宗還特地宣他入臨安詔對，為此，他懷著滿心喜悅從山陰啟程，再次踏上了前往臨安的路途，並在等待召見時，於暫居的小樓寫下一首膾炙人口、清新婉約的詩：

世味年來薄似紗，誰令騎馬客京華？

小樓一夜聽春雨，深巷明朝賣杏花。

矮紙斜行閒作草，晴窗細乳戲分茶。

素衣莫起風塵嘆，猶及清明可到家。

——陸游〈臨安春雨初霽〉

第二十八章　清香未老

宋孝宗召見陸游是在清明時節，但到嚴州上任，卻可以遲至七月，因此，這段時間的陸游便來往於臨安和山陰盤桓遊玩。值得慶幸的是，這段時期在臨安與他一同的還有張鎡和楊萬里。張鎡，字功父，是南宋初年大將張俊的孫子，生活非常奢華，是一位貴公子，不僅能詩能詞，而且聞名一時，一次他約陸游會飲，陸游曾在扇上題詩一首：

寒食清明數日中，

西園春事又匆匆。

梅花自避新桃李，

不為高樓一笛風。

—— 陸游〈飲張功父園戲題扇上〉

楊萬里，字廷秀，江西吉水人，又稱誠齋先生，是與陸游齊名的南宋「中興四大詩人」之一。兩個頂級大詩人的相遇自然是歡欣融洽的，那些日子裡，他們一同遊賞張氏花園，一同把玩海棠，一同遊走天竺山，樂不思蜀，只恨不能將這美好的時光永遠留駐，這種熾烈的友情從陸游的詩中便可略窺一斑：

袞袞過白日，悠悠良自欺。

未成千古事，易滿百年期。

黃卷閒多味，紅塵老不宜。

相逢又輕別，此恨定誰知？

—— 陸游〈簡楊廷秀〉

幾經輾轉，淳熙十三年（1186年）七月三日，離開家鄉的陸游終於來到了位於臨安西南的大州嚴州。他知道，他的高祖父陸軫一百四十年前曾在這裡做過知州，現在他也來了，這種巧合自然會在他心裡留下非同一般

第七卷　燈暗無人說斷腸

的好感。可是,到了嚴州後,他卻發現這裡的公事多,訴訟多,山上的樵鳥更是終日嗚嗚咽咽地鳴叫個不停,酒味也甜得和糖粥一樣,一切的一切,都讓他覺得膩味,於是,他不斷地回憶起南鄭的生活,欲罷不能。

> 行省當年駐隴頭,腐儒隨牒亦西遊。
> 千艘衝雪魚關曉,萬灶連雲駱谷秋。
> 天道難知胡更熾,中國未復士堪羞。
> 會須瀝血書封事,請報天家九世仇。
>
> ——陸游〈縱筆〉

淳熙十四年(1187年)二月,周必大榮升右丞相,而就在他為老朋友高興之際,甫至八月,他從成都帶回來的愛妾楊氏所生之女閏娘竟然夭折了!閏娘是他到任嚴州後所出,又是閏七月所生,便起名閏娘,又因為嚴州古名新定,所以也喚作定娘。因為他和妻子宛今共誕有六子,一直希望能有個女孩,所以當楊氏生下閏娘後,一家老小,上至宛今,下至僕役,無不視若珍寶,特別是他,更是對其鍾愛無比,有時乾脆親暱地稱她「女女」,可沒想到,才剛剛一歲,她便撒手離去,這怎能不讓他心痛欲裂?

女兒死了,他更加無可救藥地思念起那些故去的人。思念父親陸宰,思念母親唐氏,思念恩師曾幾,思念他今生今世最愛的、來生來世還要繼續愛的蕙仙。她走了,愛再難以續,回不到他們的從前;她走了,清冷的八月如期而至,帶走她開過的香,留下他深深的傷;她走了,夜空的琴樂悠悠唱響一曲相思的音,彷彿他傾瀉的愁緒,飄飛在這個月半中天的明月夜裡;她走了,在她遺憾的目光中,他再不會回眸,不敢回眸;她走了,曲終人散,淡淡的幽香,已經如雲,飄遠,而他,只能於嘆息聲中細數流年,遙望她那姿態幽雅的轉身離開,憂傷並遺憾著。

回首,山一重、水一程,他與她之間,既是隔著那麼遠那麼遠的距

第二十八章　清香未老

離，同樣也是斷了那麼久那麼久的念想，卻因為深埋於心底的那份揮之不去的深愛，總是不敢將她憶起，只怕一不小心便又要肝腸寸斷。而今，深秋之夜，亦僅僅是乘著節氣的韻息才敢把她從心坎裡輕輕捧起，呵護在手心，生怕再次失去了她。

抬頭，清月如鉤，鉛華夜色瀰漫著一種未曾觸碰過的生疏氣息，或許，當等待變得沒有知覺的時候，便是見證山海共色的最佳時期。天光雲影交疊，躲不過去的是鎖在心扉裡的黑影，是藏在夢境中的美好，或許，輕風起舞的時候，愛過的一切都已成為一場風輕雲淡，而當雨落的時候，在她深深淺淺的哀愁裡，終明白，想念還是那般的瘋狂，那麼的一發不可收拾。

轉身，一地柔思正濃，沏一壺香茗，在輕輕淺淺的霧中打坐於一座遙遠的春城，聽潮起潮落、霧裡飛花的聲音，她卻還是遲遲未來，獨他一人傷懷。望蒼穹，思遠人，形單影隻獨倚闌，她是否也在這瘦了的月亮下欣賞這風中飄搖的落花？當一切都逝去了，他又能為她再做些什麼？或許，唯有以真情為根、痴愛為桿，採一捧黃花於手中，再為她寫盡婉約詞家詞韻裡的怨與愁，才能讓她的情思飄落在瞭望他的雲頭吧？

採得黃花作枕囊，曲屏深幌悶幽香。
喚回四十三年夢，燈暗無人說斷腸！
少日曾題菊枕詩，囊編殘稿鎖蛛絲。
人間萬事消磨盡，只有清香似舊時！

　　　　　　　　　　　　　—— 陸游〈菊枕二首〉

「採得黃花作枕囊，曲屏深幌悶幽香。」還記得那一年新婚，她為他採來湖畔綻開的新菊作為枕囊，縫製成一對清香四溢的菊枕。她說，用菊花做枕囊的枕頭可以通關竅、利滯氣，經常枕著它入睡便不會失眠，早上起

第七卷　燈暗無人說斷腸

來時也會精神得多,這對經常熬夜苦讀的他自然是好處多多。但那些個年月裡,他並沒有將更多的時間用在讀書習文上,每日每夜,只是伴她窗下畫眉笑談,抑或把菊枕當作玩件於手中把玩,臉上總是溢著無與倫比的燦爛笑靨。

而今,又是一個菊花爛漫的季節,妻子宛今也為他做了一對幽香撲鼻的菊枕,只可惜,他的蕙仙卻不能享用這一份柔情,他緊蹙的眉頭也無法再於念她的眸光裡輕輕舒展,舞盡芳華之後,那一節熱烈的青春韻律終被埋葬成殘花敗柳,氤氳了走過的情節,亦黯然了青春啟程的渡口。

「喚回四十三年夢,燈暗無人說斷腸!」從古到今多少事,漁唱起三更。轉眼間,從與她成親之日到如今,已悄然過去了四十三個年頭。夢裡,她火熱的雙唇依舊吻過他滄桑的面龐,而他的愛,一不小心卻變成了鑑湖邊上,那隨淚漂去的點點殘紅。

眉黛斂秋波,愛還依然。窗下,昏黃的燈火愈來愈暗,誰又能把不敗的花放在歲月的揹簍裡,於人生路上,去點綴她流紅滾綠的春秋?無人的小屋,靜得令人窒息,蕙仙啊蕙仙,什麼時候,你才願意回來,再陪我說那曾經的痴心話語?哪怕是些斷腸的話也好啊!

俱往矣,俱往矣!只想告訴妳,我的天涯,是妳心裡的某個角落,是那想觸碰,卻永遠也觸碰不了的指尖;只想告訴妳,我還給妳的淚水,早已透支,卻尚欠妳一個輪迴;只想告訴妳,儘管愛如煙雲,我卻願意為妳付出所有,哪怕有一天,彼此都厭倦了塵世、冷落了誓言,也不會輕易說離開,更不會放棄。那麼,且讓我,陪妳一起思念,再於文字裡對妳道一聲珍重吧!

「少日曾題菊枕詩,囊編殘稿鎖蛛絲。」還記得嗎,新婚之夜,我曾在妳捧來的素箋上寫下一首柔情萬種的〈菊枕〉?那時的妳,望著我淺淺地

第二十八章　清香未老

笑，滿心的溫暖，然而此去經年後，妳當時的笑靨只留在了我記憶的深處，若妳念我，請於我的窗前，再一次為我綻放那夜的明媚，好嗎？

妳走了，詩囊裡的舊詩殘稿也都已蛛絲遍生。日子過得真是太快了，彈指間，四十三年就這樣如水般流逝而去，四十三年啊，人生又能得幾個四十三年呢？或許，愛，真的需要時間，而傾心，只有一次，只是，一世安然太過遙遠，一曲天荒地老太過漫長，那麼，就請妳允許，在我有生的日子裡，再繼續念妳安好吧！

「人間萬事消磨盡，只有清香似舊時！」世事滄桑，瞬息萬變。或許是經歷了太多，所以只想在思緒裡掀開層層霧簾，尋覓一方淨土，讓明媚的光傾瀉，讓一身的蒼白抖落在細雨潺潺處，再將她深深淺淺地憶起。

看落花成泥，唯有清香似舊時。然而，那一點點繞指的柔情、那一聲聲的相惜相嘆，又有幾人能懂幾人能賞？再回首，亦只能繼續守著歲月裡的一份靜好，在微涼的風中期許一種安穩的現世，然後，在這文字江湖裡，依依念念著，許一個心願，題上箋箋小字，任月的皎潔，與她在蓮花上共舞。

第七卷　燈暗無人說斷腸

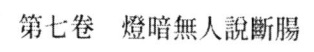

第八卷
猶吊遺蹤一泫然

城上斜陽畫角哀,沈園非復舊池臺。
傷心橋下春波綠,曾是驚鴻照影來。
夢斷香消四十年,沈園柳老不吹綿。
此身行作稽山土,猶吊遺蹤一泫然。

—— 陸游〈沈園二首〉

第八卷　猶吊遺蹤一泫然

第二十九章　斷雲幽思

楓葉初丹槲葉黃，河陽愁鬢怯新霜。

林亭感舊空回首，泉路憑誰說斷腸？

壞壁舊題塵漠漠，斷雲幽夢思茫茫。

年來妄念消除盡，迴向蒲龕一炷香。

　　　　——陸游〈禹跡寺南有沈氏小園四十年前嘗題小闋壁間，
　　　　　　偶復一到而園已易主，刻小闋於石，讀之悵然〉

　　一輪明月，透著盈盈清輝，在微涼的風中綴成一片，灑落在熟悉的城池上，緩緩拉開又一個夜的序幕。還是習慣性地守在窗下，顫抖著雙手翻開泛黃的素箋，看她經年之前留下的明明滅滅的字跡，只一句淺淺的相思，便有濃得化不開的情愫，從他的眉眼，從他的心頭，靜靜地蔓延，靜靜地燃燒成燦爛。

　　一泓秋水，攜著片片落花，在潺潺的音韻中九曲纏綿，緩緩流過他的門前，把哀愁都擱淺在窗下，只任他在朦朧若夢的思緒中悠悠點燃一抹心香，暗傷懷。枕著他們曾經青蔥曾經明媚的歲月，念著他們喜愛的詩句，讓一顆一顆晶瑩的淚珠把那段沾著落英香味的記憶在心底連接成串，於筆端捕捉一段風清月白的真實，他彷彿聽見湖的那一端，有她熟悉的、婉轉的聲音淺淺地飄來。心，突然莫名地疼痛了一下，於是，記憶裡所有與她有關的枝節，都在他眼底漸漸清晰起來。

　　微涼的夜，窗外月華如洗，心，輾轉流連於一個又一個的滄桑繁華夢

第二十九章　斷雲幽思

中,縱是歷盡風雨,依然哭著不肯醒來。想她念她,轉身之際,相思的線瞬間於眼底串就一個古老的夢,所有的回憶,歡喜的,悲傷的,都從這裡悄然開始,粉墨登場。

那是一個寂寞又詩意的月圓之夜,她站在水湄,任風揚起她素色的裙角,一縷縷深愛的情愫散落在純白無瑕的浪花裡,更有純色的淺淺清香在跳躍的水花中次第綻放。他揚眉,隨她信步水湄,緩緩走進月光瀲灩的城池,淺笑著看她佇立在水中央,裊裊婷婷、似水如煙,心裡滿是歡喜與知足。源於最初的真摯與感動,他輕輕、輕輕地打開掌心,如若可以,他願掬起那一朵最清澈的浪花,牽著時光的素手,在她的樂園沉澱每一縷水色情懷。

波光瀲灩、雲影浮動,初秋曳著花香緩緩掠過她的眉眼,多情的目光在回眸間笑靨如花。那一夜,真的很美很美,彷彿所有的風景都是要襯托她的溫婉與明媚,他回首的剎那,瘦了的清風正託著祝福的音符,掠過深情款款的水面,在天際間,與暗香盈袖的浮雲追逐奔跑,一切的一切,都美得讓他驚覺這便是人間的天堂。低眉垂首的瞬間,一片花紅斜斜地掠過她似水的明眸,讓她看上去更顯清麗出塵,那抹明淨的氣質,彷彿是在水之湄、雲之深處,與萬水千山之外的一重重如雪情懷緊緊相擁後才得來的,而他,則藉著一縷月光灑落的清輝,與水、與雲,在她眼底合奏一曲歡歌,於是,一個美麗的神話迅即在風中盈盈而起。

凝眸,雲的影子在水的深處起航,水花敲打著歡快的琴弦,一聲聲、一行行、一段段,為他捧出絕美的情懷、如水的牽掛、純淨的祝願,在微藍的詩箋裡替她織就一簾幽夢。愛她,他涉水而來,在她注視的目光中鋪開宣紙,輕描淡寫,臨摹水的清澈、雲的飄逸,將那些柔軟的時光、溫暖的絮語,於風起處一揮而就,不需要濃墨重彩的渲染,她眼中的流雲亦在

第八卷　猶弔遺蹤一泫然

水中鐫刻成他筆下最美的風景。靜靜地倚在一樹柳蔭下，兩兩相依，望著頭頂如輕紗般溫軟的月光，她低眉淺笑、雲袖翩躚，他則輕拈一束妊紫嫣紅的花，把最柔情的一朵別在她的鬢上，從此，一抹山高水長的塵緣，便在她和他的心底開出一片又一片的芬芳，濃也是情、淡也是暖，情也水雲間、暖也水雲間。

然而，相思的路總是很長，緣分卻又總是很淺。當沉重殘酷的現實瞬間淹沒了傾城的月光，以烏雲遮住一整個世界的時候，她溫潤的笑容亦在他的夢中漸漸凋零，握不住的幸福終致漸漸飄遠，以至最後默默飄散在風中，再也找不見一絲絲遺跡。所以，經年之後的他總在黑夜裡擁著月光沉沉睡去，只任心頭始終都縈繞著婉轉的悽楚，在不休的想念中輕輕呼喚起一個刻骨銘心的名字。

流年似水、往事如煙，此情無計可消除。她在嘆息中遠去，他在斷鴻聲裡遙望她的天涯海角。是否，萬千繁華已在揮手之間灰飛煙滅？是否，最初的誓言都已在老去的花下化作永久的虛無？時光輾轉、物是人非，她不在，他把所有的花語深埋，只用一枚明月心，在城樓上為她輕吟，那首熟悉的天籟之音，一聲聲、一句句，都是他最深情的牽念。

總是在最思念的時候最困惑，當漫天的黃葉在窗外呻吟著寂數秋天之際，夢中的紅顏卻又淪落去了何方？可知，夜夜思君只為君念？又可知，一曲天荒地老、一闋紅塵相許，是他今生最美的守望？月夜如水，琴聲悠悠，城裡的月光，在萬家燈火的溫暖中無言靜看世事滄桑，而他卻在月色中沉淪，依然枕著一樹相思花瓣雨，在遠方靜靜地想她，在夢中默默地尋她，尋她的優雅芳華，尋她的含蓄婉轉，尋她的款款深情。

再回首，月光潑落的憂傷滴在他憂傷的眼眸裡，那月下的女子，依舊素衣清顏，在悽悽冷冷清清的陌上，為他拾取一瓣瓣思念的落紅；然而，

第二十九章　斷雲幽思

繁華落盡、寂寞成煙後,他在層層疊疊的月色中卻看不到她那抹熟悉的笑靨,於是,只能在靜默的時光裡,輕輕叩問清風明月,可否把他不曾深藏的心事輕輕傳遞至她的耳邊?傷心裡,想著月下聚首的故事,想著她的千好萬好,想著她眉心的輕笑,他在傾城的月光裡繼續為她守望,依舊掬一捧清風,把她的名字寫在掌心,用她的名字取暖,只是,她可知,遇見她,是他此生繞不開避不去更無法也不肯逃開的緣,又可知,她是他生命中一首永遠都唱不老的歌,宛若永恆的山水風景,總是不經意地便在他心底泛起層層漣漪?

記憶中,她有滿懷如水的柔情,總是裊裊婷婷、淺笑盈盈,一副天真爛漫的模樣,而他則有一簾幽夢、相思無寄處,為此,她特地穿塵而來,與他相約,陽春三月,微雨燕雙飛。尚記得,那一年,那一月,那一日,花好月圓夜,他悄然掀開夢的紗簾,但見美人如花隔雲端,為他撥絃而歌;尚記得,那一年,那一月,那一夜,他依偎在溫婉的她身畔,一晌無語,且聆聽她的丁香花語,而她,卻以愛憐的目光、絮語綿綿,陪他摘下滿天星子;尚記得,那一年,那一月,那一日,她笑對流星雨許下心願,用她的萬縷柔情,贈他一世傾情解花語,為他擷一生花瓣雨,釀一世溫馨蜜,那一刻,幸福就在真心相擁的感動瞬間蔓延;尚記得,那一年,那一月,那一夜,雙燕來時,他與她在陌上相逢,枕一場春夢,如蝶舞翩躚,長長相守。然而此去經年,幾度花開成殤、幾度月滿西樓,再回首,那月下的佳人卻在何處?

花瓣雨,悄悄落;凝眸處,淚成行。說什麼不離不棄?說什麼一生守候?那些飄在風裡的記憶,讓他感動依舊,只是,想她時,每一次期望的眼裡總是盈滿淚水,為什麼就不能讓他因為她會心地笑一次?儘管知道往事已矣不可追,然而他卻依舊甘願沉淪在早就破碎的夢裡繼續為她守候,依舊甘願相信,某一個夜晚,她會踩著一抹淺香踏月而至,踩出一曲曲動

第八卷　猶吊遺蹤一泫然

人的詠嘆，任深情的曲調倏忽間響徹他一個人的孤單城池。

驀然回首，歲月已在瘦了的指間悄然流逝。如果時光能夠倒流，能夠回到過去，他想，他必不再忍心，讓她淚溼花下似雨飛，與她淚別紅塵相思路。輕叩記憶的門扉，十指緊扣，夢裡知否，那是前世桃花今生劫嗎？縱然心相通、夢相同，結局依然是無奈的分離！此時此刻，他好想站在月亮之上，和星星一起出發，尋找一箋月光下的童話，尋找一座溫暖的城池，尋找一抹夢中的身影，讓淺淺的他，偶遇晶瑩的她，讓水雲相連，婉約成一朵無瑕的蓮花。

打開記憶的流花，水的流動詮釋著雲的飄渺，任那一夜的月亮點燃愛的燈盞，又見她白衣勝雪的裙裾在鑑湖的輕盈中延伸成一抹溫暖、一縷真實。回眸那一場流星雨，她攜來一縷柔情的風，撩起一段錦繡琉璃的年華，知否，那晶瑩溫柔的明眸，映出了誰人思念的容顏？知否，那指尖流轉著莫失莫忘的誓言，且歌且行中，又是誰人的深情喚醒了他心底的一簾幽夢？

蕙仙啊蕙仙，可知，妳是我紅塵裡不息的牽掛，在我記憶深處，永遠都有妳溫暖的綿綿絮語？可知，一段花樣年華裡的相遇相知，已在紅塵中醉了妳我一千年？可知，等妳在天之涯海之角亦是一種傾心的美麗？如果雲知道，今夜，就請傾我萬縷柔情，共妳一簾幽夢！若妳，遇見夢中明媚的歡顏，那便是我，效蝶舞翩躚夢雙飛，只為踐約，於人間四月天，與妳共醉芳菲。

漫步沈園池畔，淡淡回眸，整理如蓮心事，眼中是一波的微藍輕漾，綿軟的，朦朧出一片如水的深情。素顏淡淡、清音渺渺，是誰的羅裙輕揚，迎風而瘦，輕攏慢捻出滿地相思？恍惚間，悠悠的旋律自耳畔響起，凝神靜聽，忍不住在心中顫問：「是妳嗎，蕙仙？是妳在傷心橋下又彈起了傷心曲嗎？」

第二十九章　斷雲幽思

　　再回首，醉人的情話在花下輕舞霓裳，濃了一秋。月練清輝下，他在心裡種下一束思念，攜一簾幽幽的夢寐翩躚，任她的眉眼打溼他的詩行，在紙箋上醞釀下絕美的情歌，更把她的容顏盛在相思的杯盞裡，約夢今生。

　　聽，是誰在低吟淺唱？高山流水的琴聲如同天籟之音，迷濛中，彷彿又牽著她的手，在夢的中央捧起了千年的風月。躲在夢裡，把天涯望作咫尺，隔著透明的時光，與她深深凝望，他輕輕撥動起繾綣的琴弦，在如歌如雨的思念裡，把千絲萬縷的柔波縈繞在指間，為她舒展開流雲般的嫵媚，只任一個不老的傳說在心底盈盈而起：紅塵有約，戀她千年，他的柔情，只為她綻放，只等她擷取。只是，花開花謝，彼岸的她，還是他今生唯一的風花雪月嗎？

　　他不知道。他只能憂傷著，把她的名字寫在掌心，以桂香作盞、以露珠為茶，在思念裡邀約今生的承諾，且歌且吟中，只為她拈花淺笑，只為她剪一縷微風，讓脈脈的柔情穿越他的白髮，一路踏歌，尋夢，曉看天色暮看雲，朝朝夕夕，憶她、想她、念她、思她。

　　夜無語，風低吟，落紅飛舞，彩蝶翩躚，那甜蜜的氣息中，可有她為他築起的童話堡壘？繁星伴月，幾番星月情愫，低照於窗，伊人對鏡去紅妝，那香豔的流波裡，可曾有他心底最柔軟的深情在輕舞飛揚？夢中，輕輕捧起對她的思念，希望它能跟隨著月光，輕輕灑落於她身旁，回眸間，卻發現依然只有自己獨自一人，蜷縮在寂靜的葫蘆池畔，撿起一片飄零的楓葉，試圖用它顯目的紅色來溫暖他孤單的心房。

　　她已經走了啊！他深深地嘆。三十八年了，她已經走了整整三十八個年頭。只是，聚也匆匆、別也匆匆，人生能有幾回兩相逢？風兒輕輕吹過，樹下早已落了一地繽紛。抬頭，看那零落的枝頭，只剩下三兩朵孤單的花在風中輕輕地飄蕩，再回首，樹上樹下，落紅與殘花，遙遙兩相望，只奈

第八卷　猶吊遺蹤一泫然

何歲月若流水，飄逝無痕，他與她，亦不能再與共，空悲嘆。

盼相聚，行行坐坐，怎奈離別時難過？相思之愁總傷身，不知不覺中，竟然有淚，終難忍，潸然而下。耳邊恍聞她聲，猛然轉身，一回首，原是花間幾隻蝴蝶翩翩之影追逐在身後，於是，頓時明瞭，是他自己撩動了想她的那根相思弦，讓相思之音不住地縈繞於身前身後。此時此刻，想她在心中，道是無聲勝有聲，而她，依舊守在她自己的世界裡，無影無蹤。

唉，怎麼說走就走了呢？他仍守在一腔無法抑制的痴情裡固執地覓著她的芳蹤，可哪裡又能尋得見她的蹤影？已經是，宋光宗紹熙三年（1192年）了，他亦是六十八歲的龍鍾老人，如果蕙仙能活到現在，也該是白髮蒼蒼的老婆婆了吧？是啊，光陰似箭，時間如流水，轉眼間，滄桑世事幾多變，蕙仙走了，卿卿走了，小憐走了，而就在愛女閏娘夭折的那一年十月，深居德壽宮的太上皇宋高宗也走了，帶著他的功與過，帶著陸游對他的無盡失望與痛心，走了。

宋高宗駕崩後，六十四歲的陸游因為無法忍受嚴州生活的枯燥乏味，於宋孝宗淳熙十五年（1188年）四月上了乞祠祿的札子，準備不再做行政官了，要求還鄉養老。這次請求很快得到朝廷批覆，於七月間便得以回歸山陰休養，然而就在這年年底，因為右丞相周必大的提攜，他又被任命為軍器少監，不得不前往臨安任職，對此，陸游的心境自然是歡欣愉悅的，有詩一首為證：

六十之年又四年，也騎瘦馬趁朝天。
首陽柱下孰工拙，從事督郵俱聖賢。
筆墨有時閒作戲，功名到底是無緣。
都城處處園林好，不許山翁醉放顛。

—— 陸游〈初到行在〉

第二十九章　斷雲幽思

次年，即宋孝宗淳熙十六年（1189年），六十三歲的宋孝宗於二月二日下詔退位，退居重華宮。太子趙惇即位，是為光宗。同年，北方的金世宗駕崩，章宗即位。六十五的陸游亦於這年的四月二十六日，榮升禮部郎中，兼膳部檢察。然而，福禍相倚，五月間，周必大罷相，繼任的丞相留正與陸游沒有深切的關係，因此他很快便在政治上失去了必要的倚靠。這年冬，詔修高宗實錄，光宗命群臣齊集文華閣，進行撰述，陸游以第一名入選。十一月二十四日，陸游作〈明州育王山買田記〉，題銜為「朝議大夫尚書禮部郎中、兼實錄院檢討官」。然而在作記的時候，他怎麼也不會預料到，就在四天以後，因為諫官提出「陸游前後屢遭白簡，所至有汙穢之跡」，光宗便立即下詔，把他的現任官職給罷免了。為此，陸游亦有詩作記述此事：

扁舟又向鏡中行，小草清詩取次成。

放逐尚非餘子比，清風明月入臺評！

綠蔬丹果薦瓢尊，身寄城南禹會村。

連坐頻年到風月，固應無客叩吾門。

——陸游〈予十年間兩坐斥罪雖擢髮莫數
而詩為首謂之嘲詠風月既還山遂以風月名小軒且作絕句二首〉

自此，從宋孝宗淳熙十六年十一月陸游再度罷官，直到眼下的宋光宗紹熙三年（1192年），陸游的時間幾乎全部消磨在山陰的鄉下。看著山陰城的一草一木，看著挺拔清秀的三山，看著碧波萬頃的鑑湖，看著風光綺麗的清荷小苑，看著草長鶯飛的沈家庭園，他的心，總是按捺不住地想起她，想起他終生念念不忘的蕙仙。

又至沈園，因為失了她的芳影，垂柳輕拂下的那一泓碧水已不再清澈，綠蔭婆娑裡的青青竹林也沒了生機。「春如舊，人空瘦」，斷牆上，兩闋寫滿相思、字跡已然模糊的〈釵頭鳳〉依然在風雨飄搖中相守相望。可

第八卷　猶吊遺蹤一泫然

經年後，他和她，相隔的距離豈止是在這詞闋之間？

她走了，他的眼裡失去了光彩，他的等待變成了失望和無眠。六十八歲的他，一遍遍地回想自己和表妹曾經擁有的那段幸福歲月，心，莫名地疼痛。若說有緣，為什麼不能牽手一生？若說無緣，離散十年，又怎能重逢在沈園！此時此刻，他多想用漫天的柳絮輕拂她的臉頰，多想在空濛煙雨中為她低吟淺唱，多想帶她沿著九曲幽深的小徑去追尋往日琴瑟相和的日子啊！

夢婆娑，從不捨中醒來，一道晨曦拂在身上，方明白，他已在沈園裡躑躅了一夜。依舊穿梭在葫蘆池畔，默默為她守候；依舊蹣跚在傷心橋上，痴痴將她等待，縱然繁華落盡，對她的那份牽掛依舊亙古不變。枕著相思，繼續徘徊在那個記憶的路口，細細回想，與她初見時的那份怦然心動，與她相愛時的那份情深意切，蹙起的眉頭終於有了一份釋然。然而笑靨還未來得及綻開，恨卻頓然醒悟，此刻不過是形單影隻罷了，眉宇間，不禁又添了幾縷惆悵的紋。

再回首，雨落無聲，情悽美；落雨瀟瀟，人悲涼。居然又是一個雨天。悵立池畔，望向遠方，行人奔走於青紅藍綠的油紙傘下，那濺起的朵朵雨花，究竟沾溼了幾人的情殤？真希望時光能夠定格在此時此刻，任憑雨水淋溼他滿頭霜絲，模糊他憔悴的身影，就這樣，靜靜地想她，直到將她湊成一片永不變色的風景，填滿他空靜的心，變成一首清麗的想念她的小詩：

楓葉初丹槲葉黃，河陽愁鬢怯新霜。

林亭感舊空回首，泉路憑誰說斷腸？

壞壁醉題塵漠漠，斷雲幽夢思茫茫。

年來妄念消除盡，迴向禪龕一炷香。

　　　　　——陸游〈禹跡寺南有沈氏小園四十年前嘗題小闋壁間，
　　　　　　　偶復一到而園已易主，刻小闋於石，讀之悵然〉

第二十九章　斷雲幽思

「楓葉初丹槲葉黃，河陽愁鬢怯新霜。」回眸，楓葉初紅，槲葉已黃。轉身，花謝花飛香滿天，卻不知紅消香斷有誰憐，只餘他一片惆悵在沈園。

花，終是落了；葉，終是哭了。曾是綠葉襯紅花，如今殘風害別離，零落成泥碾作塵，再也找不回點滴溫馨的記憶。愛，便是愛；不愛，便是不愛。心事千迴百轉，那一段經歷，已被她用最決絕的離別畫上句號，從此碧落黃泉，永不遇見。

她走了，他只能為她寫下一闋離歌，在天涯陌路裡，遙念君安；她走了，總是怕添新霜，卻在她傷魂的眼神裡，又添白髮。如果痴情是一種錯誤，他情願沒有來生的來生，唯願有她一路相伴。

「林亭感舊空回首，泉路憑誰說斷腸？」林木依舊，亭臺依舊，只是少了她的蹤影；碧池依舊，小橋依舊，只是空餘回首惜依依。她不在了，從此後，黃泉路上憑誰說斷腸？

藉著片片楓葉的情意，揮手告別生如夏花的悸動歲月，錦瑟梧桐也在眼裡落下完美的帷幕，爾後，便是長長久久的嘆息，經久不衰地縈繞在心間。當思念爬滿額角時，才發現，逝去的日子早已成為鬢邊霜白的髮絲，瞬間便淹滅了所有希望、所有期盼。

「壞壁醉題塵漠漠，斷雲幽夢思茫茫。」回首裡，香詞已舊、斷壁已殘，往日的一切都找不見了，斷雲幽夢裡，唯餘塵漠漠、但留思茫茫，自是悽悽慘慘、悲悲戚戚，好不惆悵。

轉身，園外繁雜的聲音早已將心靈拒之於千里之外，而喧囂的街道、閃爍的光芒都與此時的心情格格不入。盼只盼，與她詩書唱和、賞花撲蝶；盼只盼，與她一起化作微風，雙雙歸醉，今生來世，永相伴。

「年來妄念消除盡，迴向禪龕一炷香。」年紀越來越大，妄念亦隨著身體的日漸蒼老，慢慢消失。他知道，她終是回不來了，於是，只好徘徊在

第八卷　猶吊遺蹤一泫然

時光深處獨守一份寧靜、一份坦然,淚眼朦朧地為她點燃一炷思念的香,祈禱上天,期待再一次的春暖花開,能與她,邂逅在另一個青青陌上桑的世界,把特別的愛送給特別的她。從此,讓她的心不再寒冷,只要她一個鼓勵的眼神,他便願傾盡所有,博她世世歡顏,哪怕遇見,會顛覆他的世界。

第三十章　驚鴻照影

城上斜陽畫角哀，沈園非復舊池臺。

傷心橋下春波綠，曾是驚鴻照影來。

夢斷香消四十年，沈園柳老不吹綿。

此身行作稽山土，猶吊遺蹤一泫然。

——陸游〈沈園二首〉

「紅酥手，黃縢酒，滿城春色宮牆柳。東風惡，歡情薄，一懷愁緒，幾年離索，錯，錯，錯！」每次讀到這闋詞，總覺得那些字句宛如一罈經年的苦酒，在打開酒罈的那一刻，靜靜地散發著苦苦的香氣，向世人述說著沈園中那個悲傷落寞、纏綿不忍回顧的春天。春老花落、燕飛鶯去，究竟折傷了誰的思念？斷壁殘垣、斑斑墨跡，又替那些無法歸來的人經歷了幾世的相思？

人生總是路短苦長，總是在驀然回首間發現這諾大的世界竟只剩下寒夜裡的燈火闌珊映照著離人無法說出的悽惻離別，古往今來，無一例外。嘆，造化弄人，彈指之間，卻是誰和誰的世界變得如沈園的春天一般蕭索？

合上那有些泛黃的詞句，思緒便有些紊亂了，心裡想著那傷心的沈園，抑或是記憶裡別的什麼地方。是唐琬的沈園，還是我心中的沈園？只覺得心中一陣隱隱的痛，在記憶裡飄零，在心海深處不斷翻騰，似有一些過往，或遠或近，或真實或夢幻，在眼前不停地閃過。春來時，見它妊紫嫣

第八卷　猶吊遺蹤一泫然

紅開遍，見它芳草連天；春去時，花謝水流紅，落盡了繁華，枝上花間寒意浸染，滿園的破敗，竟彷彿深秋。有意相留，卻無奈身似飄萍，聚散總不能由人，一時間思緒萬千，只覺得九曲了柔腸，不知身在何處。

矇矓中，聽見有人在離別時說：我自歸家你自歸，說著如何過，我斷不思量，你莫思量我，把你從前對我心，付與他人可……是真心，是假意，還是離別時言不由衷的無奈，中間幾多冷暖，怕是只有說的人自己知道。真的斷不思量，又如何會怕人尋問、咽淚妝歡；又如何會有許多話不能說、許多事不敢提及，提起來，便會痛徹了心扉；又怎會衣帶漸寬，只願對人說非干病酒、不為悲秋呢！

多少個寒夜孤衾，相伴著窗外一彎月明，照進來，灑落一地無人收拾的思念，想著她是如何過，又怕想她是如何過，多少離愁、多少矛盾，在進退兩難的掙扎裡，緩緩化成一把沉沉的心鎖，緊鎖住他眉間心上，鎖住他一生的歡愉。

寒夜如水，風過，是刺骨的冷，目光流轉，抬頭看到舊時的明月，想起了從前多少次月上柳梢頭，想起了愛人溫婉的臉龐，想起了自己曾經含淚的微笑。多少年來，都是這樣沒有淚沒有笑的活著，轉身，憶起有淚有笑的日子，原來卻是那麼的好！

那些日子在心底無人可及的地方慢慢地堆積，轉瞬成塚，卻換來在流年中即將老去的容顏，相伴著燭影搖紅，獨自祭奠著心裡的殤。午夜夢迴，每每時光倒轉，回到那年那月裡，那些散發著淡淡香氣的合歡花，那些遮住了風雨與烈日的梧桐，便那般鮮活地在心底深處搖曳著，守著生命中不曾乾涸的滄海桑田，纏綿著那些分不清楚是前生還是今世的陳年舊事，時而甜蜜，時而傷感。

人這一生，究竟有多少自己無法忘記又不敢故地重遊的地方？那些地

第三十章　驚鴻照影

方在離開後日夜魂牽夢縈，卻只敢遠遠地望著它，不敢走近半步，就如那桃花落、閒池閣的沈園。

多少次，他總是想要拚命繞開那個地方，或是無數次地強迫自己可以風輕雲淡地面對那裡的一切，以為自己真的做到了，可是，卻不知道，那只是痛極而生出的一種自我保護的意識而已。曾經，一次又一次，試著讓自己風輕雲淡地面對那裡的一切，不讓自己的心生出一絲波瀾，可是，一次次的心痛卻無情地出賣了自己。

原來，這麼多年，一切都還停留在原來的地方，只是，她已不在，那裡早已物是人非了。再回首，好想找個地方大聲地宣洩出心中積蓄多年的苦楚，或是獨自醉倒再不起來，可是，他卻什麼都不能做，只有欲哭無淚時的悲涼，還有心底拚命壓抑的思念，百轉千迴地在心頭五味雜陳。

「兩情若是久長時，又豈在朝朝暮暮？」可是，朝朝暮暮之間，誰又說得清楚，失去了多少歡喜與平淡？不管愛得有多麼銘心刻骨，依舊還是跨不過咫尺天涯的距離，怎不惹人惆悵？人們總說相見不如不見，是因為相見了便又要離別嗎？生命何其短暫，走過聚少離多的歲月，留下的是孑然一身的孤苦，自是山盟雖在、錦書難託！

唐琬已去，陸游又來。望著沈園粉壁上字跡模糊的題詞，已經七十五歲的陸游早已潸然淚下。在他眼裡，不管什麼季節，不管什麼天氣，沈園的詩情畫意隨處都是，你留神也會絆著你，只因那裡留下了她太多太多的印記，那一雙憂傷的眼睛，那一句痛斷肝腸的心語，還有那一抹悽然轉身的背影……只是，二月裡，春風還遲遲未到，歷盡滄桑的沈家園裡還是滿目滄桑，放眼望去，唯餘落花、敗柳、殘荷、枯枝、斷垣，還有那沒有靈氣的池塘散漫著幾尾閒適的小魚。遠處悠悠的古箏聲悽楚愴然，不知是誰人奏響，慢慢浸入心扉，卻又使他心底倍增寒意。

第八卷　猶弔遺蹤一泫然

　　那兩闋〈釵頭鳳〉在斑駁的壁上已經沉默了許多歲月，再回首，又哪裡去尋當年那個傷透了心，在壁上留下一闋淚詞的翩翩少年，還有那個黯然神傷、哽咽著含淚和詞的紅粉佳人呢？此去經年，千山萬水，重重複重重，牽手只能在夢中，只是，遠去的她還記得那年春暖花開的陽光下，他和她相伴戲春的身影嗎；還記得那年秋月灑在窗前，她與他相偎伴讀的日子嗎？記得嗎，那對酒當歌、鶯歌燕舞的時光？記得嗎，那海誓山盟、海枯石爛的承諾？記得嗎，那個酒氣如虹、一笑未了千觴空的少年？記得嗎，那些個朝朝暮暮、耳鬢廝磨，不知今夕是何年的歲月？俱往矣，一切的一切都過去了，她子然獨立的清瘦身影，早已在清肌入骨的古箏聲中悄然逝去，此地空餘沈家園，只剩下他，在瑟瑟風吹的悽悽悲涼裡，一襲青衫，淚眼矇矓，望斷天涯。

　　日復一日、年復一年，他把自己關在那最深的幽冥，以為淡忘了所有的故事，然而每到寂夜來襲之際，才發現她又悄然進駐他的世界。心隱隱作痛，痴念似幽靈，長長久久地盤旋在他白髮蒼蒼的頭頂，吞噬著他寂寞孤單的身心，只是，什麼時候，他才能真的與她執手相望在這一燈紅燭下？

　　案上，為她寫下的，不知是多少痴狂，紙箋上依稀還殘留著，那個暮春他為她執筆的最初篇章。回首往事，人世間那些匆匆走過的人，太多已不記得他們的模樣，幾多春秋，淡漠了幾輪歲月，他依舊守著那個沒有找到的幸福，在沈園、在清荷小苑、在三山別墅、在鑑湖邊。或許她曾來過，而他，始終沒有看見。

　　他是人間惆悵客，知君何事淚縱橫。既是惆悵客，當知男兒何事淚流，而她，卻不知他已為她寫下那些肝腸寸斷的文字。縱使他天生憂傷，而這傷，難道只是注定？

第三十章　驚鴻照影

　　生有何歡，幾曲悲歌唱不盡，歡顏幾時，依舊是訴不盡的愁腸，雨碎池萍，滴在那暖暖的心上，竟是涼了又涼。他走了又回，回了又走，看盡多少戀人的分分合合、合合分分，卻看不到他的半點希望。猶記得，那夜，他放開她的手說：「罷了，妳還是妳，我還是我。」於是背上行囊，離開他曾駐足觀望的清荷小苑，去另一個方向尋找他前世遺失在人間的幸福。因為她說她不是那個人，那個人在樓臺高處，於是他去了，然而穿越人海茫茫，他眼裡看到的卻依然是她，那個被他拋棄了的蕙仙，難道這便是上天安排的劫？

　　痴也罷，夢也罷，走也罷，留也罷。依舊是幾度清風散不盡，輪輪迴回看夕陽晚霞悽豔。問君能有幾多愁，恰似一江春水向東流。憂，憂，憂，苦來半生愁！瘦，瘦，瘦，北風捲清荷！春水東流為何愁？愁思何不隨春水？卻原來是愁，若春水，流不盡！凝眸，為何此時，他的筆，寫下的，字字句句，盡是愁？她不問，他心自知。

　　他以諱莫如深的眼神，遙望這深深夜空，以為看到的是那劃過的流星，伸手，卻是不見五指的黑暗，是恐懼籠罩這天地，覆蓋他自以為強大的心靈。路人莫問他為何，只因這答案他已丟在他離開的清荷小苑，只等她和他一起去找回。

　　山一程，水一程，身向榆關那畔行，夜深千帳燈。山水之間，程程走盡，身卻不知在何方，夜深千帳，依然找不出前面的一絲光亮，只餘心似幽魂，在天地間飄飄蕩蕩，於暗夜裡尋找那前世輪迴的軀體。

　　也曾倔強過，也曾放手過，卻依然沒能在那峰迴路轉的路口看見晴天。多少個日日夜夜，依然在生命中來來回回，依然在看見曙光的瞬間欣喜過望，走近時卻還是伸手不見五指的一片黑暗，就像那無底的黑洞，看不見盡頭，卻吸引著繼續走下去的欲望，那是因為害怕找不到寄託，心

第八卷　猶吊遺蹤一泫然

不知往哪擱放，卻又告訴自己，那裡沒有盡頭，是悔，是恨，卻終不是回頭。

若生命是一場永無止境的追逐，那麼愛情是否也如此？他不知道，活了七十五年，他依然沒能弄明白愛情的真諦，至少他現在看到的愛情還是那樣的迷迷糊糊、混混沌沌！曾經，他以為愛情已在他心底徹底消逝了，可等它回來的時候，卻又讓他措手不及，那種欲罷不能的感覺，恰似手中的苦酒，明知它是苦的，卻又忍不住喝上幾杯，那滋味，唯有自己知道，是如何的酸澀，可已經放不下，那麼又能如何，便讓它繼續侵蝕這孤獨的內心罷了。

想著她，憶著她，冰涼的手指撫著那冰冷的琴弦，在月下胡亂撥弄著。可那落滿灰塵的弦，卻是再也彈不出一曲完整的調子，凌凌亂亂，更聽得他悽悽慘慘。曾經的曾經，他是多想為她在清荷小苑裡彈奏一曲旋律優美的〈長相思〉，又是多想為她在沈家園裡彈起那曲〈鳳求凰〉，只為舒展她憂鬱的眉，只為暗暗描畫她陶醉時的表情；只是，轉身之後，他與她已成天涯，再不能共。

那些遙遠的念想在他心底顯得是那樣的諷刺，那樣的荒唐，那樣的可笑，那樣的不切實際。罷了，或許再過一段時日，他連撫琴的正確姿勢都會遺忘得一乾二淨，所有的過往亦終究會塵封在那段青春懵懂的時光裡，他終是不再明瞭，亦不會再有痛楚，還想這些又有什麼用呢？只是現在，這聲音，是凌亂的，亂了他的心，動了他的魂，餘留下的一絲悶響又緩緩散向夜空，盤旋、縈繞，老了的思緒終是不能平靜。

每個記憶，每個畫面，無時無刻不在剝蝕著他的內心，似翻江倒海般湧來。此時此刻，傷心裡的他只能念著那句「多情自古空餘恨」，在那凌凌亂亂的琴音裡，留下一抹冷笑，再次為她寫下那不該有的痴念：

第三十章　驚鴻照影

城上斜陽畫角哀，沈園非復舊池臺。

傷心橋下春波綠，曾是驚鴻照影來。

夢斷香消四十年，沈園柳老不吹綿。

此身行作稽山土，猶吊遺蹤一泫然。

—— 陸游〈沈園二首〉

「城上斜陽畫角哀，沈園非復舊池臺。」夢迴沈園，他帶著一份潮溼的心情，聽著畫角的哀聲，走在斜陽籠罩的亭臺樓閣，依稀彷彿間，卻看到她從五十年前的淚海中氤氳而來，依舊是裙裾飛揚的素裝，依舊是青銅鏡前畫眉時的婉約。只是，輕輕一個轉身，便又發現，原來，在踉蹌過幾多風雨後，青春凋了、香屑殘了，沈園亦非舊日池臺，她，終於以一種無法掩飾的悲情，飄渺在夕色黃昏裡，鎖住了他化蝶的視線。

「傷心橋下春波綠，曾是驚鴻照影來。」還是那堵粉牆，掩映在柳枝下，便是這若絲細柳拂動了他千古的愁緒。猶記得，在那個模糊了的紅袖添香的夜，他曾是那樣小心地伸手拭過她的額頭、她的眉際，她又是那樣小心地在燈下為他研墨；猶記得，她額前如絲的秀髮、鼻尖細密的汗意，只為溫暖他終夜的疲憊；猶記得，在那個落花的雨天，窗前，他替她把絳唇輕點，那淡淡紅胭，凝了眷念，在她的臉，徘徊在他指尖的卻是一抹香柔的情怨；猶記得，風吹過她的長髮，休書落在妝臺邊，他假裝心不在焉，任妝筆替他勾勒無言，而她的眉間，他微顫，把那硃砂添；猶記得，愁人在深深庭院，琵琶三四弦，她悵彈一曲〈離恨天〉，卻彈不出誰的怨，只是，淚，半掩……

那是一個怎樣靜寂的夜啊！蟲鳴終於和著清淺的月色歇息了，輕叩一下古老的柴扉，他彷彿看見她心痛著，流連在一池碧水的橋下傷心著她的過往，只是，他們都說女子在悲傷時流下的淚是紅色的，為什麼滴盡她淚

第八卷　猶吊遺蹤一泫然

的傷心橋下的春波又會是綠色的呢？是他忽視了嗎？是他遺忘了嗎？那些個甜蜜的日子裡，她總是守在葫蘆池畔照著輕盈窈窕的身姿，恰似驚鴻，在他眼裡千迴百轉，然而，經年之後，為何又不見她曾經的暗香盈袖呢？

「夢斷香消四十年，沈園柳老不吹綿。」記得那年重逢，春風沈園，他信步抬眼，她無端迎面，一瞬間，凝固了多年思念。凝眸，他，瘦了流年，桃花面，已被一懷愁緒漣漪；她，還如當年，紅酥手，顫抖著，最後為他將離酒添滿。轉身，他，隱了淚眼，春風陳舊在滄海桑田；她，心事欲箋，牆柳桃花輕嘆世情太薄。再相遇，他，吟閱壁間，淚痕瘦斷沈園之見；她，咽淚妝歡，怕人詢問沈園之念。回眸，轉身，咫尺天涯，盡在那一杯，不忍飲逝的眷戀中，明明滅滅。

悵望殘陽，依舊來沈園舊地尋她，再回首，當年她親手栽種下的楊柳已經老得吹不動綿，才明白，那年的紅袖佳人早已夢斷香消，到如今已是四十多個年頭了。夜，依舊罩在她的亭臺、她的迴廊、她的一切一切，而他凌動的衣袖依舊無法釋懷當年妙因老尼留下的讖語，只能在一次又一次的失魂落魄裡，展前世今生於脈絡縱橫的掌上，再一次讀她，唐琬，以他不再流淚的雙眼。

「此身行作稽山土，猶吊遺蹤一泫然。」回望裡，她的嘆息，依然縈繞在他的耳際，莫名的哀愁便在這芳草萋萋的沈園肆意鋪展開來。那是一個草長鶯飛的季節，他用這萬紫千紅的春為她研製成胭脂，水粉的味道浸著他的柔情與力道，輕輕勻於她緋紅的雙頰，而他的目光始終不敢忘記那飛紅的柔媚；依然是那個草長鶯飛的季節，他將鳳頭釵別上她的髮髻，那唇邊淺淺淡淡的笑，又令他夢迴了多少個世紀；還是那個草長鶯飛的季節，他決定離她而去，用他笑著的表情，獨對那漫天的雨，讓一顆碎盡的心再復添一種傷痕……

第三十章　驚鴻照影

驀然回首，七十五歲的他守在寂靜的夜裡，再次回到了有她的境地。風裡，他追隨那遠去的歌聲輕輕淺淺地唱，可這蒼老了的歌喉，卻失了本應有的低低的和！她走了，他亦行作稽山土，然而還是無法將她忘記，只能一次又一次來到這裡，來到沈園，將她一次又一次的憑弔。然而，這又能挽回些什麼呢？這些年，他失去了太多太多，就連與他相伴半生的妻室王宛今亦已在兩年之前的宋寧宗慶元三年（1197年）作古，現在的現在，他又能等到些什麼？當歲月憔悴了紅顏、折斷了鬢眉，抑或蒼白了微笑、淡漠了思念，他等來的亦終究不過還是那句於心底殘喘了四十四年的餘音：「一懷愁緒，幾年離索」罷了！

第八卷　猶吊遺蹤一泫然

第三十一章　夢回沈園

路近城南已怕行，沈家園裡更傷情。

香穿客袖梅花在，綠蘸寺橋春水生。

城南小陌又逢春，只見梅花不見人。

玉骨久成泉下土，墨痕猶鎖壁間塵。

—— 陸游〈十二月二日夜夢遊沈氏園亭二首〉

冬夜，還是徹骨的寒冷，她的天空，是否又飄起了輕盈的雪花？窗外的月色升起，還是如舊的繾綣朦朧。總在月掛中天的時候，帶著期待的心情，等她回來，等她明媚如花的笑靨，等她溫暖的叮嚀穿越一程程山水，抵達他的身畔。

光陰如流水，轉眼，他們已經離別了整整五十個年頭。五十年，他始終走走停停，從山陰到寧德，從寧德到臨安，從臨安到鎮江，從鎮江到南昌，從南昌到夔州，從夔州到南鄭，從南鄭到成都，從成都到建安，從建安到撫州，從撫州到臨安，又從臨安回到山陰，回到三山別墅，回到清荷小苑，回到沈園，那顆堅強而又破碎的心，卻未曾離開過她半分。雖然，他們之間也曾有過爭執，有過分離，也有過決絕的話語，然而，所有的不快、所有的漠然、所有的痛苦，又怎抵得過心中的萬千情愫？

愛，從來沒有理由，從遇見的那一刻起，她，就注定是他今生最美麗的傳奇。夢裡迂迴，她眸中的不捨、她眸中的似水柔情，總是那樣輕易地穿越他經年的心事，在他的夢裡，如沉香裊裊漫過。

第三十一章　夢回沈園

許多時候，他遙望她的一程山水，寧可摘一朵浮雲寄夢，也不敢再落筆揮毫，為這段剪不斷、理還亂的情緣寫下片言隻語。只怕多年的深情，只怕濃得化不開的思念，會不經意地潮溼了他案頭的紅箋。

依然無法忘懷，當初的美好遇見。原以為，只是不經意的停留，他就會像一簾閃耀的流星雨，滑過夜空，瞬即便無影無痕，卻沒想到，他輕輕的掠過，便從此，落入她疼惜的眸光裡。

他站在時光深處，悠悠而行，用文字撥動憂傷的琴弦，一聲聲、一句句，任落寞隨風滋長，釋放心底的滿懷感傷。而她，深深地凝望著他，默默無語，只用無法解釋的濃情捕捉他的每一點思緒，用溫潤的眼神撫慰他的疼痛。那一年，花瓣雨下，空氣中滿是馨香的味道，她一個溫柔的微笑，落入他迷離的眼神；那一月，花瓣雨下，她輕輕地說：請讓我為你心痛；那一夜，還是在花瓣雨下，她深情注視著他說：此生，請為我寫盡柔情的詩行，等待我的愛。

一縷馨香，在空氣中流動，鋪滿花香的小徑，總有她暖暖的足跡，總有她深情的注視。不知從何時起，他的心裝滿了她的柔情蜜意，裝滿了她的呵護憐惜，每次看見她親切的身影，他如水的眼眸便閃亮得如天上的星子，卻又怕被她觸及他心底那始終無法言說的情愫。於是，他並不言語，只是安靜地，用指尖描述他根本無法細細描摹的滄桑，但是他卻早已明瞭，她，一直在他身邊，凝望著他，給他無盡的寵溺，為他悲，為他喜。

或許是前生種下的緣分，她的溫暖，終於抵達他的心扉。明月下，花瓣雨飄搖而落，沾滿他們的身體，晚風中飄來陣陣幽香。那時那刻，並不需要知道今夕何夕，皎潔的月光下，卻有心心相印的柔情和靈犀一點的默契，在他們的心底，落地生根。

他們十指緊扣，任繾綣的纏綿和暖意在清冷的空氣中脈脈流動，這一

第八卷　猶吊遺蹤一泫然

份情，載滿了深深的感動和溫暖。他們並不介意天涯遙遙，只在那一刻，讓柔情滿瀉的目光久久糾纏，直至融合，暖暖相依，哪怕隔著一程山水，隔著天荒地老，只要仍能感受到對方的溫暖微笑，便足矣。

回眸，門前，依舊是靜水流深，他們之間，依然是隔著山高水長。他站在時光的渡口，用深情的字句為她寫下牽腸掛肚的相思意，而她，總在煙火深處，靜靜地走向他，走向他那氤氳著馨香的詩歌。那一場風花雪月的美，如蓮綻放，在別樣的詩情畫意裡輕輕渲開他的三千柔情，讓他甘願以清麗雋永的紅箋小字，回應她的深情，一生無求。

因為有愛，日子帶著無與倫比的美麗，走過他和她的流年。她倚在時光的門楣上，痴痴凝望他，看他拈一縷花香、攏一闋玲瓏剔透的相戀相依，在澄明的案幾上，用滿紙婉約靈動的清韻，只為她寫一曲相思綿長。

「弱水三千，只取一瓢飲。」多想，從此把這份朝夕牽念的美麗傳奇鐫刻進她如水的芳華裡；多想，靠在她溫暖的身上，和她談經論賦，用情深意切行文，描摹這一段旖旎的愛戀；多想，一枕她的溫柔，讓她為他點燃此生最溫暖的燈火；多想，逃離所有塵世的紛擾，只讓她牽著他，在清幽的月下撫琴輕歌，在月白如裳的剪影裡，傾情相守；多想，如他詩中那最深情的一筆，為她披上雪白的紗衣，讓清朗溫潤的他，為她描眉，為她畫滿漫溢的幸福。

再回首，終是情深緣淺，縱有刻骨的相思和寸寸真心，他和她也只能與幸福擦肩而過。愛如風、情如水，捲簾處，風瘦人憔悴。夢裡再次重逢，卻是明月無言、相思無語，唯有滿箋的愁腸百結，落於彼此的眉心。

舉杯邀月，惆悵不請自來。她的素衣白裙，穿越闌珊的黑夜，再次走進他的心扉，而她眉目中的靜好安寧，早已被一種叫做憂傷的東西所代替。驀然回首，那一段如風的往事、那一盞無法言說的輕愁，他又該用怎

第三十一章　夢回沈園

樣的筆墨來描摹呢？風雨後，她依然穿雲涉水而來，讓傻傻的他，在沒有希望的憧憬裡，遙想幸福，然，夢裡依舊淚落幾行行，或許是他們種下的緣分不夠深，所以今生只能永遠都遙遙相對。

常常在夢醒時分，輕顰低怨，怨這一程過於悽美，怨這一程讓他傷痕累累，怨這一程永遠不會開花結果；也常常在夢醒時分，祈求世間能有一杯忘情水，讓他把泛黃的故事擱淺在夢裡，此後再也不言情殤，再也不要記起那一段章節。

然而情深幾許，落寞就有幾許深。八十一歲的他還是陷在她往昔的柔情裡，沉醉不醒。幾度欲走還留、幾度欲語還休，昨日的相知相惜，終是無法一一放下。斷腸的風，在耳畔掠過，他的心，還是沉浸在往事的甜蜜與疼痛裡，輾轉流連，於一個又一個孤獨的夢裡，一次一次將她憶起，一次一次將她擁入懷中，一次一次為她唱響幽怨的旋律。

夢裡，春光明媚，小橋流水，鳥兒的鳴唱動聽得讓他心醉。橋邊佳人依舊，明眸皓齒、面若桃花，一襲素衣如出水芙蓉。六十年前他親手插在她髮間的鳳頭釵若隱若現，早已失去從前的璀璨，而他當年眉宇間的英氣，也被重重溝壑生生擠走，只剩被滄桑鐫刻下的無言在額頭憔悴。

眼神越過時間與空間的交會，跌進今日的凝視，每一寸目光都交錯成無言的沉默，在心底泛起今生無解的憂傷。他趟過沈園齊踝的草，任孤零的身影與夕陽混合著疊進幾許孤獨，默默朝她走去，只輕輕一個回眸，卻發現她身邊早有了另一個依靠，那個叫做趙士程的男人。是啊，她已經改嫁他人了啊！歲月模糊了沈園曾經的存在，他和她的過往亦注定輪迴在塵封的記憶裡，於是，無奈瞬間溢滿手中的杯，暈出濃烈的悲哀。

她絳紅的雙唇、幽怨的眼神，都令他不敢凝視。燕子從他和她之間飛越，就像越過五十年的離索，剪斷一片深情，浮萍般飄搖遠離渡口，卻原

第八卷　猶弔遺蹤一泫然

來，美好從一開始就漸行漸遠。於是，潮水般的傷感頓時洶湧全身，只好和著滿腔苦楚，仰頭飲盡一生哀怨，與她同在一個臺階上，卻徹底失去了所有。那髮間插好的鳳頭釵，可是今生最後一次？往日熟悉的動作已經失去繼續存在的理由，手上殘留髮間的味道混合了所有，只成為他刻骨銘心的記憶。

回憶，於夢境中反覆越過心頭，潑墨般渲染出整個世界的顏色。一個宿命悠閒地注視著另一個宿命，然後落花般凋落在傷心橋上，被風捲進繁華，粉碎得只剩記憶裡的存在。五十年，曾經的壯志不再殘酷地割裂他對未來的幻想；五十年，曾經的美好，如煙般飄渺在時間的某個角落，終被稀釋成淡淡的無奈；五十年，連接兩個不同世界，只因一個不甘的眼神再次相遇……

時間，在這場夢裡變得清瘦；沈園，在這場夢裡變得蕭索。一場夢，居然走過五十年的軌跡，卻在他眼底灼傷了桃花、飛逸了柳絮，綿延成意念中的牌坊，永遠鐫刻在了他的心底，於是，只能回應歷史滌蕩下來的嘆息，轉身避開她的視線，捲起落簾，將往事默念，一遍，又一遍，然後鋪開素箋，在筆端為她流落下依舊傷心的墨跡：

路近城南已怕行，沈家園裡更傷情。

香穿客袖梅花在，綠蘸寺橋春水生。

城南小陌又逢春，只見梅花不見人。

玉骨久成泉下土，墨痕猶鎖壁間塵。

──陸游〈十二月二日夜夢遊沈氏園亭二首〉

「路近城南已怕行，沈家園裡更傷情。」夢裡，路近城南，前方不遠處就是禹跡寺了，想起沈園在即，心不禁撲通撲通跳個不停，然而蹣跚的步履彷彿有意躲避著什麼，竟是再也無力邁開前行的步伐。到底是怎麼了？

第三十一章　夢回沈園

還不是怕路過沈園，又想起鏡中花顏的她，空惹傷情？

可是，已經來不及了。前方，天幕低垂，如灰色的霧靄，落下些許寒冷的碎屑，掩映於風雪之下的沈園還如從前那樣，倏忽間便闖入他憂傷的眼簾，於是，淚水瞬間決堤般湧出，頓時模糊了他的視線。

「香穿客袖梅花在，綠蘸寺橋春水生。」時間交錯著空間，和著滿天落梅，絞碎眼底數不清的情愫，如露水般被陽光蒸乾，他無言的寂寞，再次輪迴了塵封的記憶，映入眼簾的又是那綠柳掩映的傷心橋，還有那一池碧綠的春水。

再回首，時光堆砌著落寞的身影，多少心事無從寄！雙影重疊，何處才是歸岸？兩兩相望，她眼中隱忍的淚光是他追尋的方向，然而終不知未來何在，只見她前世今生不變的模樣；兩兩相望，卻是今生無緣，相遇的目光，將他徹底定格在記憶，那一次轉身，帶走了整個世界的顏色，到最後才發現他的視線早已模糊到恍惚。

而今，明知他們的距離，他始終無法丈量，明知這一段感情，只是佳期如夢，然，他還是在月下，固執地找尋那片花瓣雨的記憶；還是在月下，和她眉目相對；還是在月下，和她輕柔細語，只為還她一個溫暖的笑靨。

「城南的小徑又逢春色，只見梅花不見佳人。」夢裡，城南的小徑又逢春色，卻是只見梅花不見佳人。回眸，她最後抒寫的無奈，終被模糊成無法辨認的存在，卻在他心底印下濃重的筆痕，那支鳳頭釵亦在歲月的輪轉中被打磨得只剩下淡淡的印跡，卻又被他忍不住湧出的淚痕浸得發亮，讓他徹底逃不掉這宿世情緣。

「玉骨久成泉下土，墨痕猶鎖壁間塵。」雨天，她的身影，離他，越來越遠，今生，何以再見？手中緊攥的鳳頭釵隱隱散發著寒氣，帶著她臨死

第八卷　猶吊遺蹤一泫然

前的溫度,這是她留下的唯一回憶。夢迴沈園,昔人早已作古,昨日殘存的所有記憶彷彿都被印在了葫蘆池畔、傷心橋邊,成為永遠的存在。

轉身,斷橋殘雪被風霜雕刻得更加蒼老,曾經在橋上凝視她無言的寂寞,而今卻只能獨自體會那永遠無法理解的冰涼。潸然淚下時,殘垣斷壁上那兩闋模糊的文字徹底醉了整個沈園,終被傳成一段刻骨銘心的痛。

佳人夢斷香消,沈園非復舊時院。落葉紛飛,愁鬢添了新霜,回眸間只能空望斷橋處。再回首,有離群的大雁從空中掠過,時間,終究還是把一切都帶走了。然而,他的心即使穿越了所有,依然飛不過情愛的世界,就在宋寧宗開禧元年,西元1205年十二月二日夜夢遊沈氏園後的第二年,他又一次邁著蹣跚的腳步,來到埋下他無數記憶的沈園,在風中將她深深淺淺地想起,並和淚為她寫下一首小詩:

城南亭榭鎖閒坊,

孤鶴歸飛只自傷。

塵漬苔侵數行墨,

爾來誰為拂頹牆?

──陸游〈城南〉

「城南亭榭鎖閒坊,孤鶴歸飛只自傷。」夜深人靜,獨坐窗下,聽已過不惑之年的愛妾楊氏彈起一曲〈長相思〉,八十二歲的他,心,依舊疼痛欲裂。從成都回到山陰,他帶回了嬌俏可愛的楊氏妾綠綺,從此,這溫順柔媚的女子便成了他生命中不可或缺的一分子。他愛她,就像當初愛著蕙仙一樣,然而這份愛因了他對蕙仙的虧欠,於是便格外的珍重、格外的憐惜,生怕一個不小心,便會因為種種過錯而讓這份遲來的愛灰飛煙滅。

楊氏是個沒有稜角的女子,所以從一開始她便深得宛今歡心,終沒有步上卿卿和小憐的後塵,成了被他從成都帶回來的唯一的妾。可她並沒有

第三十一章　夢回沈園

恃寵而驕,更沒有因為他對她的萬般憐愛而忘記自己的身分,從始至終,她在陸家只是扮演著一個無足輕重的角色,甚至在愛女閨娘夭折之際,在夫人宛今面前,她都沒有表現出自己在這個家所應有的地位,也正因此,她獲得了宛今的尊重,更獲取了他更多的愛,在宛今去世之後,她便成了他身邊唯一可以寸步不離的女人。

喜歡她,愛上她,只是因為她長了一雙彷彿蕙仙的憂鬱眉眼,還有那明媚如花的笑靨。或許,從一開始,他就將綠綺當作了蕙仙的影子,將她當作蕙仙來愛,可是,在無數個夜深人靜的昏黃燈火下,儘管有她做伴,他還是會無可救藥地想起蕙仙,想起蕙仙那雙失神的眼睛。到底,她心裡掩藏了怎樣的傷痕,為什麼五十多年過去了,那些個嫋娜的日子卻從沒能撫去她眼底的憂傷與絕望?

枕著蕙仙的容顏,憂思,耳畔卻響起綠綺悠揚的歌聲。「柔情似水,佳期如夢,忍顧鵲橋歸路。兩情若是久長時,又豈在朝朝暮暮?」他知道,她唱的是〈鵲橋仙〉詞,寫下這首詞的人叫做秦觀,是在他出生前一夜,母親唐氏曾經夢到過的那個男人。小時候,父親陸寬曾經不止一次地把他抱在懷裡,仔細比照著書房牆上掛著的秦觀畫像,小心翼翼研究著他的眉眼,看他到底是不是秦觀的轉世,而今,回首往事,卻不知在那一世裡,秦觀的身邊是否也有著讓他終生難以忘情的女子。

綠綺的歌聲繼續飄渺在寂寞沈園的空中。憂傷的旋律從耳邊傳到心底,倏忽間,襲遍全身,彷彿被電擊了一樣,輕輕顫抖起來。秦觀的身邊怎會沒有讓他牽懷一生的女子呢?回眸,原來古今的愛情,都是一樣的啊!縱有滿腔的柔情蜜意,終究情若飛花,終究要滿目憂傷、忍顧鵲橋歸路,也終究逃不過佳期如夢的命運!

再回首,看孤鶴歸飛,看煙鎖重樓,看寂寞亭榭,看綠綺嫋娜的身

第八卷　猶吊遺蹤一泫然

影，心愈來愈傷。五十年過去了，隔著時間的河流，銀河之水依舊綿綿無邊，相愛的人兒依舊望穿秋水、心心相印。輕輕地，念著秦觀的愛情絕唱，他在綠綺的歌聲裡，用九千九百次的回眸，把那一夕佳期串成晶瑩的鏈子，只為她，為他的蕙仙，寫作生命的永遠。

「塵漬苔侵數行墨，爾來誰為拂頹牆？」往事如煙、佳期如夢，守候如舊、此情可待。恍惚中，月光下，夜色拉長了他和她的影子，卻是相對兩無言。明知天涯路遠，明知他和她之間隔著一程程山水，也隔著今生無法踰越的銀河漢水，他們卻無法塵封如煙往事，無法捨棄那份深深的愛。

兩情若是久長時，又豈在朝朝暮暮？臨風把盞，與她傾情相對，那份遠去了的愛，瞬間穿越了時空，融進兩顆跳躍的心裡。只是，苔蘚早已斑駁了牆壁上那兩闋蘸盡一生哀怨的題詞，亦斑駁了他心底破碎的夢，一切的一切，都已化作塵埃消逝在這裡，以後的以後，又有誰人會來替他們拂拭這面留下他們真心真意的頹牆呢？

夜未央，人斷腸；牆壁無語，沈園黯然。沙場的號角、大漠的孤煙，漸行漸遠，他借風的手，輕擊她流光溢彩的飛簷，卻是燈火闌珊，尋不到她的影子。轉身，蕩在風中的回音，沉積成胸口的痛楚，他無從辨認徵的音色是她的輕嘆，還是她的無言，只能以詭祕的步履，默默、默默，走出這繁花似錦，卻又孤鶴自傷的寂寞沈園。

第三十二章　浮生匆匆

沈家園裡花如錦，
半是當年識放翁。
也信美人終作土，
不堪幽夢太匆匆。

──陸游〈春遊〉

一聲宛轉的悲啼，讓她從落日的餘暉中看到他神傷的淚眼。他還是那樣英俊、那樣飄逸，然而清瘦的面龐卻遮蓋了他往日的神采奕奕和所有的自信。他不再年輕、不再健壯，一襲黯淡的紗衫留給她無盡的悲涼與遐想。

「務觀！」她站在傷心橋盡頭悲戚戚地回頭盯著他憔悴的面孔，撕心裂肺地喊著他的名字。

他沒聽到她的呼喚。他低著頭，坐在斷雲石畔哀嘆著。

「務觀！」她一遍遍地呼喚著他，他卻紋絲不動地默默想著自己的心事。

務觀，你為什麼不理我？唐琬任淚水模糊了視線，她試圖掙脫開身邊黑、白無常對她的桎梏，只想飛奔到務觀身邊，想把滿腹的話對他盡情傾訴，然而她的手臂卻被黑、白無常緊緊拽著，朝遠離務觀的方向飛馳而去。

「世情薄，人情惡，雨送黃昏花易落。曉風乾，淚痕殘，欲箋心事，獨語斜闌。難，難，難！人成各，今非昨，病魂常似鞦韆索。角聲寒，夜

第八卷　猶吊遺蹤一泫然

闌珊，怕人尋問，咽淚妝歡。瞞，瞞，瞞！」

陸游忽然抬頭盯著沈園的一面粉牆悲愴地吟詠著，淚水早已順著他瘦削的面龐沾溼了他的紗衫。

「放開我！放開我！」唐琬頑強地掙扎著想要擺脫黑、白無常對她的羈押，踮起腳尖、張開雙臂想投身到務觀懷裡。

「陰陽有隔，妳已經是個死人，不能再接近陽世的人了！」黑無常面無表情地盯著她冷冷說著。

「我死了？」唐琬不敢相信地低頭打量了自己一眼。不，怎麼可能？她題在沈園粉壁上的那闋〈鳳頭釵〉墨跡尚未乾透，務觀才剛剛看到她的題詞，她怎麼會死了呢？

「是的，妳已經死了！」白無常死死拽住她的手臂，不讓她再朝務觀身邊邁出一步，「從現在開始妳已經是一個孤魂野鬼，妳應該乖乖地跟我們上路才是！」

「不！我沒死！」唐琬悲痛欲絕地抬頭盯著離自己越來越遠的務觀，聲嘶力竭地喊著，「務觀！救我！務觀！」

「別叫了！妳就是喊破喉嚨他也不會聽到的！」黑無常扭過她的頭朝黃泉路上飄然而去，她才發現自己的身體已經在黑、白無常的夾持下騰在半空中，看來，她是真的死了。

唐琬任淚水在臉上肆意流淌，她一再掙脫著黑、白無常，一步三回頭地回望著她心愛的務觀，和淚吟誦著他五十年前為自己題在沈園壁上的另一闋〈鳳頭釵〉：「紅酥手，黃縢酒，滿城春色宮牆柳。東風惡，歡情薄，一懷愁緒，幾年離索。錯，錯，錯！春如舊，人空瘦，淚痕紅浥鮫綃透。桃花落，閒池閣，山盟雖在，錦書難託。莫，莫，莫！」

「別想了，每個人都會經歷生離死別的痛苦，等過了奈何橋，喝了孟

第三十二章　浮生匆匆

婆湯，今生的一切喜怒哀樂妳便會忘得一乾二淨了。」白無常冰冷的話語在她耳畔迴盪著。不，她不要過奈何橋，更不要喝什麼孟婆湯，她只想再見務觀一面，哪怕只一眼也是好的。

「相見又能如何？徒增悲痛罷了！」白無常早已洞悉她的心思，輕輕嘆一聲說：「妳已經在沈園徘徊了五十二年，早就該去轉世投胎了！」

「五十二年？」她瞪大眼睛痴痴唸著。有嗎？有五十二年了嗎？可她的務觀為什麼還是那麼年輕、那麼英俊？

「妳再回頭好好看看，陸務觀都已經是八十三歲的耄耋老人了，妳還在這裡等他到底有什麼意義？」黑無常看都不看她一眼，說出來的話，字字句句，都如一塊冰冷的石塊砸在她的心窩裡。

「務觀！務觀！」回頭，那斷雲石畔哪裡還有他年輕英俊的身影？難道，難道那個白髮蒼蒼、目光渙散、身體佝僂、步履蹣跚的耄耋老人真的是她始終等待的務觀？五十二年了？她離開這人世整整五十二個年頭，他亦從而立之年的翩翩郎君蛻變成八十三歲的耄耋老者，可是，這一切都是真的嗎？

「聽我們的話，過了奈何橋，見了閻羅王，就去投胎重新做人吧！妳這世沒犯任何大錯，一定會託生到王侯將相之家享受無窮榮華富貴的！」

「不！我不要榮華富貴，我只要再見務觀一面！求求你們，讓我再回沈園看務觀一眼好不好？只一眼，求求你們了！」

「這……」白無常有些沉吟。

「不行！」黑無常立即打斷白無常，「你怎麼可以動感情呢？她的魂魄已經在沈園遊蕩了五十二年，再不把她送過奈何橋聽憑閻君發落，我們都得跟著吃不了兜著走了！」

黑無常話音剛落，唐琬還想哀求些什麼，身子卻已經輕飄飄地落在了

第八卷　猶吊遺蹤一泫然

一處人煙稠密的地方。這是什麼地方？難道這就是傳說中的陰司嗎？放眼望去，卻看到路的盡頭有一座白石砌就的小橋，心裡不禁「咯噔」了一下，連忙回頭盯著白無常驚恐地問，「這就是奈何橋嗎？」

「快過去吧！」黑無常用力將她朝橋畔一推，她的身子很快便飄落在橋頭。

「不！」她不能過奈何橋，不能喝孟婆湯的！她知道，務觀還在沈園的傷心橋頭等著她，她不能丟下他一個人獨自離去的，絕不能！

「妳怎麼還不過去？」一個青面獠牙的鬼差手持長矛步步逼近她，張開血盆大口瞪著她厲聲喝斥著，「過去！快過去喝了孟婆的忘情水，早點到閻羅殿聽候發落！」

「我……」無論如何，她也不想喝下那杯忘情水的。凡是喝了忘情水的人就會忘卻今生所有的牽絆，了無牽掛地進入輪迴道，開始下一世輪迴，可是這也預示著她再也不能和務觀謀面，她不能，她不能就這樣把務觀徹底忘掉。

她站在橋頭，抬頭，兩眼茫然地望著青灰色的天空，一襲白衣羅裙宛若凋零的樹葉在寒風中搖曳。蒼白的臉、單薄的身子，還有眼裡那份若有若無的哀怨都為她那絕世的容顏平添了幾分淒憐。一個個面無表情的人從她身邊擦肩而過，都是一樣的白色長衣，一樣的足不履地，唯一的不同就是他們當中有些人垂首而過，有些人不停地回首，有些人健步如飛，有些人腳下卻套著沉重的鐵鏈……

「快過去！」鬼差再次舉起手中的長矛逼著她朝前走，「除了朝前走，妳沒有別的路可以選擇！」

她無奈地看著那些從她身邊飄然而過的路人，驀然間，卻發現原來這座叫做「奈何」的橋竟是座只能單向而行的橋，上了橋後就不能再回頭，

第三十二章　浮生匆匆

沒有任何的後路可退。

「過了橋，喝了孟婆湯，就會忘記塵世間所有的一切，忘記自己。過去吧，鼓起勇氣走過去，前面就是豔陽天。」白無常的話陡然響徹她耳畔，她默然回頭，盯一眼橋畔的白無常，心碎成了一片一片。務觀，難道我們就這樣永遠分別了嗎？她不甘心，雖然這座橋很像她少時和務觀同遊的傷心橋，可她卻怎麼也說服不了自己勇敢地朝前邁上半步。

那日，風和日麗、春意正濃，柳絮在斷雲石畔悄然飛舞。她和二十歲的務觀瞞著家人相約在沈園傷心橋下嬉戲玩耍，說不盡的溫柔繾綣、道不完的纏綿悱惻。她屈膝跪坐在飄飛的柳絮下輕輕打開琴匣取出那架心愛的「玉玲瓏」古琴，一邊抿嘴朝他笑著，一邊撥動琴弦，彈起一首輕鬆活潑的曲調來。

「蕙仙，嫁給我好嗎？」務觀悄悄站在她身後，從懷裡探出一支金光燦燦的鳳頭釵輕輕插到她如雲的髮際間，一臉痴情地望著她說，「這支鳳頭釵是我娘找山陰城最好的金匠打製的，她說，只要妳肯戴上它，就是答應要做我們陸家的媳婦了。」

她的雙手輕輕抖了一下，倏忽間，琴聲紊亂，一片紅雲早已爬上她俏麗的面龐。雖然自己和表哥的戀情已不是什麼祕密，但乍然聽到他向自己求婚，還是感到緊張害羞，甚至有些忐忑不安，心突突地有如小鹿撞了個滿懷跳得厲害。

「蕙仙！」他把下巴輕輕倚在唐琬肩頭，動情地伸過雙手，把她兩隻纖若柔荑的手緊緊攥在自己的手心裡，「嫁給我，做我的娘子，好嗎？」

「表哥！」她嬌羞地回過頭盯了他一眼，連忙抽回自己的手，「曲子還沒彈完，你怎麼不好好坐在斷雲石上聽我彈曲子？」

「曲子彈得再好也不如把妳娶回家當娘子的好。」他抬手撫著插在她髮

第八卷　猶吊遺蹤一泫然

間的鳳頭釵，「我娘說了，妳一定會喜歡這支金釵的。」

「一定？」她滿面嬌羞地睃著映在池塘裡他歡快而又靦腆的倒影，連忙抬起手，有些慌亂地拔著鳳頭釵。

「好端端的拔它做什麼？」他也盯著池塘裡倒映著的她燦若芙蕖的面容，柔情萬種地說，「我娘說了，妳戴上它一定很漂亮，一定會成為山陰城裡最最美麗的新娘……」

「你娘還說什麼了？」她白了他一眼，咬著嘴唇沒好聲氣地說：「誰說要嫁給你要做你的娘子了？」邊說邊拔下鳳頭釵，重重地往他手裡一塞，「還是留著它送給別人吧！」

「蕙仙！」他輕輕踱到她身前，吐出舌頭朝她扮著鬼臉哄著她說，「妳不嫁給我還想嫁給誰？山陰城裡有哪個年輕才俊能比得上我陸游呢？告訴妳，城外的妙因師太為我算過卦了，她說不出十年，我一定會成為狀元。嫁給我，妳就是理所當然的狀元夫人了！」

「狀元夫人？誰稀罕！」她繼續在柳絮飄飛的傷心橋下彈著悅耳動聽的曲子，臉上雖然表現出種種不屑和冷漠，心裡卻比吃了蜜糖還要甜。她才不在乎表哥的功名，從小到大她愛的只是他這個人，哪怕他一輩子只是一個布衣，只要有他時時刻刻伴在她左右，她便心滿意足了。

「妳看！」他忽地瞥見池塘裡一對金色的錦鯉朝他們這邊歡快地游了過來，抑制不住內心的喜悅，一把擁住她說：「鯉魚都被妳的美貌吸引過來了，自古才子配佳人，妳不嫁給我，又有誰敢娶妳呢？」邊說邊又把手裡的鳳頭釵輕輕插到她的髮間，吁一口氣，得意地說：「我娘說了，只要是我喜歡的姑娘她也會喜歡，有妳做我們陸家的兒媳，她老人家一定會笑得合不攏嘴的。」

「你娘你娘，又不是你娘娶媳婦！」她微微翕合著嘴唇朝池塘裡他的

第三十二章　浮生匆匆

倒影瞪了一眼,「八字還沒一撇呢,你在這裡瘋什麼?一支鳳頭釵,就想娶我進門,豈不便宜了你?」

「這麼說,妳是答應我了?」他高興得放開摟著她的雙手,一蹦三尺高,盯著池塘裡那對錦鯉歡快地說,「蕙仙,妳看,那對錦鯉像不像我倆一樣的親密?只是好像還缺了些什麼,對了,如果公鯉魚為母鯉魚插上一支鳳頭釵就更加完美了!」

她「撲哧」笑出聲來。回頭,輕輕望他一眼,卻發現他還是從前那個永遠也長不大的孩子,或許,再過二十年、四十年,他還是改不了身上那些習氣的。再回首,往事已矣,黃泉路上強勁的罡風正肆虐著她嬌嫩的面龐,悵望眼前單向的奈何橋,她心痛欲裂。曾經,一度認為在這世間再也沒有任何橋可以比得上他和她的傷心橋,直到後來母親告訴她,在遙遠的地方,有一座橋可以讓人忘記所有的悲傷、痛苦,她才知道了奈何橋的存在。母親還告訴她,離開務觀她才會得到真正的幸福,可是終其一生,她再也沒能觸及她想要的幸福,自從被迫與他離異的那天起,她所有的幸福就都追隨落絮飄散得無影無蹤了。

遺忘,總是讓人覺得幸福的,於是,這座叫做奈何的美好的橋數十年來就一直存在於她的記憶裡徘徊,久久不去。而今,當這座橋真的呈現在她眼前時,她卻又躊躇不前了。走過去,所有的記憶都會煙消雲散,千年的等待也終將付諸東流。務觀,你在哪裡?為什麼命運偏偏要一再拆散我們?為什麼?她潸然淚下地盯著布滿陰霾的天空,心裡裹了一寸又一寸的悽然。橋尾正站著一個鶴髮童顏的女子朝她微微笑著,她不得不輕輕邁開腳步朝前踏了一步。

「過來吧,孩子。」那個鶴髮童顏的女子一邊手持銀勺為她面前穿著白衣的人們舀著一碗碗稠密的濃湯,一邊繼續召喚著猶豫不決的她。

第八卷　猶吊遺蹤一泫然

在鶴髮童顏女子的鼓勵下，她不由自主地朝前一步一步地挪著步伐。每走一步，那些記憶的片段便在她腦海裡更加清晰起來，並在她眼前拼湊出一曲曲悲歌，更讓她肝腸寸斷。終於決定過去了，就像母親說的，遺忘才能換來幸福，或許，唯有忘掉他，才會讓他在世間得到永恆的幸福，那麼，只要自己不再出現在他夢裡讓他難過、心碎，她情願喝下孟婆手裡的濃湯忘掉一切，不再出現在他的生命軌跡裡。

「孩子，妳終於過來了。」孟婆細細打量著她如花的容顏，嘆一聲，抓著手中的銀勺攔在她身邊冒著濃煙的鍋子裡，輕輕攪和著那鍋沸騰的濃湯，「喝下這碗湯，所有的不快就會在瞬間忘得一乾二淨。」邊說邊舀了一碗湯遞到她手裡，「慢慢喝，喝完了就不會再有痛苦了。」

孟婆遞給她濃湯的時候雙手突然一顫，一滴珍珠般大的渾濁的淚珠便從她的眼角滑落碗中。「這就是人們常說的孟婆湯，也叫忘情水。喝了它，不管你在人間有如何驚天動地的恩怨糾結，都會在頃刻間化作裊裊輕煙。從此後，你不會再記得愛人的存在，包括他的容顏，他的一顰一笑，他的舉手投足，他的一切一切……」

聽說孟婆只會為經歷了三世情劫的淪落人情不自禁地掉下淚來，而這滴淚卻可以讓她為之動容的人看到自己前世今生的種種。重溫那些回憶是極其痛苦的事情，但是如果沒有徹底的痛過又如何能夠徹底的遺忘呢？

她輕輕接過孟婆遞過來的濃湯，緩緩往嘴邊湊了過去。她聽到孟婆重重地嘆了一聲，接著意識便逐漸模糊起來，陷入千古的幽冥之中。

……

還是沈園，還是傷心橋下。她默默注視著已經乾涸龜裂的池塘，一對金色的錦鯉不知從哪兒突然蹦了出來，在她眼前跳來跳去。一條錦鯉顯然已經沒了動彈的力氣，另一條錦鯉卻用自己口中的唾液竭力挽救著它的生

第三十二章　浮生匆匆

命。她看到牠眼裡含著渾濁的淚水，那是對愛人的不捨和心疼，然而牠用盡最後一口氣還是沒能將愛人救活，最後牠們只好嘴對著嘴同時停止了呼吸。

她的眼裡也含了渾濁的淚水。她從丫鬟手裡接過玉玲瓏古琴放到斷雲石上，呆呆盯著務觀一年前留在粉壁上的題詞，在靜謐的氛圍中輕舒十指，化蝶低語般的琴聲頓時瀰漫在整個園子裡。務觀，要怨就怨我們的命吧，今生今世我們不能再做夫妻，但求來生可以像梁山伯和祝英台一樣化作一對蝴蝶比翼雙飛，再也沒人可以分開我們。

「世情薄，人情惡，雨送黃昏花易落。曉風乾，淚痕殘，欲箋心事，獨語斜闌。難，難，難！人成各，今非昨，病魂常似鞦韆索。角聲寒，夜闌珊，怕人尋問，咽淚妝歡。瞞，瞞，瞞！」她悽婉的歌聲響徹飛絮漫天的沈園中，一隻孤單的仙鶴悲鳴著撲打著斷翅飛落在玉玲瓏邊，彷彿在陪她一起吟唱那闋千古絕嘆〈釵頭鳳〉。

從前，他總會在她曼妙的琴聲裡吟詩作賦，那些妙語連珠的話語，總是宛如清泉般汩汩而出，而他的心也總會和她悅耳動人的歌聲交融在一起。然而這一切都早已遠離她一去不復返，因為始終無法得到婆婆的待見，她被迫和自己心愛的丈夫離異，嫁給了一個自己並不愛的皇族男子趙士程。十年時間彈指一揮，她本以為隨著歲月的流逝，自己總會把那段傷心的感情忘卻，可她錯了，她忘不了，一年前在沈園的不期而遇更讓她終日惶恐不安。他們相對而坐，滿腔的柔情，滿腔的愁緒。原以為真的可以把他從腦海中剔除，然而當他再度出現在她面前的時候，她才終於明白，她不但忘不了他，反而愛他更深。他已經另娶宛今，她只能輕撫玉玲瓏，一遍又一遍地為他彈奏起那首哀婉動人的〈化蝶〉。一曲終了，早已淚溼滿襟。

第八卷　猶弔遺蹤一泫然

「夫人，起風了，我們還是回去吧。」丫鬟從身後踱到她面前，小心翼翼地勸著她。

她抬頭看了一眼天色：「時候還早，我還想在這裡靜一靜。」

「要不奴婢先回去替夫人把披風取過來。」

她輕輕點頭。寂寞的沈園只剩下寂寞的她。默默起身，呆呆看著粉壁上他於一年前留下的〈釵頭鳳〉題詞，和著淚水，將他字字斷腸的心聲低低吟唱著。原來，他還是愛著她、念著她的，可為什麼，他們就是不能與共？淚水肆意在臉上流淌，心，痛到極點，再也抑制不住滿腹的委屈和相思，忽地衝到斷雲石畔，咬緊牙關，將玉玲瓏舉過頭頂重重摔到傷心橋下，隨即又旋轉著在花叢中輕舒長袖舞出一點紅，醉在了自己的淚泊中。

她想起了清荷小苑裡的柔情蜜意，想起了鑑湖畔的風花雪月，想起了芳草萋萋長亭外的離別，想起了葫蘆池畔的誓言，一滴清淚從她的眼角悄然滑落。她並非無情，只是這份愛讓她等得太久太苦，一痛便是一生一世。她邊舞邊唱，最終撲倒在斷雲石下嚥下最後一口氣，魂歸幽冥……

一世的恩恩怨怨，一生的肝腸寸斷，驀然回首，如曇花一現。她的意志逐漸甦醒，身邊的事物也逐漸清晰起來。奈何橋上，只朝一個方向走去的人依然絡繹不絕。她看見孟婆神情悲傷地望著她，眼中有淚。孟婆說：「妳還記得是什麼讓妳婆母下定決心要拆散妳和他的嗎？是山陰城外妙因師太的一句話，只是，妳並不知道，妙因師太算錯了，妳和他原本可以幸福著走過一生的，可是……妳知道嗎？其實我就是妙因師太，是我的錯讓妳和他痛了一生一世，是我的錯沒能讓妳過上幸福安逸的生活，所以我希望妳的下一世能夠幸福。在進入輪迴道之前，我可以讓妳自己決定下一世要投胎做個什麼樣的人。」

她輕輕搖著頭，這一次她是真正甩開了千年的愛恨情仇，無所求。

第三十二章　浮生匆匆

孟婆憐愛地盯著她說：「我必須給妳一世幸福。」

她想了想，最後淡淡地對孟婆說：「如果非要讓我決定下一世，那麼就讓我做他的影子吧。無欲無求，卻又可以終身相伴。」語罷，她端起那碗濃濃的孟婆湯，一飲而盡。

過了奈何橋，喝過孟婆湯，就會忘記塵世間所有的一切，忘記自己⋯⋯

她忘記了自己，可他還沒有忘記。八十三歲的他依然蹣跚著腳步，走在芳草萋萋的沈園裡，走在碧水連天的葫蘆池畔，走在傷心人在天涯的傷心橋下，想她、念她，為她寫下一首〈禹祠〉，依然守在溼潤的古道上守候著她的歸期。

祠宇嵯峨接寶坊，扁舟又繫畫橋傍。
豉添滿著蓴絲紫，蜜漬堆盤粉餌香。
團扇賣時春漸晚，袷衣換後日初長。
故人零落今何在？空吊頹垣墨數行。

—— 陸游〈禹祠〉

可是，他仍然沒能等來她的回歸。她轉身離開，他只能悄然注視，等她走遠，然後將自己的憂傷漫成思念的河，理所當然地選擇了與寂寞共生。然而，他還是不甘心，不甘心眼中再也看不到她的留戀、她的歡笑，如果，如果有一天，她轉身了，不是離開而是歸來，會不會心痛著，看他用眼淚舔舐自己的傷口？

或許，紅塵裡的愛，總是由淚水凝成，有哭的渾濁，也有笑的晶瑩。只是，她從來都不會知道，一個人的時候，她彷彿穿行於他身體裡的血液，支撐著他，因為如此，他才能孤獨著走過一個又一個看不到她的春夏秋冬。

第八卷　猶弔遺蹤一泫然

放眼望去，詩壁依舊，沈園依舊。可是，伊人已去，她已於五十二年前，帶著對愛情的絕望，睡在了他的詩裡。那一年，那一月，那一日，她為他撫琴而歌，他為她畫眉閨房，詩詞歌賦成就了他們的歡樂，黃滕美酒纏綿了年少的恩愛。那個時候，他們是幸福的，沈園亦是幸福的。他們忘記了世俗，忘記了功名，忘記了一切，只是在愛情裡陶醉著、歡樂著，只是在詩書琴曲中唱和著、沉醉著。

她太痴情了，痴情的她才華卓絕、柔情似水。然而，這樣一株理當天長地久的連理樹，僅僅同生共長了兩度春秋，便黯然枯萎。她轉身離開，沒有預期中的落寞，他的心開始冰冷，從此，只記住山重水遠的呼喚，只記住碧螺春般誘人的茶香，她最初的模樣，亦在他安靜的時光裡，痴成久遠綿長的懷念。

「祠宇嵯峨接寶坊，扁舟又繫畫橋傍。豉添滿箸蓴絲紫，蜜漬堆盤粉餌香。」禹祠的供案上擺滿了祭祀她的果品糕點，只是佳人難再覓，她的轉身早已化作他們情感糾結的終點。浸在那些曾經的清淡歡愉裡，他在回憶裡最大限度地還原著思緒的本色。回眸裡，一曲〈長相思〉哀婉嘆千年，在漫天彩虹裡，又看到她素衣淡妝，攜著淡淡的惆悵，從他身邊輕輕走過，然而還沒等他緩過神來，卻又與她擦肩而過。

曾經，無數個日日夜夜裡，他一直在心底默默臆想著，如果有一天，他們相遇了，會不會是默默無言、深情對望？抑或是無言了，兩顆心之間卻還是依舊默契相連？只是，她什麼也沒說，甚至連看都沒看他一眼，就那樣輕輕地飄走了。於是，所有的臆想都變得蒼白，他唯有接受，接受這無情的事實，默默看她走遠，但願她幸福。

「團扇賣時春漸晚，祫衣換後日初長。故人零落今何在？空吊頹垣墨數行。」再回首，故人已去，眼前唯有那些字跡模糊了的詞闋還依稀在斷

第三十二章　浮生匆匆

壁殘垣間，明明滅滅著向他昭示曾經與她共有的一切，只是，煙雨茫茫中，所有的誓言都失去了意義，他只能默默地、默默地轉過身，輕斂眉眼，目送她的離去，唯任一縷淺淺的愁，與草色融合，在這如詩如畫的江南，繼續沉淪在寂寞裡，煎熬著他的煎熬。

俱往矣，她走了，多少煙花事，盡付風雨間；俱往矣，她走了，多少塵間夢，盡隨水東流。又是一年春來早，八十四歲的他再次步履蹣跚著走進他日思夜想的沈園，只是，那日氤氳的霧氣，卻在他眼底瞬間籠罩了整座憂傷的城池。

雨意愈來愈濃，花兒在風中顫抖著，似乎想要逃脫命運的摧殘。獨步在陰雲密布的天幕下，年老體弱的他，呼吸變得更加艱難。手裡拿著雨傘，卻不知究竟要走向何方，是葫蘆池，是傷心橋，是孤鶴軒，還是斷雲石？於是，深深地嘆，嘆這花團錦簇的沈園，一切的繁華，都不再與他有關，心裡只想著掙扎，想要逃脫，似乎唯有逃脫，才會找到丟失了很久的幸福，未曾想，逃脫了，卻又落入了更深的迷惘中。

沈園亭臺，百花弄影。可是，他老了。八十四歲的他知道，或許，這是他最後一次來沈園了，他想再看看他的蕙仙，他的愛人。

青梅竹馬的愛情，無法留住更多的纏綿；驛亭斷橋的梅魂，依然有她冰清玉潔的身姿在飄搖。寂寂沈園裡，每一處都飄散著她的笑聲，是那樣的甜美，那樣的嬌俏，每一聲，都撫觸著他內心盤旋已久的相思。彷彿就是昨天的事情，他和她並肩走在沈園，他寫下一首〈詠梅〉，她撫琴唱和，新婚燕爾的他們，沒有煩惱，沒有憂傷，沒有痛苦，沒有困惑，有的只是無憂無慮與無限的歡喜。

可惜，他終究是太孤傲了，也讓這孤傲折損了他們的幸福。年輕的他，以梅花獨標高格，絕不與爭寵邀媚、阿諛逢迎之徒為伍，也絕不隨波

第八卷　猶弔遺蹤一泫然

逐流、苟且偷安。然而，詩書唱和，終留不住最美的愛情；征戰沙場，亦不能忘記最初的眷戀，此去經年，他只能在蒼涼的文字背後感受她的絕望與無助。

那年，不到二十二歲的他，在簽下一紙休書後，幾經輾轉，離開了山陰，在金戈鐵馬的煙塵中博得了「集中十九從軍樂，亙古男兒一放翁」的讚譽，但是，不得不與她「執手相看淚眼」的他，卻把一生的愛戀都留在了沈園，留在了與她賞梅讀詩的沈園，留在了離別十年又再次邂逅的沈園，留在了那首熱淚悽然、苦酒強吞的〈釵頭鳳〉中。

再回首，闌珊深處，懷著一份驚心的不安，墨守五十三年之久的他，經不住在心裡悄然默問：若是兩情相悅，何須朝朝暮暮？抬頭，閃爍的光線，映入眼簾，突地聞到陣陣馨香撲鼻，不遠處便能看見清影翩躚、蓮步款款的她，面色紅潤、素顏淺笑，舉手投足間亦是無處可藏的風情萬種。只是，那真的是她嗎，是他的幻覺，還是她真的回來了？

此時此刻，多想伸出左手，握住她的右手，帶著幾分神祕的神情，讓她閉上雙眼，待他做好一切準備後，嘴裡倒數著數，隨著「一」字音的落下，再低低地喚她睜開眼，任她臨水照影，看那髮間插著的鳳頭釵，在葫蘆池的波影裡流光溢彩。鳳頭釵啊鳳頭釵，那是他們愛情的見證，亦是她許諾成為他妻的見證，只是，他還有資格再成為她的夫嗎？

淚眼模糊裡，他輕輕起身，提筆，在沈園斑駁的壁上，繼續執著地尋覓著那一抹愛情的遺跡，又以一首〈春遊〉，刻下摯愛的悲歌，寫下對她不竭的情思，任其綿延成一曲千古絕唱，更為這滿園旖旎的風光平添了一絲淡淡的憂傷：

沈家園裡花如錦，
半是當年識放翁。

第三十二章　浮生匆匆

也信美人終作土，

不堪幽夢太匆匆。

── 陸游〈春遊〉

「沈家園裡花如錦，半是當年識放翁。」濛濛細雨中，沈園裡花開如錦，卻有大半都是五六十年前便識得他陸放翁的。怎會不識得呢？是它們，見證了他和蕙仙愛情的甜美；是它們，見證了他和蕙仙分手的決絕；是它們，見證了他的猶豫徬徨；是它們，見證了他的不得已；是它們，見證了他風雨無阻的執著等待；是它們，見證了他無盡的悔意和傷魂的淚水……然而，此去經年，花一年年謝了又開、開了又謝，永不停歇，他卻不能與她再攜手花前月下，怎能不讓他哀慟欲絕？

「也信美人終作土，不堪幽夢太匆匆。」回眸，什麼時節那片凋落了花草的香徑上，不經意間又悄然生出了鮮嫩的青芽？一切的一切，恰如同一份思念曾經無聲隱匿了蹤跡，又突然於某個不經意的時間勾起了許多明朗的、苦澀的記憶，於是，他又於月色朦朧中，將她深深想起。

聽，是誰在傷心橋的那端嘆息？是誰在寂寥的長夜裡傾聽他心靈的呢喃，與他共鳴？是誰在百花飛舞的春天裡，要給他一份痴心的溫暖？是誰？是他的蕙仙嗎？輕輕，迴轉過身，但見一片落紅在他滿鬢霜絲間盤繞迴旋，卻未曾看到她嫋娜的身影，哪怕是一個淺淺淡淡的笑靨也沒有。

花謝花飛，終於信了，她已然化作泥土，灰飛煙滅。只是，幽夢太過匆匆，他到底該怎樣，才能尋回她眉間曾有的那一抹明媚的笑容？抬頭，一段殘垣依然橫在眼前，斑駁的牆壁上那兩闋〈釵頭鳳〉依然醒目地映入眼簾，在如水的月光下，顯得那樣的蒼涼寂寞，只一眼，便令人黯然神傷。

這世間，總有些事情不可以用來懷念，譬如對她割捨不了的情，譬如

第八卷　猶弔遺蹤一泫然

對她深深的眷戀，再譬如任時光變遷卻依然執著的等候。人生若只如初見，把初識的美好畫面永遠定格在心中，那該有多好、多完美啊！那樣，他就不會為思念一個人而終日牽腸掛肚，不會再為一個人守在這漫漫長夜裡翹首盼黎明了！

回首，駐足在紅塵之外，憶往事蔥蘢，才發現，追逐的腳步從不曾停止過哪怕是片刻的工夫，他亦終於明瞭，遠方的遠方，有她的幸福，有她的歸宿，有她的心靈港灣，而他，亦依然是她花前月下的守候。於是，踩著滿地花香，他踏著輕快的步伐，匆忙而過，此時此刻，他只想飛奔向她的方向，為她捎去一片雲彩，替她遮擋住世間所有的風雨，讓她永遠都明媚生香、歡喜如初。

千年之後，時過境遷，沈園景色已異。我站在碧草連天的斷雲石畔，站在沈園的詩行裡，感嘆著他的悲情，仍能感受到千年之前陸游對唐琬的一腔痴情。他和她被硬生生地拆散，卻把一段生動了線裝宋代詩書的愛情，永遠地留在了江南的沈氏園裡。恍惚間，我彷彿又看到他無奈的眼神、悲憤地揮毫；彷彿又看到她顫抖的雙手、絕望的涕泣，心，瞬間，痛了，被那兩闋詞戳痛。

我知道，那兩闋傷情的〈釵頭鳳〉，早已印證了他們的絕戀，把一座普通的江南園林，吟唱成了愛情名園；把一段悽婉的愛情故事，演繹成了千古絕唱。更知道，他的魂一直縈繞在沈園上空，從西元1155年開始就從未離開過，只是慢慢地交接在死生之間，沒有界限，沒有概念，寂靜地、默默地瀰漫在這個七彩世界，始終懷想著她，追尋著她的足跡，再也走不出一個沈園，走不出一個唐琬，走不出一闋〈釵頭鳳〉。

終於，時間的年輪在他對她無盡的思念中滑到了西元1210年年初，宋寧宗嘉定二年歲末。八十五歲的他奄奄一息地躺在床上，床前跪著的是

第三十二章 浮生匆匆

宛今替他所生的六個兒子,還有那個陪他度過人生中最後三十個年頭的愛妾楊氏綠綺。然而,他卻沒有任何的悲傷,他知道,黑夜終究要逝去了,窗外的月色已完全被曙光淹沒,寂靜也逐漸消失,晨鳥的鳴聲依然響起,奏起生的歡歌。回眸,那些昏黃的燈光也變得明亮起來,如同白晝一般閃耀,她又在他溫暖的笑靨裡輕舞飛揚,於暗香盈動裡,為他唱起一曲多情的〈長相思〉,夢落沈園。

全劇終

陸游的詩與愁：

淚灑釵頭鳳，詩留千古情，陸放翁的詩意人生

作　　　者：	吳俁陽
發 行 人：	黃振庭
出 版 者：	複刻文化事業有限公司
發 行 者：	崧燁文化事業有限公司
E－mail：	sonbookservice@gmail.com
粉 絲 頁：	https://www.facebook.com/sonbookss/
網　　　址：	https://sonbook.net/
地　　　址：	台北市中正區重慶南路一段61號8樓 8F., No.61, Sec. 1, Chongqing S. Rd., Zhongzheng Dist., Taipei City 100, Taiwan
電　　　話：	(02)2370-3310
傳　　　真：	(02)2388-1990
印　　　刷：	京峯數位服務有限公司
律師顧問：	廣華律師事務所 張珮琦律師

版權聲明

本書版權為淞博數字科技所有授權複刻文化事業有限公司獨家發行電子書及紙本書。若有其他相關權利及授權需求請與本公司聯繫。

未經書面許可，不得複製、發行。

定　　價：480 元
發行日期：2025 年 03 月第一版
◎本書以 POD 印製

國家圖書館出版品預行編目資料

陸游的詩與愁：淚灑釵頭鳳，詩留千古情，陸放翁的詩意人生 / 吳俁陽 著. -- 第一版 . -- 臺北市：複刻文化事業有限公司 , 2025.03
面；　公分
POD 版
ISBN 978-626-7671-57-3(平裝)
1.CST:(宋) 陸 游 2.CST: 傳 記 3.CST: 詩詞
782.8523　　　　114002153

電子書購買

爽讀 APP　　　　臉書